신입직원(채용형인턴) 채용 대비

일반/사회형평/보건/고졸전형

한국 조폐공사

직업기초능력평가

한국조폐공사
직업기초능력평가

초판 발행　　　　2021년 11월 19일
개정판 발행　　　 2023년 6월 29일

편 저 자 ｜ 취업적성연구소
발 행 처 ｜ ㈜서원각
등록번호 ｜ 1999-1A-107호
주　　소 ｜ 경기도 고양시 일산서구 덕산로 88-45(가좌동)
교재주문 ｜ 031-923-2051
팩　　스 ｜ 031-923-3815
교재문의 ｜ 카카오톡 플러스 친구[서원각]
홈페이지 ｜ www.goseowon.com

PREFACE

우리나라 기업들은 1960년대 이후 현재까지 비약적인 발전을 이루었다. 이렇게 급속한 성장을 이룰 수 있었던 배경에는 우리나라 국민들의 근면성 및 도전정신이 있었다. 그러나 빠르게 변화하는 세계 경제의 환경에 적응하기 위해서는 근면성과 도전정신 이외에 또 다른 성장 요인이 필요하다.

최근 많은 공사·공단에서는 기존의 직무 관련성에 대한 고려 없이 인·적성, 지식 중심으로 치러지던 필기전형을 탈피하고, 산업현장에서 직무를 수행하기 위해 요구되는 능력을 산업부문별·수준별로 체계화 및 표준화한 NCS를 기반으로 하여 채용공고 단계에서 제시되는 '직무 설명자료'에서 제시되는 직업기초능력과 직무수행능력을 측정하기 위한 직업기초능력평가, 직무수행능력평가 등을 도입하고 있다.

한국조폐공사에서도 업무에 필요한 역량 및 책임감과 적응력 등을 구비한 인재를 선발하기 위하여 고유의 필기전형을 치르고 있다. 본서는 한국조폐공사 신입사원 채용대비를 위한 필독서로 한국조폐공사 직업기초능력평가의 출제경향을 철저히 분석하여 응시자들이 보다 쉽게 시험유형을 파악하고 효율적으로 대비할 수 있도록 구성하였다.

신념을 가지고 도전하는 사람은 반드시 그 꿈을 이룰 수 있습니다. 처음에 품은 신념과 열정이 취업 성공의 그 날까지 빛바래지 않도록 서원각이 수험생 여러분을 응원합니다.

STRUCTURE

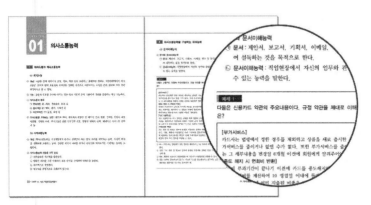

핵심이론정리

NCS 직업기초능력평가의 각 영역에 대한 핵심이론을 수록하였습니다.

출제예상문제

각 영역에 대한 다양한 유형의 출제예상 문제를 수록하여 실전에 대비할 수 있습니다.

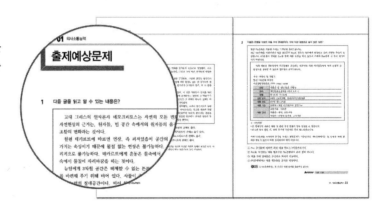

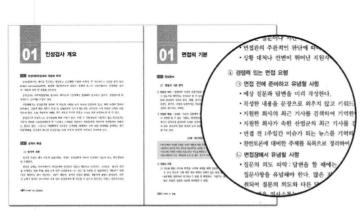

인성검사 및 면접

인성검사의 개요와 인성검사 예시를 수록하였습니다. 또한 성공취업을 위한 면접의 기본 및 최신 면접 기출을 수록하여 취업의 마무리까지 깔끔하게 책임집니다.

CONTENTS

PART **01** **한국조폐공사 소개**

01 기업소개 ··· 8

02 채용안내 ··· 11

PART **02** **NCS 직업기초능력평가**

01 의사소통능력 ··· 16

출제예상문제 / 26

02 문제해결능력 ··· 56

출제예상문제 / 62

03 수리능력 ··· 86

출제예상문제 / 96

04 자원관리능력 ··· 134

출제예상문제 / 141

05 기술능력 ··· 166

출제예상문제 / 176

PART **03** **인성검사**

01 인성검사의 개요 ··· 204

02 실전 인성검사 ··· 221

PART **04** **면접**

01 면접의 기본 ··· 258

02 면접기출 ··· 274

01 기업소개

02 채용안내

PART **01**

한국조폐공사 소개

기업소개

(1) KOMSCO 개요

KOMSCO는 화폐 및 유가증권 등 국가적 보안제품의 안정적 제조·공급 임무를 수행하게 할 목적으로 한국전쟁의 혼란기인 1951년 10월 1일 설립되었다. KOMSCO는 완벽한 제품 생산을 위하여 보안성 및 공신력을 최고의 가치기준으로 설정하고 공공 보안제품 생산을 위한 용지제조, 인쇄 및 주화에 대한 일괄 생산체제 구축, 특수기술 자체개발, 보안성 유지를 위한 시스템 등으로 부여된 사업을 차질 없이 수행하고 있다.

(2) 비전

미션	가치를 만듭니다, 신뢰를 이어줍니다. Creating Value, Connecting Trust			
비전	초연결 시대의 국민 신뢰 플랫폼 파트너			
	혁신성장	변화선도	최고지향	상생협력
핵심가치	효율성과 생산성을 제고하기 위해 끊임없이 일하는 방식을 혁신하고 내실 있는 성장을 지향	업의 변화를 주도하고 새로운 분야를 개척하는데 창의적인 선도자 역할 지향	기업 환경에서 핵심역량을 갖춘 경쟁자만 생존할 수 있는 특성을 이해하고, 최고의 품질과 서비스 제공을 지향	자원과 역량을 민간에 공유·개방하고, 이를 통한 민간 중심의 성장을 지원하는 공기업의 역할 지향
	본원적 사업의 고도화	핵심역량활용 성장사업 육성	ICT 플랫폼 사업 가속화	지속성장 경영시스템 구축
전략목표 및 전략과제	• 본원적 사업의 완벽수행 • 생산·품질 관리 역량 제고	• 기술기반 신규 사업 확대 • 위변조방지기술 강화	• ICT 사업 생태계 구축 및 활성화 • ICT 사업모델(BM) 개발 및 사업화 • ICT 보안기술 확보	• ESG 경영체계 정립 • 성과중심의 관리체계 구축 • 소통·정보 기반 일하는 방식 혁신

(3) 주요사업

① 인쇄 … 은행권, 수표, 우표 및 채권류, 상품권, 특수보안용지

② 압인 … 주화, 기념주화, 기념메달, 훈장, 금품질 인증, 골드바&실버바

③ ID … 여권, 카드, 보안모듈(SE)

④ 브랜드보호

⑤ 블록체인기반 모바일상품권

(4) 미래

① 미래상 … "Connecting Trust, Creating Value" 국민들의 신뢰를 연결해 주어 새로운 가치를 국가에 창출해 주는 KOMSCO

    ㉠ Connecting Trust : 21세기 신용사회에서 국민과 정부, 국민과 시장, 시장과 정부 그리고 대한민국과 세계의 상호 신뢰를 연결해 주고, 서로를 신뢰하게 만들도록 안전과 보안을 부여해 주는 공기업을 의미한다.

    ㉡ Creating Value : KOMSCO의 공공성을 축약하는 'Connecting Trust'는 단순히 공공 역할 수행이라는 기능에 국한되지 않는다. Connecting Trust 역할은 상호 신뢰 거래와 지불 등을 기반으로 민간분야에서 응용할 수 있는 다양한 사업모델이 창출 될 것으로 기대되며, 이를 통해 KOMSCO는 국가에 새로운 가치와 일자리 그리고 새로운 사업영역을 제공할 수 있다.

② 미래 핵심역량 … "공공 진본성(Public Authenticity)" 공공의 이익과 가치를 위하여, 물리적 대상물 및 정보의 특징, 구조, 내용과 맥락 등이 위조나 변조되지 않도록 보호하거나, 이를 증명 또는 신뢰하게 만드는 역량

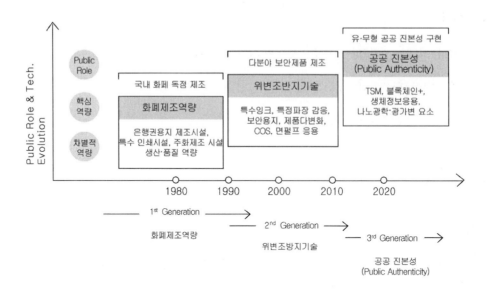

(5) 윤리경영

한국조폐공사는 CEO의 확고한 윤리경영 및 반부패·청렴경영 실천의지를 바탕으로 윤리경영의 고도화를 목표로 삼고 있다. 사업의 전 영역에서 경제적, 사회적, 환경적, 윤리적 가치창출의 균형을 맞춘 지속가능성장을 실천하고자 윤리경영을 적극적으로 추진하고 있다.

① 3-Respect 윤리경영 실천으로 지속가능 성장실현

    ㉠ 바른 기업(Respect Basic & Principle)-윤리경영 규범

    ㉡ 함께하는 기업(Respect Trust & Cooperation)-공감대 확산

    ㉢ 존경받는 기업(Respect Customer & Employee)-추진조직

② 윤리경영 로드맵

2015~2107년	2018~2021년	2022~2024년
윤리경영 고도화	글로벌 윤리경영 정착	글로벌 윤리경영 선도
• 윤리경영 시스템 선진화 • 대외 경쟁력 확보 • 경영공시 관리 강화 • 협력사 관리 강화	• 글로벌 윤리경영 실천 • 윤리경영 환류 강화 • 해외사업장 윤리경영 확대 및 체계 확립	• 글로벌 스탠다드 수준 확보 • 상생 및 동반성장 주도 • 국내외 윤리네트워크 확대 • 이해관계자 윤리경영 확산

CHAPTER

02 채용안내

(1) 인재상

기본역량			
도전의식, 프로의식, 책임의식, 협력의식			
열정인재	전문인재	정도인재	소통인재
더 나은 가치를 만들기 위해 열정을 쏟는 인재	자신만의 경쟁력을 지니기 위해 전문성을 키우는 인재	사회적 가치를 실현하기 위해 정도를 걷는 인재	열린 마음으로 포용하기 위해 항상 소통하는 인재

- 완벽함에 대한 약속을 지키기 위해 정도를 걷고 책임을 다하는 인재
- 공동의 목표를 달성하기 위해 열린 마음으로 소통하고 서로 협력하는 인재
- 새로운 가치를 만들기 위해 아낌없는 열정으로 도전하는 인재

(2) 채용분야

전형구분	채용분야	수행직무
일반전형	행정사무	기획, 국내 · 해외영업, 경영평가, 총무, 인사 · 급여, 재무 · 회계, 조달업무
	기계기술	생산설비 운용 및 정비
	전자기술	생산설비 · 전기시설 운용 및 점검
	화공기술	품질관리, 산업환경, 산업안전, 생산설비 운용
사회형평전형	행정사무(장애)	기획, 국내 · 해외영업, 경영평가, 총무, 인사 · 급여, 재무 · 회계, 조달업무
	기계기술(보훈)	생산설비 운용 및 정비
보건전형	행정기술(간호사)	보건관리자, 직원 건강관리 · 건강지도 · 건강진단, 기타 보건관련 업무
고졸전형	기계기술(고졸)	생산설비 운용 및 정비

(3) 근로조건

① 채용형인턴 임용

   ㉠ 인턴기간 종료 후 교육훈련 및 근무평가 등을 통해 정규직 전환
- 평가를 통해 약 90% 정도 정규직 전환 예정
- 정규직 전환인원은 평가결과 및 경영여건에 따라 증감 가능

   ㉡ 채용형인턴 계약기간 : 3개월 정도

   ㉢ 근무시간 : 주 5일 (1주 40시간, 1일 8시간)
- 근무시간은 교대근무 등 업무형편에 따라 변경 가능
- 기계기술, 전자기술, 화공기술 등 '생산설비 운용'직무는 교대근무 가능(만 18세 미만인 사람은 비해당)

② 정규직 전환 시 임용직급

   ㉠ 임용직급
- 일반 · 사회형평 · ICT · 보건 · R&D전형 : 일반직 또는 연구직 5급
- 고졸전형 : 일반직 6급

   ㉡ 보수 : 공사 관련 규정에 따라 산정 · 지급

(4) 전형방법

① 1차 전형

   ㉠ 자격요건 적격 여부 확인 및 자기소개서 불성실 작성자 부적격 처리(AI 평가)

   ㉡ 적격자 중 1차 전형 점수와 가점을 합산하여 고득점자 순으로 합격자 결정

② 2차 전형

   ㉠ 인성검사(적/부)
- 인성검사 결과 기준 미달자 부적격 처리

   ㉡ 직업기초능력평가(100점)
- NCS 기반 직업기초능력평가 방식 적용
- 문제출제 영역
  - 일반전형, 사회형평전형, 보건전형 : 의사소통, 문제해결, 수리, 자원관리(80문항, 100분)
  - 고졸전형 : 의사소통, 문제해결, 수리, 자원관리, 기술(50문항, 60분)
    ※ 지원자 요청 시 확대문제지 제공 등 장애유형별 편의지원 가능(단, 장애인증명서 등 증빙서류를 제출한 사람에 한함)

ⓒ 합격자 결정 기준
- 인성검사 결과 기준 미달자 부적격 처리
- 직업기초능력평가 점수 만점의 60%(사회형평전형, 보건전형, 고졸전형은 40%) 미만 득점자는 부적격 처리
- 적격자 중 2차 전형 점수와 가점을 합산하여 고득점자 순으로 합격자 결정

③ 3차 전형

㉠ 블라인드 면접(100점)
- 면접평가 점수 : 평가위원 평정점 산술평균
- 평가내용 : 직무역량 및 경험의 적정성, 공사 인재상 부합 여부, 인성 및 태도, 가치관 등
  ※ 지원자요청 시 장애유형별 편의지원 가능(단, 장애인증명서 등 증빙서류를 제출한 사람에 한함)

㉡ 합격자 결정 기준
- 평가위원 평정점 산술평균 점수가 만점의 70% 미만인 득점자는 부적격 처리
- 적격자 중 3차 전형 점수와 가점을 합산하여 고득점자 순으로 합격자 결정
- 2차 전형 합격자에 대한 증빙서류 검증 결과 미제출, 확인 불가능한 자료 제출 및 착오 또는 허위 내용이 발견될 경우 전형 결과에도 불구하고 불합격 처리(전형 결과에 영향을 미치지 않는 단순 실수는 제외)

01 의사소통능력

02 문제해결능력

03 수리능력

04 자원관리능력

05 기술능력

PART

02

NCS 직업기초능력평가

CHAPTER 01 의사소통능력

1 의사소통과 의사소통능력

(1) 의사소통

① **개념** : 사람들 간에 생각이나 감정, 정보, 의견 등을 교환하는 총체적인 행위로, 직장생활에서의 의사소통은 조직과 팀의 효율성과 효과성을 성취할 목적으로 이루어지는 구성원 간의 정보와 지식 전달 과정이라고 할 수 있다.

② **기능** : 공동의 목표를 추구해 나가는 집단 내의 기본적 존재 기반이며 성과를 결정하는 핵심 기능이다.

③ **의사소통의 종류**
　　㉠ 언어적인 것 : 대화, 전화통화, 토론 등
　　㉡ 문서적인 것 : 메모, 편지, 기획안 등
　　㉢ 비언어적인 것 : 몸짓, 표정 등

④ **의사소통을 저해하는 요인** : 정보의 과다, 메시지의 복잡성 및 메시지 간의 경쟁, 상이한 직위와 과업 지향형, 신뢰의 부족, 의사소통을 위한 구조상의 권한, 잘못된 매체의 선택, 폐쇄적인 의사소통 분위기 등

(2) 의사소통능력

① **개념** : 의사소통능력은 직장생활에서 문서나 상대방이 하는 말의 의미를 파악하는 능력, 자신의 의사를 정확하게 표현하는 능력, 간단한 외국어 자료를 읽거나 외국인의 의사표시를 이해하는 능력을 포함한다.

② **의사소통능력 개발을 위한 방법**
　　㉠ 사후검토와 피드백을 활용한다.
　　㉡ 명확한 의미를 가진 이해하기 쉬운 단어를 선택하여 이해도를 높인다.
　　㉢ 적극적으로 경청한다.
　　㉣ 메시지를 감정적으로 곡해하지 않는다.

2　의사소통능력을 구성하는 하위능력

(1) 문서이해능력

① 문서와 문서이해능력
- ㉠ 문서 : 제안서, 보고서, 기획서, 이메일, 팩스 등 문자로 구성된 것으로 상대방에게 의사를 전달하여 설득하는 것을 목적으로 한다.
- ㉡ 문서이해능력 : 직업현장에서 자신의 업무와 관련된 문서를 읽고, 내용을 이해하고 요점을 파악할 수 있는 능력을 말한다.

예제 1

다음은 신용카드 약관의 주요내용이다. 규정 약관을 제대로 이해하지 못한 사람은?

> [부가서비스]
> 카드사는 법령에서 정한 경우를 제외하고 상품을 새로 출시한 후 1년 이내에 부가서비스를 줄이거나 없앨 수가 없다. 또한 부가서비스를 줄이거나 없앨 경우에는 그 세부내용을 변경일 6개월 이전에 회원에게 알려주어야 한다.
> [중도 해지 시 연회비 반환]
> 연회비 부과기간이 끝나기 이전에 카드를 중도해지하는 경우 남은 기간에 해당하는 연회비를 계산하여 10 영업일 이내에 돌려줘야 한다. 다만, 카드 발급 및 부가서비스 제공에 이미 지출된 비용은 제외된다.
> [카드 이용한도]
> 카드 이용한도는 카드 발급을 신청할 때에 회원이 신청한 금액과 카드사의 심사기준을 종합적으로 반영하여 회원이 신청한 금액 범위 이내에서 책정되며 회원의 신용도가 변동되었을 때에는 카드사는 회원의 이용한도를 조정할 수 있다.
> [부정사용 책임]
> 카드 위조 및 변조로 인하여 발생된 부정사용 금액에 대해서는 카드사가 책임을 진다. 다만, 회원이 비밀번호를 다른 사람에게 알려주거나 카드를 다른 사람에게 빌려주는 등의 중대한 과실로 인해 부정사용이 발생하는 경우에는 회원이 그 책임의 전부 또는 일부를 부담할 수 있다.

① 혜수 : 카드사는 법령에서 정한 경우를 제외하고는 1년 이내에 부가서비스를 줄일 수 없어.
② 진성 : 카드 위조 및 변조로 인하여 발생된 부정사용 금액은 일괄 카드사가 책임을 지게 돼.
③ 영훈 : 회원의 신용도가 변경되었을 때 카드사가 이용한도를 조정할 수 있어.
④ 영호 : 연회비 부과기간이 끝나기 이전에 카드를 중도해지하는 경우에는 남은 기간에 해당하는 연회비를 카드사는 돌려줘야 해.

출제의도

주어진 약관의 내용을 읽고 그에 대한 상세 내용의 정보를 이해하는 능력을 측정하는 문항이다.

해　설

② 부정사용에 대해 고객의 중대한 과실이 있으면 회원이 그 책임의 전부 또는 일부를 부담할 수 있다.

답 ②

② 문서의 종류

 ㉠ **공문서** : 정부기관에서 공무를 집행하기 위해 작성하는 문서로, 단체 또는 일반회사에서 정부기관을 상대로 사업을 진행할 때 작성하는 문서도 포함된다. 엄격한 규격과 양식이 특징이다.

 ㉡ **기획서** : 아이디어를 바탕으로 기획한 프로젝트에 대해 상대방에게 전달하여 시행하도록 설득하는 문서이다.

 ㉢ **기안서** : 업무에 대한 협조를 구하거나 의견을 전달할 때 작성하는 사내 공문서이다.

 ㉣ **보고서** : 특정한 업무에 관한 현황이나 진행 상황, 연구·검토 결과 등을 보고하고자 할 때 작성하는 문서이다.

 ㉤ **설명서** : 상품의 특성이나 작동 방법 등을 소비자에게 설명하기 위해 작성하는 문서이다.

 ㉥ **보도자료** : 정부기관이나 기업체 등이 언론을 상대로 자신들의 정보를 기사화 되도록 하기 위해 보내는 자료이다.

 ㉦ **자기소개서** : 개인이 자신의 성장과정이나, 입사 동기, 포부 등에 대해 구체적으로 기술하여 자신을 소개하는 문서이다.

 ㉧ **비즈니스 레터**(E-mail) : 사업상의 이유로 고객에게 보내는 편지다.

 ㉨ **비즈니스 메모** : 업무상 확인해야 할 일을 메모형식으로 작성하여 전달하는 글이다.

③ **문서이해의 절차** : 문서의 목적 이해→문서 작성 배경·주제 파악→정보 확인 및 현안문제 파악→문서 작성자의 의도 파악 및 자신에게 요구되는 행동 분석→목적 달성을 위해 취해야 할 행동 고려→문서 작성자의 의도를 도표나 그림 등으로 요약·정리

(2) 문서작성능력

① 작성되는 문서에는 대상과 목적, 시기, 기대효과 등이 포함되어야 한다.

② **문서작성의 구성요소**

 ㉠ 짜임새 있는 골격, 이해하기 쉬운 구조

 ㉡ 객관적이고 논리적인 내용

 ㉢ 명료하고 설득력 있는 문장

 ㉣ 세련되고 인상적인 레이아웃

예제 2

다음은 들은 내용을 구조적으로 정리하는 방법이다. 순서에 맞게 배열하면?

> ㉠ 관련 있는 내용끼리 묶는다.
> ㉡ 묶은 내용에 적절한 이름을 붙인다.
> ㉢ 전체 내용을 이해하기 쉽게 구조화한다.
> ㉣ 중복된 내용이나 덜 중요한 내용을 삭제한다.

① ㉠㉡㉢㉣   ② ㉠㉡㉣㉢
③ ㉡㉠㉢㉣   ④ ㉡㉠㉣㉢

③ 문서의 종류에 따른 작성방법

  ㉠ 공문서

- 육하원칙이 드러나도록 써야 한다.
- 날짜는 반드시 연도와 월, 일을 함께 언급하며, 날짜 다음에 괄호를 사용할 때는 마침표를 찍지 않는다.
- 대외문서이며, 장기간 보관되기 때문에 정확하게 기술해야 한다.
- 내용이 복잡할 경우 '-다음-', '-아래-'와 같은 항목을 만들어 구분한다.
- 한 장에 담아내는 것을 원칙으로 하며, 마지막엔 반드시 '끝'자로 마무리 한다.

  ㉡ 설명서

- 정확하고 간결하게 작성한다.
- 이해하기 어려운 전문용어의 사용은 삼가고, 복잡한 내용은 도표화 한다.
- 명령문보다는 평서문을 사용하고, 동어 반복보다는 다양한 표현을 구사하는 것이 바람직하다.

  ㉢ 기획서

- 상대를 설득하여 기획서가 채택되는 것이 목적이므로 상대가 요구하는 것이 무엇인지 고려하여 작성하며, 기획의 핵심을 잘 전달하였는지 확인한다.
- 분량이 많을 경우 전체 내용을 한눈에 파악할 수 있도록 목차구성을 신중히 한다.
- 효과적인 내용 전달을 위한 표나 그래프를 적절히 활용하고 산뜻한 느낌을 줄 수 있도록 한다.
- 인용한 자료의 출처 및 내용이 정확해야 하며 제출 전 충분히 검토한다.

ⓔ 보고서
- 도출하고자 한 핵심내용을 구체적이고 간결하게 작성한다.
- 내용이 복잡할 경우 도표나 그림을 활용하고, 참고자료는 정확하게 제시한다.
- 제출하기 전에 최종점검을 하며 질의를 받을 것에 대비한다.

예제 3

다음 중 공문서 작성에 대한 설명으로 가장 적절하지 못한 것은?

① 공문서나 유가증권 등에 금액을 표시할 때에는 한글로 기재하고 그 옆에 괄호를 넣어 숫자로 표기한다.
② 날짜는 숫자로 표기하되 년, 월, 일의 글자는 생략하고 그 자리에 온점(.)을 찍어 표시한다.
③ 첨부물이 있는 경우에는 붙임 표시문 끝에 1자 띄우고 "끝."이라고 표시한다.
④ 공문서의 본문이 끝났을 경우에는 1자를 띄우고 "끝."이라고 표시한다.

---

④ 문서작성의 원칙
　ⓐ 문장은 짧고 간결하게 작성한다(간결체 사용).
　ⓑ 상대방이 이해하기 쉽게 쓴다.
　ⓒ 불필요한 한자의 사용을 자제한다.
　ⓓ 문장은 긍정문의 형식을 사용한다.
　ⓔ 간단한 표제를 붙인다.
　ⓕ 문서의 핵심내용을 먼저 쓰도록 한다(두괄식 구성).

⑤ 문서작성 시 주의사항
　ⓐ 육하원칙에 의해 작성한다.
　ⓑ 문서 작성시기가 중요하다.
　ⓒ 한 사안은 한 장의 용지에 작성한다.
　ⓓ 반드시 필요한 자료만 첨부한다.
　ⓔ 금액, 수량, 일자 등은 기재에 정확성을 기한다.
　ⓕ 경어나 단어사용 등 표현에 신경 쓴다.
　ⓖ 문서작성 후 반드시 최종적으로 검토한다.

⑥ **효과적인 문서작성 요령**

  ㉠ **내용이해** : 전달하고자 하는 내용과 핵심을 정확하게 이해해야 한다.

  ㉡ **목표설정** : 전달하고자 하는 목표를 분명하게 설정한다.

  ㉢ **구성** : 내용 전달 및 설득에 효과적인 구성과 형식을 고려한다.

  ㉣ **자료수집** : 목표를 뒷받침할 자료를 수집한다.

  ㉤ **핵심전달** : 단락별 핵심을 하위목차로 요약한다.

  ㉥ **대상파악** : 대상에 대한 이해와 분석을 통해 철저히 파악한다.

  ㉦ **보충설명** : 예상되는 질문을 정리하여 구체적인 답변을 준비한다.

  ㉧ **문서표현의 시각화** : 그래프, 그림, 사진 등을 적절히 사용하여 이해를 돕는다.

(3) 경청능력

① **경청의 중요성** : 경청은 다른 사람의 말을 주의 깊게 들으며 공감하는 능력으로 경청을 통해 상대방을 한 개인으로 존중하고 성실한 마음으로 대하게 되며, 상대방의 입장에 공감하고 이해하게 된다.

② **경청을 방해하는 습관** : 짐작하기, 대답할 말 준비하기, 걸러내기, 판단하기, 다른 생각하기, 조언하기, 언쟁하기, 옳아야만 하기, 슬쩍 넘어가기, 비위 맞추기 등

③ **효과적인 경청방법**

  ㉠ **준비하기** : 강연이나 프레젠테이션 이전에 나누어주는 자료를 읽어 미리 주제를 파악하고 등장하는 용어를 익혀둔다.

  ㉡ **주의 집중** : 말하는 사람의 모든 것에 집중해서 적극적으로 듣는다.

  ㉢ **예측하기** : 다음에 무엇을 말할 것인가를 추측하려고 노력한다.

  ㉣ **나와 관련짓기** : 상대방이 전달하고자 하는 메시지를 나의 경험과 관련지어 생각해 본다.

  ㉤ **질문하기** : 질문은 듣는 행위를 적극적으로 하게 만들고 집중력을 높인다.

  ㉥ **요약하기** : 주기적으로 상대방이 전달하려는 내용을 요약한다.

  ㉦ **반응하기** : 피드백을 통해 의사소통을 점검한다.

다음은 면접스터디 중 일어난 대화이다. 민아의 고민을 해소하기 위한 조언으로 가장 적절한 것은?

> 지섭 : 민아씨, 어디 아파요? 표정이 안 좋아 보여요.
>
> 민아 : 제가 원서 넣은 공단이 내일 면접이어서요. 그동안 스터디를 통해서 면접 연습을 많이 했는데도 벌써부터 긴장이 되네요.
>
> 지섭 : 민아씨는 자기 의견도 명확히 피력할 줄 알고 조리 있게 설명을 잘 하시니 걱정 안하셔도 될 것 같아요. 아, 손에 꽉 쥐고 계신 건 뭔가요?
>
> 민아 : 아, 제가 예상 답변을 정리해서 모아둔거에요. 내용은 거의 외웠는데 이렇게 쥐고 있지 않으면 불안해서
>
> 지섭 : 그 정도로 준비를 철저히 하셨으면 걱정할 이유 없을 것 같아요.
>
> 민아 : 그래도 압박면접이거나 예상치 못한 질문이 들어오면 어떻게 하죠?
>
> 지섭 : _____

① 시선을 적절히 처리하면서 부드러운 어투로 말하는 연습을 해보는 건 어때요?
② 공식적인 자리인 만큼 옷차림을 신경 쓰는 게 좋을 것 같아요.
③ 당황하지 말고 질문자의 의도를 잘 파악해서 침착하게 대답하면 되지 않을까요?
④ 예상 질문에 대한 답변을 좀 더 정확하게 외워보는 건 어떨까요?

상대방이 하는 말을 듣고 질문 의도에 따라 올바르게 답하는 능력을 측정하는 문항이다.

민아는 압박질문이나 예상치 못한 질문에 대해 걱정을 하고 있으므로 침착하게 대응하라고 조언을 해주는 것이 좋다.

답 ③

(4) 의사표현능력

① **의사표현의 개념과 종류**

　㉠ **개념** : 화자가 자신의 생각과 감정을 청자에게 음성언어나 신체언어로 표현하는 행위이다.

　㉡ **종류**

　　• 공식적 말하기 : 사전에 준비된 내용을 대중을 대상으로 말하는 것으로 연설, 토의, 토론 등이 있다.

　　• 의례적 말하기 : 사회·문화적 행사에서와 같이 절차에 따라 하는 말하기로 식사, 주례, 회의 등이 있다.

　　• 친교적 말하기 : 친근한 사람들 사이에서 자연스럽게 주고받는 대화 등을 말한다.

② **의사표현의 방해요인**

　㉠ **연단공포증** : 연단에 섰을 때 가슴이 두근거리거나 땀이 나고 얼굴이 달아오르는 등의 현상으로 충분한 분석과 준비, 더 많은 말하기 기회 등을 통해 극복할 수 있다.

　㉡ **말** : 말의 장단, 고저, 발음, 속도, 쉼 등을 포함한다.

　㉢ **음성** : 목소리와 관련된 것으로 음색, 고저, 명료도, 완급 등을 의미한다.

　㉣ **몸짓** : 비언어적 요소로 화자의 외모, 표정, 동작 등이다.

ⓜ 유머 : 말하기 상황에 따른 적절한 유머를 구사할 수 있어야 한다.

③ 상황과 대상에 따른 의사표현법

    ㉠ **잘못을 지적할 때** : 모호한 표현을 삼가고 확실하게 지적하며, 당장 꾸짖고 있는 내용에만 한정한다.

    ㉡ **칭찬할 때** : 자칫 아부로 여겨질 수 있으므로 센스 있는 칭찬이 필요하다.

    ㉢ **부탁할 때** : 먼저 상대방의 사정을 듣고 응하기 쉽게 구체적으로 부탁하며 거절을 당해도 싫은 내색을 하지 않는다.

    ㉣ **요구를 거절할 때** : 먼저 사과하고 응해줄 수 없는 이유를 설명한다.

    ㉤ **명령할 때** : 강압적인 말투보다는 '○○을 이렇게 해주는 것이 어떻겠습니까?'와 같은 식으로 부드럽게 표현하는 것이 효과적이다.

    ㉥ **설득할 때** : 일방적으로 강요하기보다는 먼저 양보해서 이익을 공유하겠다는 의지를 보여주는 것이 좋다.

    ㉦ **충고할 때** : 충고는 가장 최후의 방법이다. 반드시 충고가 필요한 상황이라면 예화를 들어 비유적으로 깨우쳐주는 것이 바람직하다.

    ㉧ **질책할 때** : 샌드위치 화법(칭찬의 말 + 질책의 말 + 격려의 말)을 사용하여 청자의 반발을 최소화한다.

예제 5

당신은 팀장님께 업무 지시내용을 수행하고 결과물을 보고 드렸다. 하지만 팀장님께서는 "최대리 업무를 이렇게 처리하면 어떡하나? 누락된 부분이 있지 않은가."라고 말하였다. 이에 대해 당신이 행할 수 있는 가장 부적절한 대처 자세는?

① "죄송합니다. 제가 잘 모르는 부분이라 이수혁 과장님께 부탁을 했는데 과장님께서 실수를 하신 것 같습니다."

② "주의를 기울이지 못해 죄송합니다. 어느 부분을 수정보완하면 될까요?"

③ "지시하신 내용을 제가 충분히 이해하지 못하였습니다. 내용을 다시 한 번 여쭤보아도 되겠습니까?"

④ "부족한 내용을 보완하는 자료를 취합하기 위해서 하루정도가 더 소요될 것 같습니다. 언제까지 재작성하여 드리면 될까요?"

출제의도

상사가 잘못을 지적하는 상황에서 어떻게 대처해야 하는지를 묻는 문항이다.

해 설

상사가 부탁한 지시사항을 다른 사람에게 부탁하는 것은 옳지 못하며 설사 그렇다고 해도 그 일의 과오에 대해 책임을 전가하는 것은 지양해야 할 자세이다.

답 ①

④ 원활한 의사표현을 위한 지침

　㉠ 올바른 화법을 위해 독서를 하라.

　㉡ 좋은 청중이 되라.

　㉢ 칭찬을 아끼지 마라.

　㉣ 공감하고, 긍정적으로 보이게 하라.

　㉤ 겸손은 최고의 미덕임을 잊지 마라.

　㉥ 과감하게 공개하라.

　㉦ 뒷말을 숨기지 마라.

　㉧ 첫마디 말을 준비하라.

　㉨ 이성과 감성의 조화를 꾀하라.

　㉩ 대화의 룰을 지켜라.

　㉪ 문장을 완전하게 말하라.

⑤ 설득력 있는 의사표현을 위한 지침

　㉠ 'Yes'를 유도하여 미리 설득 분위기를 조성하라.

　㉡ 대비 효과로 분발심을 불러 일으켜라.

　㉢ 침묵을 지키는 사람의 참여도를 높여라.

　㉣ 여운을 남기는 말로 상대방의 감정을 누그러뜨려라.

　㉤ 하던 말을 갑자기 멈춤으로써 상대방의 주의를 끌어라.

　㉥ 호칭을 바꿔서 심리적 간격을 좁혀라.

　㉦ 끄집어 말하여 자존심을 건드려라.

　㉧ 정보전달 공식을 이용하여 설득하라.

　㉨ 상대방의 불평이 가져올 결과를 강조하라.

　㉩ 권위 있는 사람의 말이나 작품을 인용하라.

　㉪ 약점을 보여 주어 심리적 거리를 좁혀라.

　㉫ 이상과 현실의 구체적 차이를 확인시켜라.

　㉬ 자신의 잘못도 솔직하게 인정하라.

　㉭ 집단의 요구를 거절하려면 개개인의 의견을 물어라.

　ⓐ 동조 심리를 이용하여 설득하라.

　ⓑ 지금까지의 노고를 치하한 뒤 새로운 요구를 하라.

　ⓒ 담당자가 대변자 역할을 하도록 하여 윗사람을 설득하게 하라.

　ⓓ 겉치레 양보로 기선을 제압하라.

　ⓔ 변명의 여지를 만들어 주고 설득하라.

　ⓕ 혼자 말하는 척하면서 상대의 잘못을 지적하라.

(5) 기초외국어능력

① 기초외국어능력의 개념과 필요성
- ㉠ **개념** : 기초외국어능력은 외국어로 된 간단한 자료를 이해하거나, 외국인과의 전화응대와 간단한 대화 등 외국인의 의사표현을 이해하고, 자신의 의사를 기초외국어로 표현할 수 있는 능력이다.
- ㉡ **필요성** : 국제화·세계화 시대에 다른 나라와의 무역을 위해 우리의 언어가 아닌 국제적인 통용어를 사용하거나 그들의 언어로 의사소통을 해야 하는 경우가 생길 수 있다.

② 외국인과의 의사소통에서 피해야 할 행동
- ㉠ 상대를 볼 때 흘겨보거나, 노려보거나, 아예 보지 않는 행동
- ㉡ 팔이나 다리를 꼬는 행동
- ㉢ 표정이 없는 것
- ㉣ 다리를 흔들거나 펜을 돌리는 행동
- ㉤ 맞장구를 치지 않거나 고개를 끄덕이지 않는 행동
- ㉥ 생각 없이 메모하는 행동
- ㉦ 자료만 들여다보는 행동
- ㉧ 바르지 못한 자세로 앉는 행동
- ㉨ 한숨, 하품, 신음소리를 내는 행동
- ㉩ 다른 일을 하며 듣는 행동
- ㉪ 상대방에게 이름이나 호칭을 어떻게 부를지 묻지 않고 마음대로 부르는 행동

③ 기초외국어능력 향상을 위한 공부법
- ㉠ 외국어공부의 목적부터 정하라.
- ㉡ 매일 30분씩 눈과 손과 입에 밸 정도로 반복하라.
- ㉢ 실수를 두려워하지 말고 기회가 있을 때마다 외국어로 말하라.
- ㉣ 외국어 잡지나 원서와 친해져라.
- ㉤ 소홀해지지 않도록 라이벌을 정하고 공부하라.
- ㉥ 업무와 관련된 주요 용어의 외국어는 꼭 알아두자.
- ㉦ 출퇴근 시간에 외국어 방송을 보거나, 듣는 것만으로도 귀가 트인다.
- ㉧ 어린이가 단어를 배우듯 외국어 단어를 암기할 때 그림카드를 사용해 보라.
- ㉨ 가능하면 외국인 친구를 사귀고 대화를 자주 나눠 보라.

출제예상문제

1 다음 글을 읽고 알 수 있는 내용은?

> 고대 그리스의 원자론자 데모크리토스는 자연의 모든 변화를 원자들의 운동으로 설명했다. 모든 자연현상의 근거는, 원자들, 빈 공간 속에서의 원자들의 움직임, 그리고 그에 따른 원자들의 배열과 조합의 변화라는 것이다.
>
> 한편 데카르트에 따르면 연장, 즉 퍼져있음이 공간의 본성을 구성한다. 그런데 연장은 물질만이 가지는 속성이기 때문에 물질 없는 연장은 불가능하다. 다시 말해 아무 물질도 없는 빈 공간이란 원리적으로 불가능하다. 데카르트에게 운동은 물속에서 헤엄치는 물고기의 움직임과 같다. 꽉 찬 물질 속에서 물질이 자리바꿈을 하는 것이다.
>
> 뉴턴에게 3차원 공간은 해체할 수 없는 튼튼한 집 같은 것이었다. 이 집은 사물들이 들어올 자리를 마련해 주기 위해 비어 있다. 사물이 존재한다는 것은 어딘가에 존재한다는 것인데 그 '어딘가'가 바로 뉴턴의 절대공간이다. 비어 있으면서 튼튼한 구조물인 절대공간은 그 자체로 하나의 실체는 아니지만 '실체 비슷한 것'으로서, 객관적인 것, 영원히 변하지 않는 것이었다.
>
> 라이프니츠는 빈 공간을 부정한다는 점에서 데카르트와 의견을 같이했다. 그러나 데카르트가 뉴턴과 마찬가지로 공간을 정신과 독립된 객관적 실재로 보았던 반면, 라이프니츠는 공간을 정신과 독립된 실재라고 보지 않았다. 그가 보기에는 '동일한 장소'라는 관념으로부터 '하나의 장소'라는 관념을 거쳐 모든 장소들의 집합체로서의 '공간'이라는 관념이 나오는데, '동일한 장소'라는 관념은 정신의 창안물이다. 결국 '공간'은 하나의 거대한 관념적 상황을 표현하고 있을 뿐이다.

① 만일 빈 공간의 존재에 관한 데카르트의 견해가 옳다면, 뉴턴의 견해도 옳다.
② 만일 공간의 본성에 관한 라이프니츠의 견해가 옳다면, 데카르트의 견해는 옳지 않다.
③ 만일 공간의 본성에 관한 데카르트의 견해가 옳다면, 데모크리토스의 견해도 옳다.
④ 만일 공간의 본성에 관한 뉴턴의 견해가 옳다면, 라이프니츠의 견해도 옳다.

> ✔ 해설 마지막 문단에서 '데카르트가 뉴턴과 마찬가지로 공간을 정신과 독립된 객관적 실재로 보았던 반면, 라이프니츠는 공간을 정신과 독립된 실재라고 보지 않았다.'라고 하였으므로 ②가 적절하다.

2 다음은 은행을 사칭한 대출 주의 안내문이다. 이에 대한 설명으로 옳지 않은 것은?

항상 ○○은행을 이용해 주시는 고객님께 감사드립니다.

최근 ○○은행을 사칭하면서 대출 협조문이 Fax로 불특정 다수에게 발송되고 있어 각별한 주의가 요망됩니다. ○○은행은 절대로 Fax를 통해 대출 모집을 하지 않으니 아래의 Fax발견 시 즉시 폐기하시기 바랍니다.

아래 내용을 검토하시어 자금문제로 고민하는 대표이하 직원 여러분들에게 저의 은행의 금융정보를 공유할 수 있도록 업무협조 부탁드립니다.

수신 : 직장인 및 사업자
발신 : ○○은행 여신부
여신상담전화번호 : 070-xxxx-xxxx

대상	직장인 및 개인/법인 사업자
금리	개인신용등급적용 (최저 4.8~)
연령	만 20세~만 60세
상환 방식	1년만기일시상환, 원리금균등분할상환
대출 한도	100만 원~1억원
대출 기간	12개월~최장 60개월까지 설정가능
서류 안내	공통서류-신분증 직장인-재직, 소득서류 사업자-사업자 등록증, 소득서류

※ 기타사항
• 본 안내장의 내용은 법률 및 관련 규정 변경시 일부 변경될 수 있습니다.
• 용도에 맞지 않을 시, 연락 주시면 수신거부 처리 해드리겠습니다.

현재 ○○은행을 사칭하여 문자를 보내는 불법업체가 기승입니다. ○○은행에서는 본 안내장 외엔 문자를 발송치 않으니 이점 유의하시어 대처 바랍니다.

① Fax 수신문에 의하면 최대 대출 한도는 1억원까지이다.
② Fax로 수신되는 대출 협조문은 ○○은행에서 보낸 것이 아니다.
③ 대출 주의 안내문은 수신거부 처리가 가능하다.
④ ○○은행에서는 대출 협조문을 문자로 발송한다.

✔ 해설 ④ ○○은행에서는 본 안내장 외엔 문자를 발송하지 않는다.

Answer 1.② 2.④

3 다음의 글을 읽고 박 대리가 저지른 실수를 바르게 이해한 것은?

> 김 대리는 이번 입사 후 처음으로 임원들 앞에서 프레젠테이션을 하게 되었다. 김 대리는 최대한 간결한 글로 기획안을 만들었고 회의에서 자신의 발표를 시작하였다. 그러나 시간분배를 잘못한 나머지 회의시간이 길어졌다. 결국 발표를 급하게 마무리 지었고 생각보다 만족스럽지 못한 발표였다.

① 박 대리의 기획안에는 첨부파일이 없었다.
② 박 대리의 발표는 간결하지 못하고 시각적인 부분이 부족했다.
③ 박 대리의 발표는 너무 시간이 길었다.
④ 박 대리의 기획안에는 참신한 아이디어가 없었다.

✔ 해설 기획안의 설명도 중요하나 발표시 문서의 내용을 간결하게 전달하는 것이 무엇보다 중요하다. 그리고 청자를 고려하여 적절하게 시간 배분을 해야 한다.

4 다음 글에서 언급된 밑줄 친 '합리적 기대이론'에 대한 설명으로 적절하지 않은 것은 무엇인가?

> 과거에 중앙은행들은 자신이 가진 정보와 향후의 정책방향을 외부에 알리지 않는 이른바 비밀주의를 오랜 기간 지켜왔다. 통화정책 커뮤니케이션이 활발하지 않았던 이유는 여러 가지가 있었지만 무엇보다도 통화정책 결정의 영향이 파급되는 경로가 비교적 단순하고 분명하여 커뮤니케이션의 필요성이 크지 않았기 때문이었다. 게다가 중앙은행에게는 권한의 행사와 그로 인해 나타난 결과에 대해 국민에게 설명할 어떠한 의무도 부과되지 않았다.
>
> 중앙은행의 소극적인 의사소통을 옹호하는 주장 가운데는 비밀주의가 오히려 금융시장의 발전을 가져올 수 있다는 견해가 있었다. 중앙은행이 모호한 표현을 이용하여 자신의 정책의도를 이해하기 어렵게 설명하면 금리의 변화 방향에 대한 불확실성이 커지고 그 결과 미래 금리에 대한 시장의 기대가 다양하게 형성된다. 이처럼 미래의 적정금리에 대한 기대의 폭이 넓어지면 금융거래가 더욱 역동적으로 이루어짐으로써 시장의 규모가 커지는 등 금융시장이 발전하게 된다는 것이다. 또한 통화정책의 효과를 극대화하기 위해 커뮤니케이션을 자제해야 한다는 생각이 통화정책 비밀주의를 오래도록 유지하게 한 요인이었다. <u>합리적 기대이론</u>에 따르면 사전에 예견된 통화정책은 경제주체의 기대 변화를 통해 가격조정이 정책의 변화 이전에 이루어지기 때문에 실질생산량, 고용 등의 변수에 변화를 가져올 수 없다. 따라서 단기간 동안이라도 실질변수에 변화를 가져오기 위해서는 통화정책이 예상치 못한 상황에서 수행되어야 한다는 것이다.
>
> 이 외에 통화정책결정에 있어 중앙은행의 독립성이 확립되지 않은 경우 비밀주의를 유지하는 것이 외부의 압력으로부터 중앙은행을 지키는 데 유리하다는 견해가 있다. 중앙은행의 통화정책이 공개되면 이해관계가 서로 다른 집단이나 정부 등이 정책결정에 간섭할 가능성이 커지고 이들의 간섭이 중앙은행의 독립적인 정책수행을 어렵게 할 수 있다는 것이다.

① 사람들은 현상을 충분히 합리적으로 판단할 수 있으므로 어떠한 정책 변화도 미리 합리적으로 예상하여 행동한다.

② 경제주체들이 자신의 기대형성 방식이 잘못되었다는 것을 알면서도 그런 방식으로 계속 기대를 형성한다고 가정하는 것이다.

③ 예상하지 못한 정책 충격만이 단기적으로 실질변수에 영향을 미친다.

④ 1년 후의 물가가 10% 오를 것으로 예상될 때 10% 이하의 금리로 돈을 빌려 주면 손실을 보게 되기 때문에, 대출 금리를 10% 이상으로 인상시켜 놓게 된다.

✔해설 제시 글을 통해 알 수 있는 합리적 기대이론의 의미는, 가계나 기업 등 경제주체들은 활용가능한 모든 정보를 활용해 경제상황의 변화를 합리적으로 예측한다는 것으로, 이에 따르면 공개된 금융, 재정 정책은 합리적 기대이론에 의한 경제주체들의 선제적 반응으로 무력화되고 만다. 보기 ②에서 언급된 내용은 이와 정반대로 움직이는 경제주체의 모습을 설명한 것으로, 경제주체들이 드러난 정보를 무시하고 과거의 실적치만으로 기대를 형성하는 기대오류를 범한다고 보는 견해이다.

Answer 3.③ 4.②

┃5～6┃ 다음은 어느 회사의 송·배전용 전기설비 이용규정의 일부이다. 다음을 보고 물음에 답하시오.

제00조 이용신청 시기

고객의 송·배전용 전기설비 이용신청은 이용 희망일부터 행정소요일수와 표본 공정(접속설비의 설계·공사계약체결·공사시공기간 등) 소요일수를 합산한 기간 이전에 하는 것을 원칙으로 한다. 다만, 필요시 고객과 협의하여 이용신청시기를 조정할 수 있다.

제00조 이용신청시 기술검토용 제출자료

고객은 이용신청시 회사가 접속방안을 검토할 수 있도록 송·배전 기본계획자료를 제출하여야 한다. 고객은 자료가 확정되지 않은 경우에는 잠정 자료를 제출할 수 있으며, 자료가 확정되는 즉시 확정된 자료를 제출하여야 한다.

제00조 접속제의의 수락

고객은 접속제의서 접수 후 송전용전기설비는 2개월, 배전용전기설비는 1개월 이내에 접속제의에 대한 수락의사를 서면으로 통지하여야 하며, 이 기간까지 수락의사의 통지가 없을 경우 이용신청은 효력을 상실한다. 다만, 고객과의 협의를 통해 수락의사 통지기간을 1회에 한하여 송전용전기설비는 2개월, 배전용전기설비는 1개월 이내에서 연장할 수 있다. 접속제의에 이의가 있거나 새로운 접속방안의 검토를 희망하는 경우, 고객은 2회에 한하여 접속제의의 재검토를 요청할 수 있으며, 재검토 기간은 송전용전기설비는 3개월, 배전용전기설비는 1개월을 초과할 수 없다.

제00조 끝자리 수의 처리

이 규정에서 송·배전 이용요금 등의 계산에 사용하는 단위는 다음 표와 같으며 계산단위 미만의 끝자리 수는 계산단위 이하 첫째자리에서 반올림한다.

구분	계산단위
부하설비 용량	1kw
변압기설비 용량	1kVA
발전기 정격출력	1kw
계약전력	1kw
최대이용전력	1kw
요금적용전력	1kw
사용전력량	1k조
무효전력량	1kvarh
역률	1%

송·배전 이용요금 등의 청구금액(부가세 포함)에 10원 미만의 끝자리 수가 있을 경우에는 국고금관리법에 정한 바에 따라 그 끝자리 수를 버린다.

5 乙은 이용규정을 바탕으로 회사 홈페이지에 올라온 고객의 질의에 답변하려고 한다. 답변 내용 중 옳지 않은 것은?

① Q : 송·배전용 전기설비 이용신청은 언제 하여야 하나요?

　A : 이용신청은 이용 희망일부터 행정소요일수와 표본 공정소요일수를 합산한 기간 이전에 하여야 합니다.

② Q : 송·배전 기본계획자료가 아직 확정되지 않은 상태인데 어떻게 해야 하나요?

　A : 잠정 자료를 제출할 수 있으며, 자료가 확정되는 즉시 확정된 자료를 제출하면 됩니다.

③ Q : 수락의사 통지기간을 연장하고 싶은데 그 기간은 어느정도인가요?

　A : 회사와 고객 간의 협의를 통해 송전용전기설비는 1개월, 배전용전기설비는 2개월 이내에서 연장할 수 있습니다.

④ Q : 송·배전 이용요금 등의 청구금액에 10원 미만의 끝자리 수가 있을 경우는 어떻게 되나요?

　A : 끝자리 수가 있을 경우에는 국고금관리법에 정한 바에 따라 그 끝자리 수를 버리게 됩니다.

✔**해설** ③ 고객과의 협의를 통해 수락의사 통지기간을 1회에 한하여 송전용전기설비는 2개월, 배전용전기설비는 1개월 이내에서 연장할 수 있다.

6 접속제의에 이의가 있거나 새로운 접속방안의 검토를 희망하는 경우, 고객은 몇 회에 한하여 재검토를 요청할 수 있는가?

① 1회　　　　　　　　　　　　② 2회

③ 3회　　　　　　　　　　　　④ 4회

✔**해설** 접속제의에 이의가 있거나 새로운 접속방안의 검토를 희망하는 경우, 고객은 2회에 한하여 접속제의의 재검토를 요청할 수 있다.

Answer 5.③ 6.②

7 아웃도어 업체에 신입사원으로 입사한 박 사원이 다음의 기사를 요약하여 상사에게 보고해야 할 때 적절하지 못한 내용은?

아웃도어 브랜드 '기능성 티셔츠' 허위 · 과대광고 남발

국내에서 판매되고 있는 유명 아웃도어 브랜드의 반팔 티셔츠 제품들이 상당수 허위 · 과대 광고를 하고 있는 것으로 나타났다. 소비자시민모임은 30일 서울 신문로 ○○타워에서 기자회견을 열고 '15개 아웃도어 브랜드의 등산용 반팔 티셔츠 품질 및 기능성 시험 통과 시험 결과'를 발표했다. 소비자시민모임은 2015년 신상품을 대상으로 아웃도어 의류 매출 상위 7개 브랜드 및 중소기업 8개 브랜드 총 15개 브랜드의 제품을 선정해 시험 · 평가했다. 시험결과 '자외선 차단' 기능이 있다고 표시 · 광고하고 있는 A사, B사 제품은 자외선 차단 가공 기능이 있다고 보기 어려운 수준인 것으로 드러났다. C사, D사 2개 제품은 제품상에 별도 부착된 태그에서 표시 · 광고하고 있는 기능성 원단과 실제 사용된 원단에 차이가 있는 것으로 확인됐다. D사, E사, F사 등 3개 제품은 의류에 부착된 라벨의 혼용율과 실제 혼용율에 차이가 있는 것으로 조사됐다. 또 일부 제품의 경우 '자외선(UV) 차단 기능 50+'라고 표시 · 광고했지만 실제 테스트 결과는 이에 못 미치는 것으로 나타났다. 반면, 기능성 품질 비교를 위한 흡수성, 건조성, 자외선차단 시험 결과에서는 G사, H사 제품이 흡수성이 좋은 것으로 확인되었다.

소비자시민모임 관계자는 "일부 제품에서는 표시 · 광고하고 있는 기능성 사항이 실제와는 다르게 나타났다."며 "무조건 제품의 광고를 보고 고가 제품의 품질을 막연히 신뢰하기 보다는 관련 제품의 라벨 및 표시 정보를 꼼꼼히 확인해야 한다."고 밝혔다. 이어 "소비자의 합리적인 선택을 유도할 수 있도록 기능성 제품에 대한 품질 기준 마련이 필요하다."며 "표시 광고 위반 제품에 대해서는 철저한 관리 감독을 요구한다."고 촉구했다.

---

① A사와 B사 제품은 자외선 차단 효과가 낮고, C사와 D사는 태그에 표시된 원단과 실제 원단이 달랐다.

② 소비자 시민모임은 '15개 아웃도어 브랜드의 등산용 반팔티셔츠 품질 및 기능성 시험 결과'를 발표했다.

③ G사와 H사 제품은 흡수성이 좋은 것으로 확인되었다.

④ 거의 모든 제품에서 표시 · 광고하고 있는 기능성 사항이 실제와는 다르게 나타났다.

✔해설 일부 제품에서 표시 · 광고하고 있는 사항이 실제와 다른 것이며 G사와 H사의 경우 제품의 흡수성이 좋은 것으로 확인되었기 때문에 거의 모든 제품이라고 단정하면 안 된다.

8 다음 면접 상황을 읽고 C가 잘못한 원인을 바르게 찾은 것은?

카페창업에 실패한 29살의 B와 C는 생존을 위해 한 기업에 함께 면접시험을 보러 가게 되었다. B가 먼저 면접시험을 치르게 되었다.

A(면접관) : 좋아하는 스포츠가 있습니까?

B : 예, 있습니다. 저는 축구를 아주 좋아합니다.

A : 그럼, 좋아하는 선수는 누구입니까?

B : 예전에는 홍명보선수를 좋아했으나 최근에는 손흥민선수를 좋아합니다.

A : 그럼 좋아하는 위인은 누구인가?

B : 제가 좋아하는 위인으로는 우리나라를 왜군의 세력으로부터 지켜주신 이순신 장군입니다.

A : 독감이 위험한 질병이라고 생각하십니까?

B : 저는 독감이 그렇게 위험한 질병이라고 생각하지는 않습니다. 제 개인적인 생각으로는 건강상 문제가 없으면 감기처럼 지나가는 질환이고, 면역력이 약하다면 합병증을 유발하여 그 합병증 때문에 위험하다고 생각합니다.

무사히 면접시험을 마친 B는 매우 불안해하는 C에게 자신이 답한 내용을 모두 알려주었다. C는 그 답변을 달달 외우기 시작하였다.

A : 좋아하는 음식이 무엇입니까?

C : 네, 저는 축구를 좋아합니다.

A : 그럼 지원자의 이름은 무엇입니까?

C : 예전에는 홍명보였으나 지금은 손흥민입니다.

A : 허, 지원자 아버지의 성함은 무엇입니까?

C : 예, 이순신입니다.

A : 지원자는 현재 본인의 상태가 어떻다고 생각합니까?

C : 네, 저는 건강상 문제가 없으면 괜찮은 것이고, 면역력이 약해졌다면 합병증을 유발하여 그 합병증 때문에 위험할 것 같습니다.

① 면접관의 신분을 파악하지 못했다.

② 면접관의 질문을 제대로 경청하지 못했다.

③ 면접관의 의도를 빠르게 파악하였다.

④ 묻는 질문에 대해 명확하게 답변을 하였다.

✔해설 면접관의 질문을 제대로 경청하지 못하였으며, 질문의 요지를 파악하지 못하고 엉뚱한 답변을 하였다.

9 다음 글을 읽고 (A)~(D)를 옳게 짝지은 것을 고르시오.

> 하드웨어란 컴퓨터 시스템의 구성물 중에서 손으로 만질 수 있는 모든 것, 이를테면 PC에서 본체 및 모니터, 키보드 등을 의미한다. 그리고 소프트웨어란 물리적으로는 존재하지 않고 논리적으로만 존재하는 것, 즉 PC에서는 '윈도우' 등의 운영체제나 '워드'와 같은 응용 프로그램 등을 의미하는 것이다. 따라서 하드웨어와 달리 수정이 용이하다는 특징이 있다. 소프트웨어를 통해 전달된 정보를 받아들인 하드웨어는 내부의 논리회로를 거쳐 사용자가 원하는 형태의 결과물로 표현한다. 여기서 말하는 결과물이란 계산 결과의 출력이나 특정 기기의 동작 등을 의미한다.
>
> 그런데 컴퓨터 시스템의 활용 범위가 넓어지고, 소프트웨어에서 전달되는 정보 역시 방대해지다 보니 하드웨어 내 제한된 종류의 논리 회로만으로는 이러한 다양한 상황에 모두 대응하기가 어렵게 되었다. 물론, 새로운 소프트웨어가 등장할 때마다 그에 해당하는 기능을 갖춘 논리 회로를 추가한 하드웨어를 새로 만들 수도 있겠지만, 이렇게 하면 비용이나 시간 면에서 큰 낭비가 아닐 수 없다. 그래서 컴퓨터 개발자들은 하드웨어 내부의 제어 부분에 저장공간을 만들어, 그곳에 논리회로의 기능을 보강하거나 대신할 수 있는 프로그램을 넣을 수 있게 하였는데, 이것이 바로 '펌웨어(Firmware)'이다.
>
> 따라서 같은 종류의 하드웨어라고 해도 내부의 펌웨어가 달라지면 기능이나 성능, 혹은 사용하는 소프트웨어의 종류가 달라질 수 있다. 즉, (A)는 프로그램의 형태를 갖추고 있으므로 기능적으로는 (B)에 가깝고 (C) 내부에 위치하며, 사용자가 쉽게 그 내용을 바꿀 수 없으므로 (D)적인 특성도 함께 가지고 있다고 할 수 있다.

	(A)	(B)	(C)	(D)
①	펌웨어	소프트웨어	소프트웨어	하드웨어
②	펌웨어	소프트웨어	하드웨어	하드웨어
③	소프트웨어	하드웨어	하드웨어	펌웨어
④	하드웨어	하드웨어	펌웨어	소프트웨어

✔해설 펌웨어는 '논리회로의 기능을 보강하거나 대신할 수 있는 프로그램'이다. 즉, (펌웨어)는 프로그램의 형태를 갖추고 있으므로 기능적으로는 (소프트웨어)에 가깝고 (하드웨어) 내부에 위치하며, 사용자가 쉽게 그 내용을 바꿀 수 없으므로 (하드웨어)적인 특성도 함께 가지고 있다고 할 수 있다.

10 다음은 SNS 회사에 함께 인턴으로 채용된 두 친구의 대화이다. 두 사람이 제출했을 토론 주제로 적합한 것은?

> 여 : 대리님께서 말씀하신 토론 주제는 정했어? 난 인터넷에서 '저무는 육필의 시대'라는 기사를 찾았는데 토론 주제로 괜찮을 것 같아서 그걸 정리해 가려고 하는데.
>
> 남 : 난 아직 마땅한 게 없어서 찾는 중이야. 그런데 육필이 뭐야?
>
> 여 : SNS 회사에 입사했다는 애가 그것도 모르는 거야? 컴퓨터로 글을 쓰는 게 디지털 글쓰기라면 손으로 글을 쓰는 걸 육필이라고 하잖아.
>
> 남 : 아! 그런 거야? 그럼 우리는 디지털 글쓰기 세대겠네?
>
> 여 : 그런 셈이지. 요즘 다들 컴퓨터로 글을 쓰니까. 그나저나 너는 디지털 글쓰기의 장점이 뭐라고 생각해?
>
> 남 : 음, 우선 떠오르는 대로 빨리 쓸 수 있다는 점 아닐까? 또 쉽게 고칠 수도 있고. 그래서 누구나 쉽게 글을 쓸 수 있다는 점이 디지털 글쓰기의 최대 장점이라고 생각하는데.
>
> 여 : 맞아. 기존의 글쓰기가 소수의 전유물이었다면, 디지털 글쓰기 덕분에 누구나 쉽게 글을 쓰고 의사소통을 할 수 있게 되었다는 게 내가 본 기사의 핵심이었어. 한마디로 글쓰기의 민주화가 이루어진 거지.
>
> 남 : 글쓰기의 민주화……. 멋있어 보이기는 하는데, 디지털 글쓰기가 꼭 장점만 있는 것 같지는 않아. 누구나 쉽게 글을 쓸 수 있게 됐다는 건, 그만큼 글이 가벼워졌다는 거 아냐? 우리 주변에서도 그런 글들은 엄청나잖아.
>
> 여 : 하긴, 디지털 글쓰기 때문에 과거보다 진지하게 글을 쓰는 사람이 적어진 건 사실이야. 남의 글을 베끼거나 근거 없는 내용을 담은 글들도 많아지고.
>
> 남 : 우리 이 주제로 토론을 해 보는 게 어때?

① 세대 간 정보화 격차
② 디지털 글쓰기와 정보화
③ 디지털 글쓰기의 장단점
④ 디지털 글쓰기와 의사소통의 관계

> ✔해설 ③ 대화 속의 남과 여는 디지털 글쓰기의 장점과 단점에 대해 이야기하고 있다. 따라서 두 사람이 제출했을 토론 주제로는 '디지털 글쓰기의 장단점'이 적합하다.

11 다음은 어느 중소기업에서 제품화한 요리용 '식빵용 치즈' 상품에 대한 광고문이다. 해당 제품을 구매하려는 고객의 문의사항에 대한 응답으로 가장 적절하지 않은 것은?

① Q : 이 제품의 맛은 어떤가요?

　A : 이 제품은 식빵과 어울리는 맛으로, 빵에 올려 먹을 대 맛이 가장 좋은 용량을 적용하여 깊은 맛을 냅니다.

② Q : 이 제품이 기존의 일반 슬라이스 치즈와 다른 점은 뭔가요?

　A : 기존의 일반 슬라이스 치즈는 식빵보다 크기가 작았지만, 이 제품은 식빵에 딱 맞는 사이즈로 커져 빵의 가장자리 부분까지 덮을 수 있습니다.

③ Q : 제품은 상온에 보관해도 되나요?

　A : 해당 제품은 가공치즈로 변질 방지를 위해 냉장 보관해 주십시오.

④ Q : 제품은 어떻게 포장되어 있나요?

　A : 본 제품은 드시기 편하게 낱개로 개별 포장되어 있습니다.

> ✔해설　①②③의 내용은 해당 광고문에 명시된 내용을 바탕으로 대답한 것이다.
>
> 　④ 광고문의 포장 정보를 통해 이 제품이 '진공 포장'이라는 것은 알 수 있지만, 낱개로 개별 포장되어 있는지는 알 수 없다.

12 다음을 바탕으로 통신사 직원이 고객에게 이동단말기의 통화 채널 형성에 대한 설명을 할 때, 바르게 설명한 것은?

> '핸드오버'란 이동단말기가 이동함에 따라 기존 기지국에서 이탈하여 새로운 기지국으로 넘어갈 때 통화가 끊기지 않도록 통화 신호를 새로운 기지국으로 넘겨주는 것을 말한다. 이런 핸드오버는 이동단말기, 기지국, 이동전화교환국 사이의 유무선 연결을 바탕으로 실행된다. 이동단말기가 기지국에 가까워지면 그 둘 사이의 신호가 점점 강해지는데 반해, 이동단말기와 기지국이 멀어지면 그 둘 사이의 신호는 점점 약해진다. 이 신호의 세기가 특정한 값 이하로 떨어지게 되면 핸드오버가 명령되어 이동단말기와 새로운 기지국 간의 통화 채널이 형성된다. 이 과정에서 이동전화교환국과 기지국 간 연결에 문제가 발생하면 핸드오버가 실패하게 된다.
>
> 핸드오버는 이동단말기와 기지국 간 통화 채널 형성 순서에 따라 '형성 전 단절 방식'과 '단절 전 형성 방식'으로 구분될 수 있다. TDMA와 FDMA에서는 형성 전 단절 방식을, CDMA에서는 단절 전 형성 방식을 사용한다. 형성 전 단절 방식은 이동단말기와 새로운 기지국 간의 통화 채널이 형성되기 전에 기존 기지국과의 통화 채널을 단절하는 것을 말한다. 이와 반대로 단절 전 형성 방식을 이동단말기와 기존 기지국 간의 통화 채널이 단절되기 전에 새로운 기지국과의 통화 채널을 형성하는 방식이다. 이런 핸드오버 방식의 차이는 각 기지국이 사용하는 주파수 간 차이에서 비롯된다. 만약 각 기지국이 다른 주파수를 사용하고 있다면, 이동단말기는 기존 기지국과의 통화 채널을 미리 단절한 뒤 새로운 기지국에 맞는 주파수를 할당 받은 후 통화 채널을 형성해야 한다. 그러나 각 기지국이 같은 주파수를 사용하고 있다면, 그런 주파수 조정이 필요 없으며 새로운 통화 채널을 형성하고 나서 기존 통화 채널을 단절할 수 있다.

① 단절 전 형성 방식의 각 기지국은 서로 다른 주파수를 사용합니다.

② 이동단말기와 기존 기지국 간의 통화 채널이 단절되면 핸드오버가 성공한 것이라고 볼 수 있습니다.

③ CDMA에서는 하나의 이동단말기가 두 기지국과 동시에 통화 채널을 형성할 수 있지만, FDMA에서는 그렇지 않습니다.

④ 형성 전 단절 방식은 단절 전 형성 방식보다 더 빨리 핸드오버를 명령할 수 있는 장점이 있습니다.

✔ 해설 ① 단절 전 형성 방식의 각 기지국은 서로 같은 주파수를 사용하여 주파수 조정이 필요 없으므로 새로운 통화 채널을 형성하고 나서 기존 통화 채널을 단절할 수 있다.
② '핸드오버'란 이동단말기가 이동함에 따라 기존 기지국에서 이탈하여 새로운 기지국으로 넘어갈 때 통화가 끊어지지 않도록 통화 신호를 새로운 기지국으로 넘겨주는 것으로, 이동단말기와 새로운 기지국 간의 통화 채널이 형성되면 핸드오버가 성공한 것이라고 볼 수 있다.
④ 핸드오버는 이동단말기와 기지국이 멀어지면서 그 둘 사이의 신호가 점점 약해지다 특정 값 이하로 떨어지게 되면 명령되는 것으로, 통화 채널 형성 순서에 따라 차이가 있지 않다.

Answer 11.④ 12.③

13 어느 그룹의 S부서는 자기 부서의 정책을 홍보하기 위해 책자를 제작하여 배포하는 프로젝트를 진행하였다. 프로젝트 진행 과정이 다음과 같을 때, 프로젝트 결과에 대한 평가로 항상 옳은 것은?

> 이번에 S부서에서는 자기 부서의 정책을 홍보하기 위해 책자를 제작해 배포하였다. 이 홍보 사업에 참여한 S부서의 팀은 A와 B 두 팀이다. 두 팀은 각각 500권의 정책홍보 책자를 제작하였다. 그러나 책자를 어떤 방식으로 배포할 것인지에 대해 두 팀 간에 차이가 있었다. A팀은 자신들이 제작한 S부서의 모든 정책홍보책자를 서울이나 부산에 배포한다는 지침에 따라 배포하였다. 한편, B팀은 자신들이 제작한 S부서 정책홍보책자를 서울에 모두 배포하거나 부산에 모두 배포한다는 지침에 따라 배포하였다. 사업이 진행된 이후 배포된 결과를 살펴보기 위해 서울과 부산을 조사하였다. 조사를 담당한 한 직원은 A팀이 제작·배포한 정책홍보책자 중 일부를 서울에서 발견하였다. 한편, 또 다른 직원은 B팀이 제작·배포한 정책홍보책자 중 일부를 부산에서 발견하였다. 그리고 배포 과정을 검토해 본 결과, 이번에 A팀과 B팀이 제작한 정책 홍보책자는 모두 배포되었다는 것과, 책자가 배포된 곳과 발견된 곳이 일치한다는 것이 확인되었다.

> ㉠ A팀이 제작한 정책홍보책자가 부산에서 발견되었다면, 부산에 배포된 정책홍보책자의 수가 서울에 배포된 수보다 많다.
> ㉡ 서울에 배포된 정책홍보책자의 수는 부산에 배포된 정책홍보책자의 수보다 적다.
> ㉢ 부산에는 500권이 넘는 정책홍보책자가 배포되었다.

① ㉠
② ㉢
③ ㉠㉡
④ ㉡㉢

✔ **해설** B팀은 자신들이 제작한 정책홍보책자를 서울에 모두 배포하거나 부산에 모두 배포한다는 지침에 따라 배포하였는데, B팀의 정책홍보책자 일부가 부산에서 발견되었으므로, B팀은 정책홍보책자를 부산에 모두 배포하였다.
A팀이 제작·배포한 책자 중 일부를 서울에서 발견하였지만, A팀은 정책홍보책자를 서울이나 부산에 배포한다는 지침에 따라 배포하였으므로, 모두 서울에 배포되었는지 알 수 없다.

14 다음에 제시된 글의 목적에 대해 바르게 나타낸 것은?

제목 : 사내 신문의 발행

1. 우리 회사 직원들의 원만한 커뮤니케이션과 대외 이미지를 재고하기 위하여 사내 신문을 발간하고자 합니다.

2. 사내 신문은 홍보지와 달리 새로운 정보와 소식지로서의 역할이 기대되오니 아래의 사항을 검토하시고 재가해주시기 바랍니다.

-아 래-

㉠ 제호 : We 서원인
㉡ 판형 : 140 × 210mm
㉢ 페이지 : 20쪽
㉣ 출간 예정일 : 2016. 1. 1

별첨 견적서 1부

---

① 회사에서 정부를 상대로 사업을 진행하려고 작성한 문서이다.
② 회사의 업무에 대한 협조를 구하기 위하여 작성한 문서이다.
③ 회사의 업무에 대한 현황이나 진행상황 등을 보고하고자 하는 문서이다.
④ 회사 상품의 특성을 소비자에게 설명하기 위하여 작성한 문서이다.

✔해설 위 문서는 기안서로 회사의 업무에 대한 협조를 구하거나 의견을 전달할 때 작성하며, 흔히 사내 공문서라고도 한다.

|15~16| 해외에서 진행하는 프로젝트를 위해 출장 예정인 사원 L은 출장에 앞서 유의사항을 정리하여 팀원들에게 알리라는 지시를 받았다. 다음의 내용을 바탕으로 물음에 답하시오.

〈여권 분실〉

• 여권 분실 시, 분실 발견 즉시 가까운 현지 경찰서를 찾아가 여권 분실 증명서를 만듭니다. 재외공관에 분실 증명서, 사진 2장(여권용 컬러사진), 여권번호, 여권발행일 등을 기재한 서류를 제출합니다. 급히 귀국해야 할 경우 여행증명서를 발급받습니다.

※ 여권 분실의 경우를 대비해 여행 전 여권을 복사해 두거나, 여권번호, 발행연월일, 여행지 우리 공관 주소 및 연락처 등을 메모해 둡니다. 단, 여권을 분실했을 경우 해당 여권이 위·변조되어 범죄에 악용될 수 있다는 점에 유의바랍니다.

〈현금 및 수표 분실〉

• 여행경비를 분실하거나 도난당한 경우, 신속해외송금지원제도를 이용합니다.(재외공관 혹은 영사콜센터 문의)
• 여행자 수표를 분실한 경우, 경찰서에 바로 신고한 후 분실 증명서를 발급 받습니다. 여권과 여행자수표 구입 영수증을 가지고 수표 발행은행의 지점에 가서 분실 신고서를 작성하면, 여행자 수표를 재발행 받을 수 있습니다. 이 때 여행자 수표의 고유번호, 종류, 구입일, 은행점명을 알려줘야 합니다.

※ 수표의 상, 하단 모두에 사인한 경우, 둘 중 어디에도 사인하지 않은 경우, 수표의 번호를 모르는 경우, 분실 후 즉시 신고하지 않은 경우에는 재발급이 되지 않으므로 주의해야 합니다.

〈항공권 분실〉

• 항공권을 분실한 경우, 해당 항공사의 현지 사무실에 신고하고, 항공권 번호를 알려줍니다.

※ 분실에 대비해 항공권 번호가 찍혀 있는 부분을 미리 복사해두고, 구입한 여행사의 연락처도 메모해 둡니다.

〈수하물 분실〉

• 수하물을 분실한 경우, 화물인수증을 해당 항공사 직원에게 제시하고 분실 신고서를 작성합니다. 공항에서 짐을 찾을 수 없게 되면, 항공사에서 책임을 지고 배상합니다.

※ 현지에서 여행 중 물품을 분실한 경우, 현지 경찰서에 잃어버린 물건에 대해 신고를 하고 해외여행자 보험에 가입한 경우, 현지 경찰서로부터 도난 신고서를 발급받은 뒤, 귀국 후 해당 보험회사에 청구합니다.

15 L이 팀원들에게 출장 전 공지할 사항으로 적절하지 않은 내용은?

> 출장 전 안내할 사항은 다음과 같습니다. 먼저, ①여권 분실을 대비하여 여권용 컬러사진 2장과 여권 복사본을 준비하고, 출장지 우리 공관 주소 및 연락처를 알아두는 것이 좋습니다.
>
> 혹시 여행자수표를 가져가실 분은 ②수표의 상단 혹은 하단 중 한 군데에만 사인을 하고, 여행자수표 구입 영수증을 반드시 챙겨주십시오.
>
> 항공권 분실에 관해서는 단체로 E-TICKET을 발급할 예정입니다. ③제가 항공권 번호를 따로 정리해가고 구입한 여행사의 연락처 역시 제가 적어갈 테니 이 부분은 따로 준비하지 않으셔도 됩니다.
>
> 수하물에 관해서는 ④공항에서 받은 화물인수증을 짐을 찾을 때까지 꼭 소지하고 계셔야 하고, 해외여행자 보험에 가입을 한 상태여야 공항에서 수하물 분실 시 항공사에서 책임지고 배상하기 때문에 미리 가입을 해두시기 바랍니다.

✔해설 ④ 공항에서 짐을 찾을 수 없게 되면, 항공사에서 책임을 지고 배상한다. 해외여행자 보험의 경우 현지에서 여행 중 물품을 분실한 경우와 관련 있다.

16 L은 팀원들과 공유하기 위해 유의사항을 간단한 Q&A형식으로 만들었다. 다음 중 옳은 것은?

> Q) 여권을 분실했는데, 급하게 귀국해야 할 때는 어떻게 해야 하나요?
> A) ① 가까운 현지 경찰서에서 여행증명서를 발급받습니다. 이때, 여권 번호, 여권 발행일 등을 미리 알고 있어야 합니다.
> Q) 출장지에서 현금을 잃어버렸을 때 어떻게 해야 하나요?
> A) ② 분실한 액수를 정확히 파악한 후, 재외공관 혹은 영사콜센터를 통해 신속해외송금지원제도를 이용하여 분실 금액을 돌려받을 수 있습니다.
> Q) 항공권을 분실했을 때에 어떻게 해야 하나요?
> A) ③ 항공권은 구입한 여행사에 연락하여 분실 사항을 신고한 뒤 복사해놓은 항공권 번호가 찍혀 있는 부분을 여행사 현지 사무실로 보내야 합니다.
> Q) 출장지에서 물품을 분실했습니다. 어떻게 해야 하나요?
> A) ④ 현지 경찰서에 신고를 하여 도난 신고서를 발급받되, 해외여행자 보험에 가입되어 있는 경우에 한하여 한국에서 보험회사를 통해 비용 청구가 가능합니다.

✔해설 ① 여행증명서는 재외공관에서 발급받는다.
② 분실한 현금을 돌려받을 수 있다는 내용은 언급되지 않았다.
③ 항공권을 분실한 경우, 해당 항공사의 현지 사무실에 신고하고 항공권 번호를 알려준다.

Answer 15.④ 16.④

▌17~18▐ 다음은 ○○보험 정책연구원 M대리가 '제×차 건강과 의료 고위자 과정 모집안내'에 대한 안내 문서를 작성한 것이다. 이를 읽고 이어지는 물음에 답하시오.

	〈모집요강〉
수업기간	2019. 4. 1~7. 15(14주)
수업일시	매주 금요일 18시 30분~21시(석식제공)
모집인원	45명
지원자격	• 의료기관의 원장 및 관리책임자 • 정부, 국회 및 정부투자기관의 고위관리자 • 전문기자 및 보건의료계 종사자
접수기간	2019. 3. 8~3. 22(15일간)
접수장소	○○보험 정책연구소(우편, 이메일 접수 가능)
제출서류	• 입학지원서 1부 • 사진 2매(입학지원서 부착 및 별도 1매), 여권사본 1부(해외워크숍 참가 시) ※ 입학지원서 양식은 홈페이지에서 다운로드 가능
합격자 발표	2019. 3. 22(금) 개별통보
수료기준	과정 60% 이상 출석 시 수료증 수여
교육장소	• ○○보험 본사 대회의실(6층) • ○○보험 정책연구소 세미나실(4층)
수강료	• 등록금 : 100만 원 －합격자에 한하여 아래의 계좌로 입금하여 주십시오. －계좌번호: △△은행 527-000116-0000 ○○보험 정책연구소 ※ 해외연수 비용은 별도(추후 공지)

17 M대리가 작성한 문서를 검토한 선배 S는 문서의 형식과 내용상의 일부 수정사항을 다음과 같이 지적하였다. 다음 중 S의 지적으로 적절하지 않은 것은?

① "날짜를 표기할 때에는 연월일 숫자 다음에 반드시 온점(.)을 찍는 것이 기본 원칙이야."

② "개인정보 수집 및 이용 동의서 작성이 필요한지를 반드시 알려줘야 해."

③ "공문서에 시간을 적을 때에는 24시각제로 표기하되, '시', '분' 등의 말은 빼고 쌍점(:)을 찍어 '18:30'처럼 표기해야 되는 것 잊지 말게."

④ "대외적으로 배포할 안내문을 작성할 때에는 항상 '문의 및 연락처'를 함께 적어야 불편함을 줄일 수 있어."

> **✔해설** 개인정보 수집 및 이용 동의서, 개인정보 제공 동의서 등은 동의 여부를 개인정보 제공자의 자유의사로 선택할 수 있으므로 필요한 경우 작성을 요청할 수 있으나, 모집요강에 반드시 포함되어야 할 사항은 아니다.
> ① 2019. 4. 1~7. 15 → 2019. 4. 1.~7. 15.
> ③ 18시 30분~21시 → 18:30~21:00
> ④ 대외적으로 배포하는 안내문에서는 문의 및 연락처, 기타사항 등을 통하여 담당부서, 연락처 등을 함께 기재하는 것이 일반적이다.

18 위의 모집요강을 보고 건강과 의료 고위자 과정에 지원하고자 하는 A~D 중 모집요강을 잘못 이해하고 있는 사람은?

① A : 매주 금요일 저녁 저 시간에 수업을 하려면 저녁 시간이 애매한데, 석식을 제공한다니 괜찮네.

② B : 매우 유용한 과정이 될 것 같은데, 후배 중 의학전문기자가 있으니 수강해 보라고 알려줘야겠군.

③ C : 오늘이 접수 마감일인데 방문할 시간이 없으니 이메일로라도 신청해 봐야겠네.

④ D : 나는 수업기간 중 출장 때문에 2주 정도 출석을 못 하니 수료가 어렵겠네.

> **✔해설** 수료기준으로 60% 이상 출석을 요구하고 있다. 따라서 총 14주간의 수업이므로 9주 이상 수업에 참석하면 수료증이 수여된다.

| 19~20 | 다음은 가스안전사용요령이다. 이를 보고 물음에 답하시오.

사용 전 주의사항 : 환기

• 가스를 사용하기 전에는 연소기 주변을 비롯한 실내에서 특히 냄새를 맡아 가스가 새지 않았는가를 확인하고 창문을 열어 환기시키는 안전수칙을 생활화 합니다.

• 연소기 부근에는 가연성 물질을 두지 말아야 합니다.

• 콕, 호스 등 연결부에서 가스가 누출되는 경우가 많기 때문에 호스 밴드로 확실하게 조이고, 호스가 낡거나 손상되었을 때에는 즉시 새것으로 교체합니다.

• 연소 기구는 자주 청소하여 불꽃구멍 등에 음식찌꺼기 등이 끼어있지 않도록 유의합니다.

사용 중 주의사항 : 불꽃확인

• 사용 중 가스의 불꽃 색깔이 황색이나 적색인 경우는 불완전 연소되는 것으로, 연소 효율이 좋지 않을 뿐 아니라 일산화탄소가 발생되므로 공기조절장치를 움직여서 파란불꽃 상태가 되도록 조절해야 합니다.

• 바람이 불거나 국물이 넘쳐 불이 꺼지면 가스가 그대로 누출되므로 사용 중에는 불이 꺼지지 않았는지 자주 살펴봅니다. 구조는 버너, 삼발이, 국물받이로 간단히 분해할 수 있게 되어 있으며, 주로 가정용으로 사용되고 있다.

• 불이 꺼질 경우 소화 안전장치가 없는 연소기는 가스가 계속 누출되고 있으므로 가스를 잠근 다음 샌 가스가 완전히 실외로 배출된 것을 확인한 후에 재점화 해야 합니다. 폭발범위 안의 농도로 공기와 혼합된 가스는 아주 작은 불꽃에 의해서도 인화 폭발되므로 배출시킬 때에는 환풍기나 선풍기 같은 전기제품을 절대로 사용하지 말고 방석이나 빗자루를 이용함으로써 전기스파크에 의한 폭발을 막아야 합니다.

• 사용 중에 가스가 떨어져 불이 꺼졌을 경우에도 반드시 연소기의 콕과 중간밸브를 잠그도록 해야 합니다.

사용 후 주의사항 : 밸브잠금

• 가스를 사용하고 난 후에는 연소기에 부착된 콕은 물론 중간밸브도 확실하게 잠그는 습관을 갖도록 해야 합니다.

• 장기간 외출시에는 중간밸브와 함께 용기밸브(LPG)도 잠그고, 도시가스를 사용하는 곳에서는 가스계량기 옆에 설치되어 있는 메인밸브까지 잠가 두어야 밀폐된 빈집에서 가스가 새어나와 냉장고 작동시 생기는 전기불꽃에 의해 폭발하는 등의 불의의 사고를 예방할 수 있습니다.

• 가스를 다 사용하고 난 빈 용기라도 용기 안에 약간의 가스가 남아 있는 경우가 많으므로 빈용기라고 해서 용기밸브를 열어놓은 채 방치하면 남아있는 가스가 새어나올 수 있으므로 용기밸브를 반드시 잠근 후에 화기가 없는 곳에 보관하여야 합니다.

---

19 가스안전사용요령을 읽은 甲의 행동으로 옳지 않은 것은?

① 甲은 호스가 낡아서 즉시 새것으로 교체를 하였다.

② 甲은 가스의 불꽃이 적색인 것을 보고 정상적인 것으로 생각해 그냥 내버려 두었다.

③ 甲은 장기간 집을 비우게 되어 중간밸브와 함께 용기밸브(LPG)도 잠그고 메인밸브까지 잠가두고 집을 나갔다.

④ 甲은 연소 기구를 자주 청소하여 음식물 등이 끼지 않도록 하였다.

✔해설 ② 사용 중 가스의 불꽃 색깔이 황색이나 적색인 경우는 불완전 연소되는 것으로, 연소 효율이 좋지 않을 뿐 아니라 일산화탄소가 발생되므로 공기조절장치를 움직여서 파란불꽃 상태가 되도록 조절해야 한다.

20 가스 사용 중에 가스가 떨어져 불이 꺼졌을 경우에는 어떻게 해야 하는가?

① 창문을 열어 환기시킨다.

② 연소기구를 청소한다.

③ 용기밸브를 열어 놓는다.

④ 연소기의 콕과 중간밸브를 잠그도록 해야 한다.

✔해설 ④ 사용 중에 가스가 떨어져 불이 꺼졌을 경우에도 반드시 연소기의 콕과 중간밸브를 잠그도록 해야 한다.

21 쇼핑몰 사원 L씨는 고객들이 보기 쉽게 질문들을 분류하여 정리하려고 한다. ㉠~㉣에 들어갈 질문으로 연결된 것 중에 적절하지 않은 것은?

Q1. 주문한 상품은 언제 배송되나요?
Q2. 본인인증에 자꾸 오류가 나는데 어떻게 해야 하나요?
Q3. 비회원으로는 주문을 할 수가 없나요?
Q4. 교환하려는 상품은 어디로 보내면 되나요?
Q5. 배송 날짜와 시간을 지정할 수 있나요?
Q6. 반품 기준을 알고 싶어요.
Q7. 탈퇴하면 개인정보는 모두 삭제되나요?
Q8. 메일을 수신거부 했는데 광고 메일이 오고 있어요.
Q9. 휴대폰 결제시 인증번호가 발송되지 않습니다.
Q10. 취소했는데 언제 환불되나요?
Q11. 택배사에서 상품을 분실했다고 하는데 어떻게 해야 하나요?
Q12. 휴대폰 소액결제시 현금영수증을 발급 받을 수 있나요?
Q13. 교환을 신청하면 언제쯤 새 상품을 받아볼 수 있나요?
Q14. 배송비는 얼마인가요?

자주 묻는 질문			
배송 문의	회원 서비스	주문 및 결제	환불/반품/교환
㉠	㉡	㉢	㉣

① ㉠ : Q1, Q5, Q11
② ㉡ : Q2, Q7, Q8
③ ㉢ : Q3, Q9, Q12
④ ㉣ : Q4, Q6, Q10, Q13, Q14

✔해설 Q14는 ㉠에 들어갈 내용이다.

22 직장인 A씨는 영어를 배우기 위해 영어 수업에 대한 자료를 찾던 중 다음과 같은 안내문을 보고 학원 상담사에게 문의를 했다. 다음 안내문을 참조하여 학원 상담사가 A씨에게 반드시 해야 할 말로 적절하지 않은 것을 고르시오.

초급(2개월)	중급(4개월)	고급(6개월)
영어 문장의 기본 구조를 익히고 머릿속에 맴도는 단어들을 문장으로 구성하여 만드는 방법 터득	초급반에서 배운 영어 기본 문법과 문장 만들기 기술을 바탕으로 다양한 문법을 익혀 긴 문장을 무리 없이 만들 수 있는 실력 키우기	일상회화+비즈니스 영어로 구성된 수업을 통해 캐주얼한 영어부터 심화 영어 표현까지 익히고 연습
문법+영작+회화		리스닝+독해+회화

- 수업 일정 : 주 2회, 각 2시간
- 수업 인원 : 최대 6명(수강 신청 인원이 한 명이여도 수업은 진행합니다.)

① 어떤 반을 고를지 고민이시라면 학원 홈페이지 내에 '레벨 테스트'를 거치신 후 점수에 따라 반을 선택하시면 됩니다.

② 난이도에 따라 수업 개월 수가 달라지지만 2달에 20만원을 기준으로 보시면 됩니다.

③ 모든 수업의 구성은 월수반, 화목반으로 나누어져 있습니다. 월목, 화수로 교차하여 수강하여도 무방합니다.

④ 수업은 초급, 중급, 고급반으로 나누어져 있습니다. 회사업무를 위한 영어를 배우고 싶다면 고급반을 선택하시면 됩니다.

✔ 해설 ①,②,③은 안내문을 통해 알 수 없는 내용이다. 하지만 ④는 안내문에 쓰여 있기 때문에 상담사가 A씨에게 반드시 해야 할 말로 적절하지 않다.

23 태후산업 유시진 팀장은 외부 일정을 마치고 오후 3시경에 돌아왔다. 유 팀장은 서 대리에게 메시지가 있었는지 물었고, 외근 중에 다음과 같은 상황이 있었다. 서 대리가 유 팀장에게 부재 중 메시지를 보고하는 방법으로 가장 적절한 것은?

> 유 팀장이 점심약속으로 외출한 후 11시 30분경 H 자동차 홍 팀장이 사장님을 뵈러 왔다가 잠시 들렀다 갔다. 1시 15분에는 재무팀장이 의논할 내용이 있다며 오늘 중으로 급히 면담을 요청하는 전화가 왔다. 2시경에는 유 팀장의 집에서 전화 달라는 메시지를 남겼고, 2시 30분에는 사장님께서 찾으시며 들어오면 사장실로 와달라는 메시지를 남기셨다.

① 재무팀장의 면담 요청이 급하므로 가장 우선적으로 면담하도록 보고한다.
② 이 경우에는 시간 순으로 보고 드리는 것이 상사에게 더욱 효과적으로 전달될 수 있다.
③ 보고를 할 때에는 부재 중 메모와 함께 서 대리가 업무를 처리한 사항을 함께 보고하면 좋다.
④ 부재 중 메시지가 많을 경우는 구두 보고로 신속하게 일을 처리한다.

✔ 해설 ①② 급한 용무 순으로 보고하되, 우선순위는 상사가 정할 수 있도록 전달한다.
④ 부재 중 메시지가 많을 경우에는 메모와 함께 보고하여 정확하게 전달할 수 있도록 처리한다.1

24 다음 A 출판사 B 대리의 업무보고서이다. 이 업무보고서를 통해 알 수 있는 내용이 아닌 것은?

업무 내용	비고
09:10~10:00 [실내 인테리어] 관련 신간 도서 저자 미팅	※ 외주 업무 진행 보고
10:00~12:30 시장 조사(시내 주요 서점 방문)	1. [보세사] 원고 도착
12:30~13:30 점심식사	2. [월간 무비스타] 영화평론 의뢰
13:30~17:00 시장 조사 결과 분석 및 보고서 작성	
17:00~18:00 영업부 회의 참석	※ 중단 업무
※ 연장근무 1. 문화의 날 사내 행사 기획 회의	1. [한국어교육능력] 기출문제 분석 2. [관광통역안내사] 최종 교정

① B 대리는 A 출판사 영업부 소속이다.
② [월간 무비스타]에 실리는 영화평론은 A 출판사 직원이 쓴 글이 아니다.
③ B 대리는 시내 주요 서점을 방문하고 보고서를 작성하였다.
④ A 출판사에서는 문화의 날에 사내 행사를 진행할 예정이다.

✔해설 ① B 대리가 영업부 회의에 참석한 것은 사실이나, 해당 업무보고서만으로 A 출판사 영업부 소속이라고 단정할 수는 없다.

25 다음은 거래처의 바이어가 건넨 명함이다. 이를 보고 알 수 없는 것은?

International Motor

Dr. Yi Ching CHONG
Vice President

8 Temasek Boulevard, #32-03 Suntec Tower 5
Singapore 038988, Singapore
T. 65 6232 8788, F. 65 6232 8789

① 호칭은 Dr. CHONG이라고 표현해야 한다.
② 싱가포르에서 온 것을 알 수 있다.
③ 호칭 사용시 Vice President, Mr. Yi라고 불러도 무방하다.
④ 싱가포르에서 왔으므로 그에 맞는 식사를 대접한다.

✔ 해설 ③ 호칭 사용시 Vice President, Mr. CHONG이라고 불러야 한다.

26 다음 일정표에 대해 잘못 이해한 것을 고르면?

Albert Denton : Tuesday, September 24

8:30 a.m.	Meeting with S.S. Kim in Metropolitan Hotel lobby Taxi to Extec Factory
9:30–11:30 a.m.	Factory Tour
12:00–12:45 p.m.	Lunch in factory cafeteria with quality control supervisors
1:00–2:00 p.m.	Meeting with factory manager
2:00 p.m.	Car to warehouse
2:30–4:00 p.m.	Warehouse tour
4:00 p.m.	Refreshments
5:00 p.m.	Taxi to hotel (approx. 45 min)
7:30 p.m.	Meeting with C.W. Park in lobby
8:00 p.m.	Dinner with senior managers

① They are having lunch at the factory.

② The warehouse tour takes 90 minutes.

③ The factory tour is in the afternoon.

④ Mr. Denton has some spare time before in the afternoon.

✔ 해설 Albert Denton : 9월 24일, 화요일

8:30 a.m.	Metropolitan 호텔 로비 택시에서 Extec 공장까지 Kim S.S.와 미팅
9:30–11:30 a.m.	공장 투어
12:00–12:45 p.m.	품질 관리 감독관과 공장 식당에서 점심식사
1:00–2:00 p.m.	공장 관리자와 미팅
2:00 p.m.	차로 창고에 가기
2:30–4:00 p.m.	창고 투어
4:00 p.m.	다과
5:00 p.m.	택시로 호텔 (약 45분)
7:30 p.m.	C.W. Park과 로비에서 미팅
8:00 p.m.	고위 간부와 저녁식사

③ 공장 투어는 9시 30분에서 11시 30분까지이므로 오후가 아니다.

27 다음은 Y전자회사가 기획하는 '전자제품 브랜드 인지도에 관한 설문조사'를 위해 작성한 설문지의 표지 글이다. 다음 표지글을 참고할 때, 설문조사의 항목에 포함되기에 적절하지 않은 것은?

전자제품 브랜드 인지도에 관한 설문조사

안녕하세요. Y전자 홍보팀입니다. 저희 Y전자에서는 고객들에게 보다 나은 제품을 제공하기 위해 전자제품 브랜드 인지도에 대한 고객 분들의 의견을 청취하고자 합니다. 전자제품 브랜드에 대한 여러분의 의견을 수렴하여 더 좋은 제품과 서비스를 공급하고자 설문조사를 실시하게 되었습니다. 바쁘시더라도 잠시 시간을 내어 본 설문조사에 응해주시면 감사하겠습니다.

	주로 이용하는 전자제품 브랜드
①	㉠ A전자 ㉡ K전자 ㉢ Y전자 ㉣ 기타( )
	브랜드 선택에 가장 큰 영향을 미치는 요인
②	㉠ 광고 ㉡ 지인추천 ㉢ 기존 사용 제품 ㉣ 기타( )
	일상생활에 가장 필수적이라고 생각하는 전자제품
③	㉠ 통신기기 ㉡ TV ㉢ 청소용품 ㉣ 기타( )
	전자제품의 품목별 브랜드를 달리 선택하는 편입니까?
④	㉠ 예 ㉡ 아니오

✔해설 제시된 설문조사의 목적은 보다 나은 제품과 서비스 공급을 위해 브랜드 인지도를 조사하는 것이므로, 자사의 제품이 얼마나 고객들에게 인지되어 있는지, 어떻게 인지되었는지, 전자제품의 품목별 선호 브랜드가 동일한지 여부 등과 설문에 응한 응답자가 전자제품을 얼마나 자주 구매하는지 등은 브랜드 인지도 향상을 위한 Y전자회사의 전략 수립에 사용이 가능한 자료이다. 하지만 ③과 같은 질문은 특정 제품의 필요성을 묻고 있으므로 설문조사의 목적에 적합하지 않다.

28 다음은 어느 팀의 주간 회의 일부이다. 회의 참여자들이 말하기 방식에 대한 설명으로 옳지 않은 것은?

> A : 요즘 날씨가 더워지면서 에너지 절약에 대한 문제가 심각한 거 다들 알고 계시죠? 작년에도 블랙아웃을 겪을 정도로 이 문제가 심각했습니다. 그래서 이번에는 사무실에서 할 수 있는 에너지 절약 방안에 대해 논의하고자 합니다. 에너지 절약에 대해 좋은 의견이 있으면 말씀해 주시기 바랍니다.
>
> B : 가끔 점심식사를 하고 들어오면 아무도 없는 사무실에 에어컨이 켜져 있는 것을 볼 수 있습니다. 사소한 것이지만 이런 것도 문제가 될 수 있다고 생각합니다.
>
> C : 맞습니다. 오늘 일찍 출근을 해보니 아무도 없는데 사무실의 에어컨이 켜져 있는 것을 보았습니다.
>
> D : 진짜입니까? 그렇다면 정말 위험할 뻔 했습니다. 자칫 과열되어 불이라도 났으면 어쩔 뻔 했습니까?
>
> E : 지금 에너지 절약 방안에 대한 회의를 하자고 한 것 아닙니까? 그에 맞는 논의를 했으면 좋겠습니다. 저는 담당자를 지정하여 사무실에 대한 에너지 관리를 하였으면 좋겠습니다. 예를 들어 에어컨이나 컴퓨터, 소등 등을 점검하고 확인하는 것입니다.
>
> F : 저는 에어컨 온도를 적정 수준 이상으로 올리지 않도록 규정온도를 정했으면 합니다.
>
> G : 그건 안 됩니다. 집도 덥고, 아침에 출근하고 나면 엄청 더운데 사무실에서까지 덥게 지내라는 것은 말이 안 됩니다. 사무실 전기세를 내가 내는 것도 아닌데 사무실에서만이라도 시원하게 지내야 된다고 생각합니다.
>
> H : 왜 그렇게 이기적이십니까? 에너지 문제는 우리 전체의 문제입니다.
>
> G : 뭐 제가 이기적이라고 말씀하신 겁니까?
>
> I : 감정적으로 대응하지 마시고 우리가 할 수 있는 방안을 생각해 보도록 하는 것이 좋을 것 같습니다.
>
> J : 저는 지금까지 나온 의견을 종합하는 것이 좋다고 생각합니다. 에너지 절약 담당자를 지정하여 에어컨 온도를 유지하고, 퇴근할 때 사무실 소등 및 점검을 하는 것이 좋다고 생각합니다.

① A : 참여자의 적극적 참여를 위해 화제의 필요성을 강조하며 회의를 시작하고 있다.

② D : 상대의 말에 동의하며 의사소통 상황에 맞게 의견을 개진하고 있다.

③ E : 잘못된 방향으로 흘러가는 화제를 조정하며 회의에 적극적으로 참여하고 있다.

④ I : 다수가 참여하는 의사소통에서 참여자의 갈등을 중재하여 담화의 흐름을 돕고 있다.

✔ **해설** 회의의 화제는 에너지 절약에 관한 것이므로 의사소통 상황에 맞게 의견을 개진한다면 에너지 절약의 측면에서 말을 해야 한다. 여기서 D는 화재에 대한 걱정만을 하고 있음을 볼 때 상황에 맞게 의견을 개진한다고 보기 어렵다.

❚29~30❚ 다음은 어느 발전회사의 공급자 행동강령이다. 이를 보고 물음에 답하시오.

<일반 요건>

발전의 국내외 모든 공급자들은 국내법과 국제법 그리고 인권, 노동, 환경, 반부패와 관련하여 제정된 UN 글로벌 컴팩트 10대 원칙을 준수하여야 한다.

<세부 요건>

윤리적 기준
1. 공급자는 투명하고 깨끗한 경영을 위하여 최선의 노력을 다하여야 하며, 부당취득, 뇌물수수 등 비도덕적 행위를 하여서는 안 된다. 특히 당사 직원에게 금품, 향응 등의 뇌물을 어떠한 형태로든 제공해서는 안 된다.
2. 공급자는 공정거래를 저해하는 담합 행위를 하여서는 안 되며, 또한 제3자와 불법하도급 거래를 하여서도 안 된다.
3. 공급자는 본인 또는 타인의 이익을 위하여 당사 직원에게 공정한 직무수행이나 의사결정에 영향을 미칠 수 있는 부당한 청탁을 하여서는 안 된다.
4. 공급자는 뇌물 공여 및 요구를 거절하는 깨끗한 기업문화를 조성하기 위해 소속 직원을 교육하여야 하며, 계약 이행시 부패 관련 사항을 발견할 경우 발전 신문고 또는 레드휘슬(www.kom.co.kr)에 신고하여야 한다.

사회적 기준
1. 공급자는 사업권내의 조세 및 노동 관련 법규를 준수하며, 그러한 법규의 규정 및 정신에 따라 행동하기 위해 최선의 노력을 기울여야 한다.
2. 공급자는 국내법 및 국제법을 위반하여 근로를 제공받아서는 안 된다.
3. 공급자는 어떠한 경우에도 아동노동을 활용해서는 안 되고 이를 통한 이익을 취해서도 안 된다.
4. 공급자는 인종, 종교, 성별, 신체능력 등을 이유로 근로자의 고용 또는 채용시 차별하여서는 안 되며, 법률에 의하여 금지되어 있지 않는 이상 근로자에게 집회결사의 자유와 단체교섭권을 부여하여야 한다.

환경적 기준
1. 공급자는 사업권내의 환경과 안전 관련 법규를 준수하며, 그러한 법규의 규정 및 정신에 따라 행동하기 위해 최선의 노력을 기울여야 한다.
2. 공급자는 기업의 환경보호 성과를 지속적으로 향상시키기 위하여 환경 관련 절차를 준수하고 환경 친화적 기술의 확산을 위하여 노력을 기울여야 한다.
3. 공급자는 근로자들에게 필수 안전 장비를 제공하는 등 안전하고 건강한 작업 및 근무여건을 제공해야 한다.
4. 공급자는 사업권내의 관련 국가 및 지역의 환경에 대한 피해를 최소화하기 위하여 노력하는 등 환경을 중시하는 경영활동을 하여야 한다.

29 다음 사례에서 甲의 행동은 행동강령의 어느 기준을 위반한 것인가?

> 인사를 담당하고 있는 甲은 인턴 지원자인 乙이 키가 작고 못생겼다는 이유로 면접에서 탈락시켰다.

① 일반 요건 ② 윤리적 기준

③ 사회적 기준 ④ 환경적 기준

✔해설 사회적 기준의 4번째인 '공급자는 인종, 종교, 성별, 신체능력 등을 이유로 근로자의 고용 또는 채용시 차별하여서는 안 된다'를 위반한 것이다.

30 행동강령에 따를 경우 계약 이행시 부패가 발견된다면 어떻게 해야 하는가?

① 경찰에 신고한다.

② 발전 신문고에 신고한다.

③ 국민권익위원회에 신고한다.

④ 사장님께 바로 보고한다.

✔해설 계약 이행시 부패 관련 사항을 발견할 경우 발전 신문고 또는 레드휘슬(www.kom.co.kr)에 신고하여야 한다.

Answer 29.③ 30.②

CHAPTER 02

문제해결능력

1 문제와 문제해결

(1) 문제의 정의와 분류

① 정의 : 문제란 업무를 수행함에 있어서 답을 요구하는 질문이나 의논하여 해결해야 되는 사항이다.

② 문제의 분류

구분	창의적 문제	분석적 문제
문제제시 방법	현재 문제가 없더라도 보다 나은 방법을 찾기 위한 문제 탐구→문제 자체가 명확하지 않음	현재의 문제점이나 미래의 문제로 예견될 것에 대한 문제 탐구→문제 자체가 명확함
해결방법	창의력에 의한 많은 아이디어의 작성을 통해 해결	분석, 논리, 귀납과 같은 논리적 방법을 통해 해결
해답 수	해답의 수가 많으며, 많은 답 가운데 보다 나은 것을 선택	답의 수가 적으며 한정되어 있음
주요특징	주관적, 직관적, 감각적, 정성적, 개별적, 특수성	객관적, 논리적, 정량적, 이성적, 일반적, 공통성

(2) 업무수행과정에서 발생하는 문제 유형

① **발생형 문제(보이는 문제)** : 현재 직면하여 해결하기 위해 고민하는 문제이다. 원인이 내재되어 있기 때문에 원인지향적인 문제라고도 한다.
  ㉠ **일탈문제** : 어떤 기준을 일탈함으로써 생기는 문제
  ㉡ **미달문제** : 어떤 기준에 미달하여 생기는 문제

② **탐색형 문제(찾는 문제)** : 현재의 상황을 개선하거나 효율을 높이기 위한 문제이다. 방치할 경우 큰 손실이 따르거나 해결할 수 없는 문제로 나타나게 된다.
  ㉠ **잠재문제** : 문제가 잠재되어 있어 인식하지 못하다가 확대되어 해결이 어려운 문제
  ㉡ **예측문제** : 현재로는 문제가 없으나 현 상태의 진행 상황을 예측하여 찾아야 앞으로 일어날 수 있는 문제가 보이는 문제

ⓒ **발견문제** : 현재로서는 담당 업무에 문제가 없으나 선진기업의 업무 방법 등 보다 좋은 제도나 기법을 발견하여 개선시킬 수 있는 문제

③ **설정형 문제(미래 문제)** : 장래의 경영전략을 생각하는 것으로 앞으로 어떻게 할 것인가 하는 문제이다. 문제해결에 창조적인 노력이 요구되어 창조적 문제라고도 한다.

예제 1

D회사 신입사원으로 입사한 귀하는 신입사원 교육에서 업무수행과정에서 발생하는 문제 유형 중 설정형 문제를 하나씩 찾아오라는 지시를 받았다. 이에 대해 귀하는 교육받은 내용을 다시 복습하려고 한다. 설정형 문제에 해당하는 것은?

① 현재 직면하여 해결하기 위해 고민하는 문제
② 현재의 상황을 개선하거나 효율을 높이기 위한 문제
③ 앞으로 어떻게 할 것인가 하는 문제
④ 원인이 내재되어 있는 원인지향적인 문제

출제의도

업무수행 중 문제가 발생하였을 때 문제 유형을 구분하는 능력을 측정하는 문항이다.

해 설

업무수행과정에서 발생하는 문제 유형으로는 발생형 문제, 탐색형 문제, 설정형 문제가 있으며 ①④는 발생형 문제이며 ②는 탐색형 문제, ③이 설정형 문제이다.

답 ③

---

(3) 문제해결

① **정의** : 목표와 현상을 분석하고 이 결과를 토대로 과제를 도출하여 최적의 해결책을 찾아 실행·평가해 가는 활동이다.

② **문제해결에 필요한 기본적 사고**
   ⊙ **전략적 사고** : 문제와 해결방안이 상위 시스템과 어떻게 연결되어 있는지를 생각한다.
   ⓒ **분석적 사고** : 전체를 각각의 요소로 나누어 그 의미를 도출하고 우선순위를 부여하여 구체적인 문제해결방법을 실행한다.
   ⓒ **발상의 전환** : 인식의 틀을 전환하여 새로운 관점으로 바라보는 사고를 지향한다.
   ⓔ **내·외부자원의 활용** : 기술, 재료, 사람 등 필요한 자원을 효과적으로 활용한다.

③ **문제해결의 장애요소**
   ⊙ 문제를 철저하게 분석하지 않는 경우
   ⓒ 고정관념에 얽매이는 경우
   ⓒ 쉽게 떠오르는 단순한 정보에 의지하는 경우
   ⓔ 너무 많은 자료를 수집하려고 노력하는 경우

④ 문제해결방법
　　㉠ 소프트 어프로치 : 문제해결을 위해서 직접적인 표현보다는 무언가를 시사하거나 암시를 통하여 의
　　　　사를 전달하여 문제해결을 도모하고자 한다.
　　㉡ 하드 어프로치 : 상이한 문화적 토양을 가지고 있는 구성원을 가정하고, 서로의 생각을 직설적으로
　　　　주장하고 논쟁이나 협상을 통해 서로의 의견을 조정해 가는 방법이다.
　　㉢ 퍼실리테이션(facilitation) : 촉진을 의미하며 어떤 그룹이나 집단이 의사결정을 잘 하도록 도와주
　　　　는 일을 의미한다.

2 　문제해결능력을 구성하는 하위능력

(1) 사고력

① 창의적 사고 : 개인이 가지고 있는 경험과 지식을 통해 새로운 가치 있는 아이디어를 산출하는 사고능
　　력이다.
　　㉠ 창의적 사고의 특징
　　　• 정보와 정보의 조합
　　　• 사회나 개인에게 새로운 가치 창출
　　　• 창조적인 가능성

예제 2

M사 홍보팀에서 근무하고 있는 귀하는 입사 5년차로 창의적인 기획안을 제출하기로 유명하다. S부장은 이번 신입사원 교육 때 귀하에게 창의적인 사고란 무엇인지 교육을 맡아달라고 부탁하였다. 창의적인 사고에 대한 귀하의 설명으로 옳지 않은 것은?

① 창의적인 사고는 새롭고 유용한 아이디어를 생산해 내는 정신적인 과정이다.
② 창의적인 사고는 특별한 사람들만이 할 수 있는 대단한 능력이다.
③ 창의적인 사고는 기존의 정보들을 특정한 요구조건에 맞거나 유용하도록 새롭게 조합시킨 것이다.
④ 창의적인 사고는 통상적인 것이 아니라 기발하거나, 신기하며 독창적인 것이다.

출제의도

창의적 사고에 대한 개념을 정확히 파악하고 있는지를 묻는 문항이다.

해 설

흔히 사람들은 창의적인 사고에 대해 특별한 사람들만이 할 수 있는 대단한 능력이라고 생각하지만 그리 대단한 능력이 아니며 이미 알고 있는 경험과 지식을 해체하여 다시 새로운 정보로 결합하여 가치 있는 아이디어를 산출하는 사고라고 할 수 있다.

답 ②

　　㉡ 발산적 사고 : 창의적 사고를 위해 필요한 것으로 자유연상법, 강제연상법, 비교발상법 등을 통해
　　　　개발할 수 있다.

구분	내용
자유연상법	생각나는 대로 자유롭게 발상 ex) 브레인스토밍
강제연상법	각종 힌트에 강제적으로 연결 지어 발상 ex) 체크리스트
비교발상법	주제의 본질과 닮은 것을 힌트로 발상 ex) NM법, Synectics

Point ≫ 브레인스토밍

ⓞ 진행방법

- 주제를 구체적이고 명확하게 정한다.
- 구성원의 얼굴을 볼 수 있는 좌석 배치와 큰 용지를 준비한다.
- 구성원들의 다양한 의견을 도출할 수 있는 사람을 리더로 선출한다.
- 구성원은 다양한 분야의 사람들로 5~8명 정도로 구성한다.
- 발언은 누구나 자유롭게 할 수 있도록 하며, 모든 발언 내용을 기록한다.
- 아이디어에 대한 평가는 비판해서는 안 된다.

ⓛ 4대 원칙

- 비판엄금(Support) : 평가 단계 이전에 결코 비판이나 판단을 해서는 안 되며 평가는 나중까지 유보한다.
- 자유분방(Silly) : 무엇이든 자유롭게 말하고 이런 바보 같은 소리를 해서는 안 된다는 등의 생각은 하지 않아야 한다.
- 질보다 양(Speed) : 질에는 관계없이 가능한 많은 아이디어들을 생성해내도록 격려한다.
- 결합과 개선(Synergy) : 다른 사람의 아이디어에 자극되어 보다 좋은 생각이 떠오르고, 서로 조합하면 재미있는 아이디어가 될 것 같은 생각이 들면 즉시 조합시킨다.

② 논리적 사고 : 사고의 전개에 있어 전후의 관계가 일치하고 있는가를 살피고 아이디어를 평가하는 사고능력이다.

ⓞ 논리적 사고를 위한 5가지 요소 : 생각하는 습관, 상대 논리의 구조화, 구체적인 생각, 타인에 대한 이해, 설득

ⓛ 논리적 사고 개발 방법

- 피라미드 구조 : 하위의 사실이나 현상부터 사고하여 상위의 주장을 만들어가는 방법
- so what기법 : '그래서 무엇이지?'하고 자문자답하여 주어진 정보로부터 가치 있는 정보를 이끌어내는 사고 기법

③ 비판적 사고 : 어떤 주제나 주장에 대해서 적극적으로 분석하고 종합하며 평가하는 능동적인 사고이다.

ⓞ 비판적 사고 개발 태도 : 비판적 사고를 개발하기 위해서는 지적 호기심, 객관성, 개방성, 융통성, 지적 회의성, 지적 정직성, 체계성, 지속성, 결단성, 다른 관점에 대한 존중과 같은 태도가 요구된다.

ⓛ 비판적 사고를 위한 태도

- 문제의식 : 비판적인 사고를 위해서 가장 먼저 필요한 것은 바로 문제의식이다. 자신이 지니고 있는 문제와 목적을 확실하고 정확하게 파악하는 것이 비판적인 사고의 시작이다.
- 고정관념 타파 : 지각의 폭을 넓히는 일은 정보에 대한 개방성을 가지고 편견을 갖지 않는 것으로 고정관념을 타파하는 일이 중요하다.

(2) 문제처리능력과 문제해결절차

① **문제처리능력**: 목표와 현상을 분석하고 이를 토대로 문제를 도출하여 최적의 해결책을 찾아 실행·평가하는 능력이다.

② **문제해결절차**: 문제 인식 → 문제 도출 → 원인 분석 → 해결안 개발 → 실행 및 평가

　㉠ 문제 인식: 문제해결과정 중 'waht'을 결정하는 단계로 환경 분석 → 주요 과제 도출 → 과제 선정의 절차를 통해 수행된다.
　　• 3C 분석: 환경 분석 방법의 하나로 사업환경을 구성하고 있는 요소인 자사(Company), 경쟁사(Competitor), 고객(Customer)을 분석하는 것이다.

예제 3

L사에서 주력 상품으로 밀고 있는 TV의 판매 이익이 감소하고 있는 상황에서 귀하는 B부장으로부터 3C분석을 통해 해결방안을 강구해 오라는 지시를 받았다. 다음 중 3C에 해당하지 않는 것은?

① Customer　　　　　　② Company
③ Competitor　　　　　④ Content

출제의도

3C의 개념과 구성요소를 정확히 숙지하고 있는지를 측정하는 문항이다.

해 설

3C 분석에서 사업 환경을 구성하고 있는 요소인 자사(Company), 경쟁사(Competitor), 고객을 3C(Customer)라고 한다. 3C 분석에서 고객 분석에서는 '고객은 지시의 상품·서비스에 만족하고 있는지'를, 자사 분석에서는 '자사가 세운 달성목표와 현상 간에 차이가 없는지'를 경쟁사 분석에서는 '경쟁기업의 우수한 점과 자사의 현상과 차이가 없는지'에 대한 질문을 통해서 환경을 분석하게 된다.

답 ④

　　• SWOT 분석: 기업내부의 강점과 약점, 외부환경의 기회와 위협요인을 분석·평가하여 문제해결 방안을 개발하는 방법이다.

		내부환경요인	
		강점(Strengths)	약점(Weaknesses)
외부환경요인	기회(Opportunities)	SO 내부강점과 외부기회 요인을 극대화	WO 외부기회를 이용하여 내부약점을 강점으로 전환
	위협(Threat)	ST 외부위협을 최소화하기 위해 내부강점을 극대화	WT 내부약점과 외부위협을 최소화

ⓛ **문제 도출** : 선정된 문제를 분석하여 해결해야 할 것이 무엇인지를 명확히 하는 단계로, 문제 구조 파악→핵심 문제 선정 단계를 거쳐 수행된다.

• **Logic Tree** : 문제의 원인을 파고들거나 해결책을 구체화할 때 제한된 시간 안에서 넓이와 깊이를 추구하는데 도움이 되는 기술로 주요 과제를 나무모양으로 분해·정리하는 기술이다.

ⓒ **원인 분석** : 문제 도출 후 파악된 핵심 문제에 대한 분석을 통해 근본 원인을 찾는 단계로 Issue 분석→Data 분석→원인 파악의 절차로 진행된다.

ⓔ **해결안 개발** : 원인이 밝혀지면 이를 효과적으로 해결할 수 있는 다양한 해결안을 개발하고 최선의 해결안을 선택하는 것이 필요하다.

ⓜ **실행 및 평가** : 해결안 개발을 통해 만들어진 실행계획을 실제 상황에 적용하는 활동으로 실행계획 수립→실행→Follow-up의 절차로 진행된다.

예제 4

C사는 최근 국내 매출이 지속적으로 하락하고 있어 사내 분위기가 심상치 않다. 이에 대해 Y부장은 이 문제를 극복하고자 문제처리 팀을 구성하여 해결방안을 모색하도록 지시하였다. 문제처리 팀의 문제해결 절차를 올바른 순서로 나열한 것은?

① 문제 인식→원인 분석→해결안 개발→문제 도출→실행 및 평가
② 문제 도출→문제 인식→해결안 개발→원인 분석→실행 및 평가
③ 문제 인식→원인 분석→문제 도출→해결안 개발→실행 및 평가
④ 문제 인식→문제 도출→원인 분석→해결안 개발 →실행 및 평가

출제의도

실제 업무 상황에서 문제가 일어났을 때 해결 절차를 알고 있는지를 측정하는 문항이다.

해 설

일반적인 문제해결절차는 '문제 인식→ 문제 도출→원인 분석→해결안 개발 → 실행 및 평가로 이루어진다.

답 ④

출제예상문제

1 다음은 S기업 토론 면접상황이다. 다음 중 한 팀이 될 수 있는 사람들은 누구인가?

- A, B, C, D, E, F의 여섯 명의 신입사원들이 있다.
- 신입사원들은 모두 두 팀 중 한 팀에 속해야 한다.
- 한 팀에 3명씩 두 팀으로 나눠야 한다.
- A와 B는 한 팀이 될 수 없다.
- E는 C 또는 F와 한 팀이 되어야 한다.

---

① A, B, C
② A, B, F
③ A, C, E
④ A, C, F

✅**해설** 우선 A와 B를 다른 팀에 배치하고 C, D, E, F를 두 명씩 각 팀에 배치하되 C, E, F는 한 팀이 될 수 없고 C와 E 또는 E와 F가 한 팀이 되어야 하므로 (A,C,E/B,D,F), (B,C,E/A,D,F), (A,E,F/B,C,D), (B,E,F/A,C,D)의 네 가지 경우로 나눌 수 있다.

2 서원전자는 영업팀 6명의 직원(A~F)과 관리팀 4명의 직원(갑~정)이 매일 각 팀당 1명씩 총 2명이 당직 근무를 선다. 2일 날 A와 갑 직원이 당직 근무를 서고 팀별 순서(A~F, 갑~정)대로 돌아가며 근무를 선다면, E와 병이 함께 근무를 서는 날은 언제인가? (단, 근무를 서지 않는 날은 없다고 가정한다)

① 10일
② 11일
③ 12일
④ 13일

✅**해설** 주어진 조건에 따라 선택지의 날짜에 해당하는 당직 근무표를 정리해 보면 다음과 같다.

구분	갑	을	병	정
A	2일, 14일		8일	
B		3일		9일
C	10일		4일	
D		11일		5일
E	6일		12일	
F		7일		13일

따라서 A와 갑이 2일 날 당직 근무를 섰다면 E와 병은 12일 날 당직 근무를 서게 된다.

3 다음의 내용이 모두 참일 때, 결론이 타당하기 위해서 추가로 필요한 진술은?

> ㉠ 자동차는 1번 도로를 지나왔다면 이 자동차는 A마을에서 왔거나 B마을에서 왔다.
> ㉡ 자동차가 A마을에서 왔다면 자동차 밑바닥에 흙탕물이 튀었을 것이다.
> ㉢ 자동차가 A마을에서 왔다면 자동차의 모습을 담은 폐쇄회로 카메라가 적어도 하나가 있을 것이다.
> ㉣ 자동차가 B마을에서 왔다면 도로 정체를 만났을 것이고 적어도 한 곳의 검문소를 통과했을 것이다.
> ㉤ 자동차가 도로정체를 만났다면 자동차의 모습을 닮은 폐쇄회로 카메라가 적어도 하나가 있을 것이다.
> ㉥ 자동차가 적어도 검문소 한 곳을 통과했다면 자동차 밑바닥에 흙탕물이 튀었을 것이다.
> ∴ 따라서 자동차는 1번 도로를 지나오지 않았다.

① 자동차 밑바닥에 흙탕물이 튀었을 것이다.
② 자동차는 도로 정체를 만나지 않았을 것이다.
③ 자동차는 적어도 검문소 한 곳을 통과했을 것이다.
④ 자동차 모습을 담은 폐쇄회로 카메라는 하나도 없을 것이다.

✔ 해설 결론이 '자동차는 1번 도로를 지나오지 않았다.'이므로 결론을 중심으로 연결고리를 이어가면 된다.
자동차가 1번 도로를 지나오지 않았다면 ㉠에 의해 이 자동차는 A, B마을에서 오지 않았다. 흙탕물이 자동차 밑바닥에 튀지 않고 자동차를 담은 폐쇄회로 카메라가 없다면 A마을에서 오지 않았을 것이다. 도로정체가 없고 검문소를 통과하지 않았다면 B마을에서 오지 않았을 것이다. 폐쇄회로 카메라가 없다면 도로정체를 만나지 않았을 것이다. 자동차 밑바닥에 흙탕물이 튀지 않았다면 검문소를 통과하지 않았을 것이다.
따라서 자동차가 1번 도로를 지나오지 않았다는 결론을 얻기 위해서는 폐쇄회로 카메라가 없거나 흙탕물이 튀지 않았다는 전제가 필요하다.

4 다음은 특보의 종류 및 기준에 관한 자료이다. ⊙과 ⓒ의 상황에 어울리는 특보를 올바르게 짝지은 것은?

〈특보의 종류 및 기준〉

종류	주의보	경보
강풍	육상에서 풍속 14m/s 이상 또는 순간풍속 20m/s 이상이 예상될 때. 다만, 산지는 풍속 17m/s 이상 또는 순간풍속 25m/s 이상이 예상될 때	육상에서 풍속 21m/s 이상 또는 순간풍속 26m/s 이상이 예상될 때. 다만, 산지는 풍속 24m/s 이상 또는 순간풍속 30m/s 이상이 예상될 때
호우	6시간 강우량이 70mm 이상 예상되거나 12시간 강우량이 110mm 이상 예상될 때	6시간 강우량이 110mm 이상 예상되거나 12시간 강우량이 180mm 이상 예상될 때
태풍	태풍으로 인하여 강풍, 풍랑, 호우 현상 등이 주의보 기준에 도달할 것으로 예상될 때	태풍으로 인하여 풍속이 17m/s 이상 또는 강우량이 100mm 이상 예상될 때. 다만, 예상되는 바람과 비의 정도에 따라 아래와 같이 세분한다.

		3급	2급	1급
	바람(m/s)	17~24	25~32	33 이상
	비(mm)	100~249	250~399	400 이상

종류	주의보	경보
폭염	6월~9월에 일최고기온이 33℃ 이상이고, 일최고열지수가 32℃ 이상인 상태가 2일 이상 지속될 것으로 예상될 때	6월~9월에 일최고기온이 35℃ 이상이고, 일최고열지수가 41℃ 이상인 상태가 2일 이상 지속될 것으로 예상될 때

⊙ 태풍이 남해안에 상륙하여 울산지역에 270mm의 비와 함께 풍속 26m/s의 바람이 예상된다.
ⓒ 지리산에 오후 3시에서 오후 9시 사이에 약 130mm의 강우와 함께 순간풍속 28m/s가 예상된다.

	⊙	ⓒ
①	태풍경보 1급	호우주의보
②	태풍경보 2급	호우경보+강풍주의보
③	태풍주의보	강풍주의보
④	태풍경보 2급	호우경보+강풍경보

✔ 해설 ⊙ 태풍경보 표를 보면 알 수 있다. 비가 270mm이고 풍속 26m/s에 해당하는 경우는 태풍경보 2급이다.
ⓒ 6시간 강우량이 130mm 이상 예상되므로 호우경보에 해당하며 산지의 경우 순간풍속 28m/s 이상이 예상되므로 강풍주의보에 해당한다.

5 다음은 특정 월의 3개 원자력발전소에서 생산된 전력을 각각 다른 세 곳으로 전송한 내역을 나타낸 표이다. 다음 표에 대한 〈보기〉의 설명 중, 적절한 것을 모두 고른 것은 어느 것인가?

(단위 : 천 Mwh)

전송처 / 발전소	지역A	지역B	지역C
H발전소	150	120	180
G발전소	110	90	120
W발전소	140	170	70

〈보기〉
㉠ 생산 전력량은 H발전소가, 전송받은 전력량은 지역A가 가장 많다.
㉡ W발전소에서 지역A로 공급한 전력의 30%가 지역C로 전송되었더라면 전송받은 전력량의 지역별 순위는 바뀌게 된다.
㉢ H발전소에서 전송한 전력량을 세 지역 모두 10%씩 줄이게 되면 발전소별 생산 전력량 순위는 바뀌게 된다.
㉣ 발전소별 평균 전송한 전력량과 지역별 평균 전송받은 전력량 중, 100~150천 Mwh의 범위를 넘어서는 전력량은 없다.

① ㉡㉢㉣
② ㉠㉡㉣
③ ㉠㉢㉣
④ ㉠㉡㉢

 해설 〈보기〉의 각 내용을 살펴보면 다음과 같다.

㉠ 생산 전력량은 순서대로 각각 450, 320, 380천 Mwh로 H발전소가, 전송받은 전력량은 순서대로 각각 400, 380, 370천 Mwh로 지역A가 가장 많다.

㉡ W발전소에서 지역A로 공급한 전력의 30%가 지역C로 전송된다는 것은 지역A로 전송된 전력량이 140→98천 Mwh, 지역C로 전송된 전력량이 70→112천 Mwh가 된다는 것이므로 이 경우, 전송받은 전력량 순위는 지역A와 지역C가 서로 바뀌게 된다.

㉢ H발전소에서 전송한 전력량을 세 지역 모두 10%씩 줄이면 450→405천 Mwh가 되어 발전소별 생산 전력량 순위는 바뀌지 않고 동일하게 된다.

㉣ 발전소별 평균 전송한 전력량은 순서대로 각각 450÷3 = 150, 320÷3 = 약 107, 380÷3 = 약 127천 Mwh이며, 지역별 평균 전송받은 전력량은 순서대로 각각 400÷3 = 약 133, 380÷3 = 약 127, 370÷3 = 약 123천 Mwh이므로 모든 평균값이 100~150천 Mwh의 범위 내에 있음을 알 수 있다.

6 다음은 항공위험물 중 일부 위험성이 적은 위험물에 대해서 소량에 한하여 여행객이 휴대 또는 위탁수하물로 운반할 수 있도록 예외적으로 허용하고 있는 사항에 대한 안내문이다. 다음 중 위탁수하물로 운반할 수 없는 것은?

■ 소비재

물품 또는 물건	위탁 수하물	기내휴대	몸에 소지
• 리튬배터리가 장착된 전자장비(카메라, 휴대전화, 노트북 등) – 리튬메탈배터리 : 리튬 함량 2그램 이하 – 리튬이온배터리 : 100와트시(Wh) 이하	○	○	○
• 전자담배 – 리튬메탈배터리 : 리튬 함량 2그램 이하 – 리튬이온배터리 : 100와트시(Wh) 이하	×	○	○
• 드라이아이스 – 1인당 2.5kg까지 – 상하기 쉬운 물품을 포장·운송하기 위해서 사용되는 것에 한함	○	○	×
• 스포츠용 또는 가정용 에어로졸 – 개당 0.5리터 이하(총 4캔까지 허용)	○	×	×
• 소형라이터 – 1인당 1개	×	×	○

■ 의료용품

물품 또는 물건	위탁수하물	기내휴대	몸에 소지
• 의료용 산소 실린더 또는 공기 실린더 – 실린더 당 총 질량이 5kg 이하 ※ 항공사 승인 필요	○	○	○
액체산소가 들어있는 장치	×	×	×
• 리튬배터리가 장착된 휴대용 의료 전자장비 – 리튬메탈배터리 : 리튬 함량 2그램 이하 – 리튬이온배터리 : 100와트시(Wh) 이하	○	○	○
• 전동 휠체어 등 이동보조장비(습식 배터리) ※ 항공사 승인 필요	○	×	×
• 휴대용 의료전자장비용 여분(보조) 배터리 – 리튬메탈배터리 : 리튬 함량 2그램 이하 – 리튬이온배터리 : 100와트시(Wh) 이하	×	○	○

① 100와트시(Wh) 이하 리튬이온배터리 전자담배

② 개당 0.5리터 이하의 스포츠용 에어로졸 2캔

③ 냉동식품을 포장·운송하기 위해 사용된 드라이아이스 2kg

④ 항공사 승인을 받은 실린더 당 총 질량이 5kg 이하인 의료인 공기 실린더

> ✔해설 배터리가 규정에 맞는 전자담배는 기내휴대 또는 몸에 소지할 수 있으나 위탁수하물로는 운반할 수 없다.

7 다음 〈쓰레기 분리배출 규정〉을 준수한 것은?

- 배출 시간 : 수거 전날 저녁 7시~수거 당일 새벽 3시까지(월요일~토요일에만 수거함)
- 배출 장소 : 내 집 앞, 내 점포 앞
- 쓰레기별 분리배출 방법
  - 일반 쓰레기 : 쓰레기 종량제 봉투에 담아 배출
  - 음식물 쓰레기 : 단독주택의 경우 수분 제거 후 음식물 쓰레기 종량제 봉투에 담아서, 공동주택의 경우 음식물 전용용기에 담아서 배출
  - 재활용 쓰레기 : 종류별로 분리하여 투명 비닐봉투에 담아 묶어서 배출
    ① 1종(병류)
    ② 2종(캔, 플라스틱, 페트병 등)
    ③ 3종(폐비닐류, 과자 봉지, 1회용 봉투 등)
      ※ 1종과 2종의 경우 뚜껑을 제거하고 내용물을 비운 후 배출
      ※ 종이류 / 박스 / 스티로폼은 각각 별도로 묶어서 배출
  - 폐가전·폐가구 : 폐기물 스티커를 부착하여 배출
- 종량제 봉투 및 폐기물 스티커 구입 : 봉투판매소

---

① 甲은 토요일 저녁 8시에 일반 쓰레기를 쓰레기 종량제 봉투에 담아 자신의 집 앞에 배출하였다.

② 공동주택에 사는 乙은 먹다 남은 찌개를 그대로 음식물 쓰레기 종량제 봉투에 담아 주택 앞에 배출하였다.

③ 丙은 투명 비닐봉투에 캔과 스티로폼을 함께 담아 자신의 집 앞에 배출하였다.

④ 戊는 집에서 쓰던 냉장고를 버리기 위해 폐기물 스티커를 구입 후 부착하여 월요일 저녁 9시에 자신의 집 앞에 배출하였다.

> ✔해설 ① 배출 시간은 수거 전날 저녁 7시부터 수거 당일 새벽 3시까지인데 일요일은 수거하지 않으므로 토요일 저녁 8시에 쓰레기를 내놓은 甲은 규정을 준수했다고 볼 수 없다.
> ② 공동주택에서 음식물 쓰레기를 배출할 경우 음식물 전용용기에 담아서 배출해야 한다.
> ③ 스티로폼은 별도로 묶어서 배출해야 하는 품목이다.

8 영하, 민주, 지운은 면세점에서 A, B, C 브랜드 중 하나의 가방을 각각 구입하려고 한다. 소비자들이 가방을 구매하는데 고려하는 것은 브랜드명성, 디자인, 소재, 경제성으로 0~10점의 점수가 주어진다. 점수가 높을수록 소비자가 만족할 때, 각 브랜드의 제품에 대한 평가와 세 사람이 제품을 고르는 기준이 아래와 같다. 영하, 민주, 지운 세 사람이 구매할 제품을 순서대로 나열한 것은?

◉ 브랜드별 소비자 제품평가

	경제성	디자인	브랜드명성	소재
A	4	8	10	9
B	8	6	7	6
C	5	7	7	3

※ 각 평가에 부여하는 가중치: 브랜드명성(40), 경제성(30), 디자인(20), 소재(10)

◉ 구매기준
영하 : 가중치가 높은 순으로 가장 좋게 평가된 제품을 선택
민주 : 모든 속성을 가중치에 따라 평가(점수×가중치)하여 종합적으로 가장 좋은 대안 선택
지운 : 모든 속성이 4점 이상인 제품 선택, 2가지 이상이라면 경제성 점수가 높은 제품을 선택

① A, A, A

② A, A, B

③ B, A, B

④ B, C, B

✔ 해설 영하 : 가중치가 가장 높은 브랜드명성이 가장 좋게 평가된 A제품 선택
민주 :
- A : $4×30+8×20+10×40+9×10=770 \rightarrow$ 선택
- B : $8×30+6×20+7×40+6×10=700$
- C : $5×30+7×20+7×40+3×10=600$

지운 : 모든 속성이 4점 이상인 A, B 중 경제성 점수가 더 높은 B를 선택

9 다음 〈상황〉과 〈조건〉을 근거로 판단할 때 옳은 것은?

〈상황〉

A대학교 보건소에서는 4월 1일(월)부터 한 달 동안 재학생을 대상으로 금연교육 4회, 금주교육 3회, 성교육 2회를 실시하려는 계획을 가지고 있다.

〈조건〉

• 금연교육은 정해진 같은 요일에만 주 1회 실시하고, 화, 수, 목요일 중에 해야 한다.
• 금주교육은 월요일과 금요일을 제외한 다른 요일에 시행하며, 주 2회 이상은 실시하지 않는다.
• 성교육은 4월 10일 이전, 같은 주에 이틀 연속으로 실시한다.
• 4월 22일부터 26일까지 중간고사 기간이고, 이 기간에 보건소는 어떠한 교육도 실시할 수 없다.
• 보건소의 교육은 하루에 하나만 실시할 수 있고, 토요일과 일요일에는 교육을 실시할 수 없다.
• 보건소는 계획한 모든 교육을 반드시 4월에 완료하여야 한다.

---

① 금연교육이 가능한 요일은 화요일과 수요일이다.
② 4월 30일에도 교육이 있다.
③ 금주교육은 4월 마지막 주에도 실시된다.
④ 성교육이 가능한 일정 조합은 두 가지 이상이다.

✔해설 • 화, 수, 목 중에 실시해야 하는 금연교육을 4회 실시하기 위해서는 반드시 화요일에 해야 한다.
• 10일 이전, 같은 주에 이틀 연속으로 성교육을 실시할 수 있는 날짜는 4~5일뿐이다.
상황과 조건에 따라 A대학교 보건소의 교육 일정을 정리해 보면 다음과 같다.

월	화	수	목	금	토	일
1	금연 2	3	성 4	성 5	X 6	X 7
8	금연 9	10	11	12	X 13	X 14
15	금연 16	17	18	19	X 20	X 21
중 22	간 23	고 24	사 25	주 26	X 27	X 28
29	금연 30					

• 금주교육은 (3, 10, 17), (3, 10, 18), (3, 11, 17), (3, 11, 18) 중 실시할 수 있다.

❚10~11❚ 다음은 K사에서 실시하고 있는 탄력근무제에 대한 사내 규정의 일부이다. 다음을 읽고 이어지는 물음에 답하시오.

제17조(탄력근무 유형 등)

① 탄력근무의 유형은 시차출퇴근제와 시간선택제로 구분한다.

② 시차출퇴근제는 근무시간을 기준으로 다음 각 호와 같이 구분한다. 이 경우 시차출퇴근 C형은 12세 이하이거나 초등학교에 재학 중인 자녀를 양육하는 직원만 사용할 수 있다.

   1. 시차출퇴근 A형 : 8:00~17:00

   2. 시차출퇴근 B형 : 10:00~19:00

   3. 시차출퇴근 C형 : 9:30~18:30

③ 시간선택제는 다음 각 호의 어느 하나에 해당하는 직원이 근무시간을 1시간부터 3시간까지 단축하는 근무형태로서 그 근무유형 및 근무시간은 별도로 정한 바와 같다.

   1. 「임금피크제 운영규정」 제4조에 따라 임금피크제의 적용을 받는 직원

   2. 「인사규정 시행규칙」 제34조의2 제1항 제1호 또는 제2호에 해당되는 근무 직원

   3. 일·가정 양립, 자기계발 등 업무 내·외적으로 조화로운 직장생활을 위하여 월 2회의 범위 안에서 조기퇴근을 하려는 직원

제18조(시간선택제 근무시간 정산)

① 시간선택제 근무 직원은 그 단축 근무로 통상근무에 비해 부족해진 근무시간을 시간선택제 근무를 실시한 날이 속하는 달이 끝나기 전까지 정산하여야 한다.

② 제1항에 따른 정산은 다음 각 호에 따른 방법으로 실시한다. 이 경우 정산근무시간은 10분 단위로 인정한다.

   1. 조기퇴근을 제외한 시간선택제 근무시간 정산 : 해당 시간선택제 근무로 근무시간이 단축되는 날을 포함하여 08:00부터 09:00까지 또는 18:00부터 21:00까지 사이에 근무

   2. 조기퇴근 근무시간 정산 : 다음 각 목의 방법으로 실시. 이 경우 사전에 미리 근무시간 정산을 할 것을 신청하여야 한다.

      가. 근무시작시간 전에 정산하는 경우 : 각 근무유형별 근무시작시간 전까지 근무

      나. 근무시간 이후에 정산하는 경우 : 각 근무유형별 근무종료시간부터 22:00까지 근무

③ 시간선택제 근무 직원은 휴가·교육 등으로 제1항에 따른 정산을 실시하지 못함에 따른 임금손실을 방지하기 위하여 사전에 정산근무를 실시하는 등 적정한 조치를 하여야 한다.

제19조(신청 및 승인)

① 탄력근무를 하려는 직원은 그 근무시작 예정일의 5일 전까지 별지 제4호 서식의 탄력근무 신청서를 그 소속 부서의 장에게 제출하여야 한다.

② 제20조 제2항에 따라 탄력근무가 직권해지된 날부터 6개월이 지나지 아니한 경우에는 탄력근무를 신청할 수 없다.

③ 다음 각 호의 직원은 제17조 제3항 제3호의 조기퇴근을 신청할 수 없다.

   1. 임신부

   2. 제17조 제3항 제1호 및 제2호에 해당하여 시간선택제를 이용하고 있는 직원

   3. 제8조 및 제9조의 단시간근무자

   4. 육아 및 모성보호 시간 이용 직원

④ 부서의 장은 제1항에 따라 신청서를 제출받으면 다음 각 호의 어느 하나에 해당하는 경우 외에는 그 신청에 대하여 승인하여야 한다.

1. 업무공백 최소화 등 원활한 업무진행을 위하여 승인인원의 조정이 필요한 경우
2. 민원인에게 불편을 초래하는 등 정상적인 사업운영이 어렵다고 판단되는 경우
⑤ 탄력근무는 매월 1일을 근무 시작일로 하여 1개월 단위로 승인한다.
⑥ 제17조 제3항 제3호에 따른 조기퇴근의 신청, 취소 및 조기퇴근일의 변경은 별지 제4호의2 서식에 따라 개인이 신청한다. 이 경우 조기퇴근 신청에 관하여 승인권자는 월 2회의 범위에서 승인한다.

10 다음 중 위의 탄력근무제에 대한 올바른 설명이 아닌 것은 어느 것인가?

① 조기퇴근은 매월 2회까지만 실시할 수 있다.

② 시간선택제 근무제를 사용하려는 직원은 신청 전에 정산근무를 먼저 해 둘 수 있다.

③ 규정에 맞는 경우라 하더라도 탄력근무제를 신청하여 승인이 되지 않을 수도 있다.

④ 시차출퇴근제와 시간선택제의 다른 점 중 하나는 해당 월의 총 근무 시간의 차이이다.

> ✔해설 시차출퇴근제와 시간선택제는 해당 월의 총 근무 시간이 같다. 시간선택제는 1~3시간 단축 근무를 하게 되지만 그로 인해 부족해진 근무 시간은 해당 월이 끝나기 전에 정산하여 근무를 하여야 한다.
> ① 조기퇴근은 매월 2회까지로 규정되어 있다.
> ② 정산근무가 여의치 않을 경우를 대비하여 신청을 계획하고 있을 경우 사전에 미리 정산근무부터 해 둘 수 있다.
> ③ 업무상의 사유와 민원 업무 처리 등의 사유로 승인이 되지 않을 수 있다.

11 탄력근무제를 실시하였거나 실시하려고 계획하는 평가원 직원의 다음과 같은 판단 중, 규정에 어긋나는 것은 어느 것인가?

① 놀이방에 7살짜리 아이를 맡겨 둔 K씨는 시차출퇴근 C형을 신청하려고 한다.

② 7월 2일 조기퇴근을 실시한 H씨는 7월 말일 이전 근무일에 저녁 9시경까지 정산근무를 하려고 한다.

③ 6월 3일에 조기퇴근을 실시하고 한 달 후인 7월 3일에 재차 사용한 M씨는 7월 4일부터 8월 4일까지의 기간 동안 2회의 조기퇴근을 신청하려고 한다.

④ 7월 15일에 탄력근무제를 사용하고자 하는 R씨는 7월 7일에 팀장에게 신청서를 제출하였다.

> ✔해설 '탄력근무는 매월 1일을 근무 시작일로 하여 1개월 단위로 승인한다.'고 규정되어 있으므로 M씨의 판단은 적절하다고 할 수 없다.
> ① 12세 이하 자녀를 둔 경우이므로 시차출퇴근 C형 사용이 가능하다.
> ② 조기퇴근의 경우이므로 근무시간 이후 정산을 원할 경우 22:00까지 가능하며 조기퇴근을 실시한 해당 월 이내에 정산을 하려고 하므로 적절한 판단이다.
> ④ 5일 이전에 신청한 경우이므로 적절한 판단이다.

Answer 10.④ 11.③

|12~13| 다음 상황과 자료를 보고 물음에 답하시오.

도서출판 서원각에 근무하는 K씨는 고객으로부터 9급 건축직 공무원 추천도서를 요청받았다. K씨는 도서를 추천하기 위해 다음과 같은 9급 건축직 발행도서의 종류와 특성을 참고하였다.

K씨 : 감사합니다. 도서출판 서원각입니다.
고객 : 9급 공무원 건축직 관련 도서 추천을 좀 받고 싶습니다.
K씨 : 네, 어떤 종류의 도서를 원하십니까?
고객 : 저는 기본적으로 이론은 대학에서 전공을 했습니다. 그래서 많은 예상문제를 풀 수 있는 것이 좋습니다.
K씨 : 아. 문제가 많은 것이라면 딱 잘라서 말씀드리기가 어렵습니다.
고객 : 알아요. 그래도 적당히 가격도 그리 높지 않고 예상문제가 많이 들어 있는 것이면 됩니다.
K씨 : 네. 알겠습니다. 많은 예상문제풀이가 가능한 것 외에는 다른 필요한 사항은 없으십니까?
고객 : 가급적이면 20,000원 이하가 좋을 듯 합니다.

도서명	예상문제 문항 수	기출문제 수	이론 유무	가격
실력평가모의고사	400	120	무	18,000
전공문제집	500	160	유	25,000
문제완성	600	40	무	20,000
합격선언	300	200	유	24,000

12 다음 중 K씨가 고객의 요구에 맞는 도서를 추천해 주기 위해 가장 우선적으로 고려해야 하는 특성은 무엇인가?

① 기출문제 수 ② 이론 유무
③ 가격 ④ 예상문제 문항 수

✔해설 고객은 많은 문제를 풀어보기를 원하므로 우선적으로 예상문제의 수가 많은 것을 찾아야 한다.

13 고객의 요구를 종합적으로 반영하였을 때 많은 문제와 가격을 맞춘 가장 적당한 도서는?

① 실력평가모의고사 ② 전공문제집
③ 문제완성 ④ 합격선언

✔해설 고객의 요구인 20,000원 가격선과 예상문제의 수가 많은 도서는 문제완성이 된다.

14 당신은 지하철을 기다리고 있다가 갑자기 한쪽에서 어떤 사람이 쓰러져 있는 것을 발견하였다. 그 사람은 현재 숨은 쉬는데 심장이 뛰지 않는 상황이다. 다음 비상시 대처요령에 따라 당신이 해야 할 행동으로 옳은 것은?

상황	대처요령
1. 호흡과 맥박 정지	4분 후부터 뇌가 직접 손상되므로 4분 이내 심폐소생술을 실시한다.
2. 숨은 쉬지만 심장이 뛰지 않을 때	가슴압박(심장마사지)를 실시한다. 가슴압박은 양쪽 젖꼭지 정중앙, 분당 100회 속도, 4~5cm 깊이로 압박한다.
3. 숨도 안 쉬고 심장도 뛰지 않을 때	가슴압박과 인공호흡을 동시에 실시한다. 인공호흡은 입 속 이물질 제거, 턱과 귓불이 수직이 되도록 기도 확보, 코 막기, 가슴압박 30회 → 인공호흡 2회(이후 계속 반복, 10초 이내 가슴압박 재개)
4. 응급처치자가 2명	가슴압박과 인공호흡으로 분담하여 동시에 실시한다.
5. 평소에 심폐소생술을 알고 싶어요.	소방재청 홈페이지에서 심폐소생술 동영상을 다운받아 핸드폰에 저장한다.

① 다른 사람이 올 때까지 기다렸다가 가슴압박과 인공호흡으로 분담하여 동시에 심폐소생술을 실시한다.
② 4분이 지나면 뇌에 직접적으로 손상이 오므로 4분 이내에 심폐소생술을 실시한다.
③ 소방재청 홈페이지에 들어가 심폐소생술 영상을 다운받아 핸드폰에 저장한다.
④ 양쪽 젖꼭지 정중앙에 손을 얹고 분당 100회의 속도와 4~5cm 깊이로 가슴압박을 실시한다.

✔ 해설 현재 쓰러진 사람은 숨은 쉬지만 심장이 뛰지 않는 상황이므로 비상시 대처요령에 따라 ④가 가장 적절한 대응 방법이다.

○○마트에서 근무하는 A씨는 고객으로부터 여름을 대비하여 에어컨을 추천해 달라는 요청을 받았다. A씨는 에어컨을 추천하기 위해 다음과 같이 에어컨의 특성을 참고하였다.

고객 : 냉방이 잘되는 제품을 가장 최우선으로 생각해주세요. 집에 아이가 있어서 되도록 친환경적인 제품을 원하고 가격도 설치비를 포함해서 250만원이 넘어가지 않았으면 좋겠네요. 그리고 결제는 B카드를 이용하려고 해요.

제품명		냉방효율(점)	사용편의(점)	친환경(점)	집 면적(평)	가격(만 원)
(가)사	A	9.5/10	8.8/10	8.2/10	38	246
	B	9.6/10	6.4/10	9.0/10	32	185
(나)사	C	9.5/10	8.8/10	7.4/10	34	252
	D	9.6/10	7.1/10	8.9/10	34	244
(다)사	E	9.5/10	6.8/10	8.7/10	32	210
	F	9.6/10	6.8/10	7.8/10	34	197
(라)사	G	9.4/10	8.8/10	9.2/10	34	302
	H	9.5/10	8.5/10	9.1/10	32	239

※ 300만원이 넘지 않는 모든 제품은 설치비 10만원이 추가된다.
※ 230만원이 넘는 상품 구매 고객이 B카드로 결제하면 전체 금액(설치금액 미포함)의 5%를 할인해준다.

15 다음 중 A씨가 고객의 요구에 맞게 추천해 주기 위해 가장 적절하지 않은 상품은?

① A   ② C

③ E   ④ H

✔해설 고객이 B카드를 제시하여 결제하면 252×0.95+10=294.4만원으로 250만원이 넘어가지 않는 조건을 만족하지만, 친환경 점수가 7.4점으로 고객의 요구(아이가 있어서 되도록 친환경적인 제품을 원한다)에 가장 적절하지 않은 제품이다.

16 A씨가 고객의 요구 중 친환경 점수를 우선적으로 생각하여 제품을 추천해주고 고객이 그 상품을 선택했을 때, 고객이 결제할 최종 금액은?(단, 소수점은 버린다.)

① 236만 원   ② 237만 원

③ 286만 원   ④ 289만 원

> ✔해설   친환경 점수를 우선순위로 하였을 때 상품 추천 순위는… G, H, B, D, E, A, F, C가 된다. G는 250만 원이 넘어가는 금액이므로 추천 상품에서 제외되어 H가 추천 우선순위가 된다. H의 금액은 230만원이 넘어가고 고객이 B카드로 결제하므로 상품 결제 금액은 $239 \times 0.95 + 10 = 237.05$만원이 된다.

17 다음과 같은 구조를 가진 어느 호텔에 A~H 8명이 투숙하고 있고, 알 수 있는 정보가 다음과 같다. B의 방이 204호일 때, D의 방은? (단, 한 방에는 한 명씩 투숙한다)

a라인	201	202	203	204	205
복도					
b라인	210	209	208	207	206

- 비어있는 방은 한 라인에 한 개씩 있고, A, B, F, H는 a라인에, C, D, E, G는 b라인에 투숙하고 있다.
- A와 C의 방은 복도를 사이에 두고 마주보고 있다.
- F의 방은 203호이고, 맞은 편 방은 비어있다.
- C의 오른쪽 옆방은 비어있고 그 옆방에는 E가 투숙하고 있다.
- B의 옆방은 비어있다.
- H와 D는 누구보다 멀리 떨어진 방에 투숙하고 있다.

① 202호   ② 205호

③ 206호   ④ 207호

> ✔해설   가장 확실한 조건(B는 204호, F는 203호)을 바탕으로 조건들을 채워나가면 다음과 같다.
>
> | a라인 | 201
H | 202
A | 203
F | 204
B | 205
빈 방 |
> |---|---|---|---|---|---|
> | 복도 | | | | | |
> | b라인 | 210
G | 209
C | 208
빈 방 | 207
E | 206
D |
>
> ∴ D의 방은 206호이다.

18 다음은 이○○씨가 A지점에서 B지점을 거쳐 C지점으로 출근을 할 때 각 경로의 거리와 주행속도를 나타낸 것이다. 이○○씨가 오전 8시 정각에 A지점을 출발해서 B지점을 거쳐 C지점으로 갈 때, 이에 대한 설명 중 옳은 것을 고르면?

구간	경로	주행속도(km/h)		거리(km)
		출근 시간대	기타 시간대	
A→B	경로 1	30	45	30
	경로 2	60	90	
B→C	경로 3	40	60	40
	경로 4	80	120	

※ 출근 시간대는 오전 8시부터 오전 9시까지이며, 그 이외의 시간은 기타 시간대임.

① C지점에 가장 빨리 도착하는 시각은 오전 9시 10분이다.

② C지점에 가장 늦게 도착하는 시각은 오전 9시 20분이다.

③ B지점에 가장 빨리 도착하는 시각은 오전 8시 40분이다.

④ 경로 2와 경로 3을 이용하는 경우와, 경로 1과 경로 4를 이용하는 경우 C지점에 도착하는 시각은 동일하다.

✅ **해설** 시간 $= \dfrac{거리}{속도}$ 공식을 이용하여, 먼저 각 경로에서 걸리는 시간을 구한다.

구간	경로	시간			
		출근 시간대		기타 시간대	
A→B	경로 1	$\dfrac{30}{30} = 1.0$	1시간	$\dfrac{30}{45} \fallingdotseq 0.67$	약 40분
	경로 2	$\dfrac{30}{60} = 0.5$	30분	$\dfrac{30}{90} \fallingdotseq 0.33$	약 20분
B→C	경로 3	$\dfrac{40}{40} = 1.0$	1시간	$\dfrac{40}{60} \fallingdotseq 0.67$	약 40분
	경로 4	$\dfrac{40}{80} = 0.5$	30분	$\dfrac{40}{120} \fallingdotseq 0.33$	약 20분

④ 경로 2와 3을 이용하는 경우와 경로 1과 경로 4를 이용하는 경우 C지점에 도착하는 시각은 1시간 20분으로 동일하다.

① C지점에 가장 빨리 도착하는 방법은 경로 2와 경로 4를 이용하는 경우이므로, 가장 빨리 도착하는 시각은 1시간이 걸려서 오전 9시가 된다.

② C지점에 가장 늦게 도착하는 방법은 경로 1과 경로 3을 이용하는 경우이므로, 가장 늦게 도착하는 시각은 1시간 40분이 걸려서 오전 9시 40분이 된다.

③ B지점에 가장 빨리 도착하는 방법은 경로 2이므로, 가장 빨리 도착하는 시각은 30분이 걸려서 오전 8시 30분이 된다.

19 다음 글을 통해서 볼 때, 그림을 그린 사람(들)은 누구인가?

> 송화, 진수, 경주, 상민, 정란은 대학교 회화학과에 입학하기 위해 △△미술학원에서 그림을 그린다. 이들은 특이한 버릇을 가지고 있다. 송화, 경주, 정란은 항상 그림이 마무리되면 자신의 작품 밑에 거짓을 쓰고, 진수와 상민은 자신의 그림에 언제나 참말을 써넣는다. 우연히 다음과 같은 글귀가 적힌 그림이 발견되었다.
> "이 그림은 진수가 그린 것이 아님"

① 진수
② 상민
③ 송화, 경주
④ 경주, 정란

✔해설 작품 밑에 참인 글귀를 적는 진수와 상민이 그렸다면, 진수일 경우 진수가 그리지 않았으므로 진수는 그림을 그린 것이 아니고 상민일 경우 문제의 조건에 맞으므로 상민이 그린 것이 된다.

20 A, B, C, D, E는 4시에 만나서 영화를 보기로 약속했다. 이들이 도착한 것이 다음과 같다면 옳은 것은?

> • A 다음으로 바로 B가 도착했다.
> • B는 D보다 늦게 도착했다.
> • B보다 늦게 온 사람은 한 명뿐이다.
> • D는 가장 먼저 도착하지 못했다.
> • 동시에 도착한 사람은 없다.
> • E는 C보다 일찍 도착했다.

① D는 두 번째로 약속장소에 도착했다.
② C는 약속시간에 늦었다.
③ A는 가장 먼저 약속장소에 도착했다.
④ E는 제일 먼저 도착하지 못했다.

✔해설 약속장소에 도착한 순서는 E − D − A − B − C 순이고, 제시된 사실에 따르면 C가 가장 늦게 도착하긴 했지만 약속시간에 늦었는지는 알 수 없다.

21 제시된 자료는 복리후생 제도 중 직원의 교육비 지원에 대한 내용이다. 다음 중 (가)~(라) 직원 4명의 총 교육비 지원 금액은 얼마인가?

〈교육비 지원 기준〉

• 임직원 본인의 대학 및 대학원 학비 : 100% 지원
• 임직원 가족의 대학 및 대학원 학비
- 임직원의 직계 존비속 : 80% 지원
- 임직원의 형제 및 자매 : 50% 지원 (단, 직계 존비속 지원이 우선되며, 해당 신청이 없을 경우에 한하여 지급함)
- 교육비 지원 신청은 본인 포함 최대 2인에 한한다.

〈교육비 신청내용〉
(가) 직원 – 본인 대학원 학비 3백만 원, 동생 대학 학비 2백만 원
(나) 직원 – 딸 대학 학비 2백만 원
(다) 직원 – 본인 대학 학비 3백만 원, 아들 대학 학비 4백만 원, 동생 대학원 학비 2백만 원
(라) 직원 – 본인 대학원 학비 2백만 원, 딸 대학 학비 2백만 원, 아들 대학원 학비 2백만 원, 동생 대학원 학비 3백만 원

---

① 14,400,000원
② 15,400,000원
③ 16,400,000원
④ 17,400,000원

✔해설 아들, 딸은 직계 존비속이다. 본인은 100%, 직계 존비속 80%, 형제·자매는 50%
(가) – 본인 300, 동생 $200 \times 0.5 = 100$
(나) – 딸 $200 \times 0.8 = 160$
(다) – 본인 300, 아들 $400 \times 0.8 = 320$
(라) – 본인 200, 딸 $200 \times 0.8 = 160$
모두 합하면
$300 + 100 + 160 + 300 + 320 + 200 + 160$
$= 1,540$만 원

22 직원 A씨는 무역회사에서 근무를 하고 있다. 수출품을 일련번호로 바꾸어 문서에 저장을 할 때 일정한 규칙이 있는 것을 발견하였다. A씨가 이 규칙을 메모해 두고 조금 더 쉽게 문서를 작성하기로 하였다고 할 때, 다음 중 메모한 내용으로 적절한 것은?

16년 2월	16022036060 – 중국(아시아)에서 수출된 60번째 항목(고무)
	16023052101 – 미국(아메리카)에서 수출된 1번째 항목(장미)
16년 8월	16081020332 – 프랑스(유럽)에서 수출된 32번째 항목(소시지)
17년 5월	17052043232 – 일본(아시아)에서 수출된 32번째 항목(비누)
	17051012121 – 영국(유럽)에서 수출된 21번째 항목(장미)

※ 번호는 총 11자리로 왼쪽부터 첫 번째 자리가 시작된다.

① 4번째 자리 – 수출된 달(月)
② 5번째 자리 – 국가명
③ 7번째 자리 – 국가가 속한 대륙(5대륙)
④ 11번째 자리 – 수출품의 종류

✔ **해설** 수출번호를 다음과 같이 지정하면

| 1 | 2 | 3 | 4 | 5 | 6 | 7 | 8 | 9 | 10 | 11 |

[1][2] → 수출된 연도(年), [3][4] → 수출된 달(月)

※ 16년2월 → 1602, 16년8월 → 1608, 17년5월 → 1705

[5] → 국가가 속한 대륙, [6][7] → 국가명

※ 중국(아시아) → 203, 일본(아시아) → 204, 프랑스(유럽) → 102, 영국(유럽) → 101

[8][9] → 수출품의 종류

※ 고무 → 60, 장미 → 21, 소시지 → 03, 비누 → 32

[10][11] → 수출품의 수출 순서

60번째 → 60, 1번째 → 01

23 지훈이와 영철이는 다음의 조건대로 농구를 하였다. 다음 중 둘의 최종점수가 될 수 있는 것은?

〈조건〉
㉠ 득점은 외각 라인에서 슛을 성공하면 3점, 그 외의 슛은 1점, 슛에 실패하면 0점으로 기록된다.
㉡ 지훈이는 총 10번의 슛을 시도했고, 영철이는 총 8번의 슛을 시도했다.
㉢ 지훈이는 총 2번 슛을 실패하였고, 영철이는 총 1번 슛에 실패하였다.
㉣ 둘은 3점슛을 시도하여 동일한 개수만큼 성공했다.
㉤ 최종 점수는 성공한 득점의 합으로 한다.

	지훈	영철
①	11	10
②	13	12
③	16	15
④	15	17

✔해설 ㉡㉢의해 지훈이가 성공한 슛은 8번, 영철이가 성공한 슛은 7번이 된다.
㉣에 의해 가능한 경우를 따지면,

점수	지훈							영철					
0점	2회							1회					
1점	7회	6회	5회	4회	3회	2회	1회	6회	5회	4회	3회	2회	1회
3점	1회	2회	3회	4회	5회	6회	7회	1회	2회	3회	4회	5회	6회
총점	10	12	14	16	18	20	22	9	11	13	15	17	19

따라서 ③이 가능하다.

24 A, B, C, D, E 5명의 입사성적을 비교하여 높은 순서로 순번을 매겼더니 다음과 같은 사항을 알게 되었다. 입사성적이 두 번째로 높은 사람은?

• 순번 상 E의 앞에는 2명 이상의 사람이 있고 C보다는 앞이었다.
• D의 순번 바로 앞에는 B가 있다.
• A의 순번 뒤에는 2명이 있다.

① A　　　　　　　　　　② B
③ C　　　　　　　　　　④ D

✔해설 조건에 따라 순번을 매겨 높은 순으로 정리하면 BDAEC가 된다.

25 다음 조건과 정보를 근거로 판단할 대, 수박의 위치와 착한 사람, 나쁜 사람의 조합으로 가능한 것은?

<조건>
- 착한 사람은 진실만 말하고, 나쁜 사람은 거짓말을 한다.
- 착한 사람은 2명이고, 나쁜 사람은 3명으로 총 5명(A,B,C,D,E)이 있다.
- 수박은 항아리, 아궁이, 소쿠리 중 한 곳에 있다.

<정보>
- A : 수박은 아궁이에 있다.
- B : 여기서 나만 수박의 위치를 알고 있다.
- C : A는 나쁜 사람이다.
- D : 나는 수박이 어디 있는지 알고 있다.
- E : 수박은 항아리에 있다.

---

① 항아리, E, C
② 아궁이. C. E
③ 소쿠리, A, D
④ 소쿠리, D, B

✔해설
- A가 착한 사람인 경우 : 수박의 위치를 알고 있다고 말한 B, D, E는 나쁜 사람이 되고, C만 착한 사람이 되는데, C가 착한 사람일 경우 A가 거짓말을 하게 되므로 모순이다.
- B가 착한 사람인 경우 : 수박의 위치를 안다고 말한 A, D, E는 모두 나쁜 사람이 된다. C가 착한 사람이며, 수박은 소쿠리에 있다.
- C가 착한 사람인 경우 : A는 반드시 나쁜 사람이 되고 수박은 아궁이가 아닌 항아리나 소쿠리에 있게 된다. 수박이 항아리에 있다고 하면 C와 E가 착한 사람이 되고, 소쿠리에 있다면 C와 B 또는 D가 착한 사람이 된다.
- D가 착한 사람인 경우 : 수박의 위치를 안다고 말한 A, B, D는 모두 나쁜 사람이 된다. C는 착한 호랑이이며, 수박은 소쿠리에 있다.
- E가 착한 사람인 경우, 수박의 위치를 안다고 말한 A, B, D,는 모두 나쁜 사람이 되고 C는 착한 사람이며 수박은 항아리에 있다.
따라서 보기 중 가능한 조합은 ④이다.

▌26~27 ▌ 다음은 중소기업협회에서 주관한 학술세미나 일정에 관한 것으로 다음 세미나를 준비하는 데 필요한 일, 각각의 일에 걸리는 시간, 일의 순서 관계를 나타낸 표이다. 제시된 표를 바탕으로 물음에 답하시오.

〈세미나 준비 현황〉

구분	작업	작업시간(일)	먼저 행해져야 할 작업
가	세미나 장소 세팅	1	바
나	현수막 제작	2	다, 마
다	세미나 발표자 선정	1	라
라	세미나 기본계획 수립	2	없음
마	세미나 장소 선정	3	라
바	초청자 확인	2	라

26 현수막 제작을 시작하기 위해서는 최소 며칠이 필요하겠는가?

① 3일 ② 4일
③ 5일 ④ 6일

✔해설 현수막을 제작하기 위해서는 라, 다, 마가 선행되어야 한다. 그렇기 때문에 최소한 6일이 소요된다.
세미나 기본계획 수립(2일)+세미나 발표자 선정(1일)+세미나 장소 선정(3일)

27 세미나 장소 세팅까지 마치는 데 필요한 최대의 시간은?

① 10일 ② 11일
③ 12일 ④ 13일

✔해설 동시에 작업이 가능한 일도 있지만 최대 시간을 구하라 했으므로 다 더한 값인 11일이 답이 된다.

28 K사에 다니는 甲은 학술지에 실린 국가별 수돗물 음용률 관련 자료가 훼손된 것을 발견하였다. ⊙~⊗까지가 명확하지 않은 상황에서 〈보기〉의 내용만을 가지고 그 내용을 추론한다고 할 때, 바르게 나열된 것은?

⊙	ⓛ	ⓒ	ⓔ	ⓜ	ⓗ	⊗	평균
68%	47%	46%	37%	28%	27%	25%	39.7%

〈보기〉

㈎ 스웨덴, 미국, 한국은 평균보다 높은 수돗물 음용률을 보인다.

㈏ 수돗물 음용률이 가장 높은 국가의 절반에 못 미치는 수돗물 음용률을 보인 나라는 칠레, 멕시코, 독일이다.

㈐ 한국과 멕시코의 수돗물 음용률의 합은 스웨덴과 칠레의 수돗물 음용률의 합보다 20%p 많다.

㈑ 일본보다 수돗물 음용률이 높은 국가의 수와 낮은 국가의 수는 동일하다.

① 미국 – 한국 – 스웨덴 – 일본 – 멕시코 – 독일 – 칠레
② 스웨덴 – 미국 – 한국 – 일본 – 칠레 – 멕시코 – 독일
③ 한국 – 미국 – 스웨덴 – 일본 – 독일 – 칠레 – 멕시코
④ 한국 – 스웨덴 – 미국 – 일본 – 독일 – 멕시코 – 칠레

✅ **해설** • ㈑를 통해 일본은 ⊙~⊗의 일곱 국가 중 4번째인 ⓔ에 위치한다는 것을 알 수 있다.

• ㈎와 ㈏를 근거로 ⊙~ⓒ은 스웨덴, 미국, 한국이, ⓜ~⊗은 칠레, 멕시코, 독일이 해당된다는 것을 알 수 있다.

• ㈐에서 20%p의 차이가 날 수 있으려면, 한국은 ⊙이 되어야 한다. ⊙이 한국이라고 할 때, 일본을 제외한 ⓛ, ⓒ, ⓜ, ⓗ, ⊗ 국가의 조합으로 20%p의 차이가 나는 조합을 찾으면, (68 + 25)와 (46 + 27) 뿐이다. 따라서 ⓒ은 스웨덴, ⓗ은 칠레, ⊗은 멕시코임을 알 수 있다.

• ㈎와 ㈏에 의하여 남은 ⓛ은 미국, ⓜ은 독일이 된다.

┃29~30┃ 2층짜리 주택에 부모와 미혼인 자식으로 이루어진 두 가구, ㈎, ㈏, ㈐, ㈑, ㈒, ㈓, ㈔ 총 7명이 살고 있다. 아래의 조건을 보고 물음에 답하시오.

- 1층에는 4명이 산다.
- 혈액형이 O형인 사람은 3명, A형인 사람은 1명, B형인 사람은 1명이다.
- ㈎는 기혼남이며, 혈액형은 A형이다.
- ㈏와 ㈔는 부부이며, 둘 다 O형이다.
- ㈐는 미혼 남성이다.
- ㈑는 1층에 산다.
- ㈒의 혈액형은 B형이다.
- ㈓의 혈액형은 O형이 아니다.

29 ㈐의 혈액형으로 옳은 것은?

① A형   ② AB형

③ O형   ④ 알 수 없다.

✔해설 조건을 그림으로 도식화 해보면 다음과 같은 사실을 알 수 있다.

2층	㈏ : O형 ―부부― ㈔ : O형 ㈐ : O형
1층	㈎ : A형, ㈑ : AB형, ㈒ : B형, ㈓ : AB형

30 1층에 사는 사람은 누구인가?

① (가)(다)(라)(바)

② (가)(라)(마)(바)

③ (나)(라)(바)(사)

④ 알 수 없다.

✔ 해설　② 2층에 사는 (나), (사), (다)를 제외한 (가), (라), (마), (바)가 1층에 산다.

CHAPTER 03 수리능력

1 직장생활과 수리능력

(1) 기초직업능력으로서의 수리능력

① **개념** : 직장생활에서 요구되는 사칙연산과 기초적인 통계를 이해하고 도표의 의미를 파악하거나 도표를 이용해서 결과를 효과적으로 제시하는 능력을 말한다.

② 수리능력은 크게 기초연산능력, 기초통계능력, 도표분석능력, 도표작성능력으로 구성된다.

   ㉠ **기초연산능력** : 직장생활에서 필요한 기초적인 사칙연산과 계산방법을 이해하고 활용할 수 있는 능력

   ㉡ **기초통계능력** : 평균, 합계, 빈도 등 직장생활에서 자주 사용되는 기초적인 통계기법을 활용하여 자료의 특성과 경향성을 파악하는 능력

   ㉢ **도표분석능력** : 그래프, 그림 등 도표의 의미를 파악하고 필요한 정보를 해석하는 능력

   ㉣ **도표작성능력** : 도표를 이용하여 결과를 효과적으로 제시하는 능력

(2) 업무수행에서 수리능력이 활용되는 경우

① 업무상 계산을 수행하고 결과를 정리하는 경우

② 업무비용을 측정하는 경우

③ 고객과 소비자의 정보를 조사하고 결과를 종합하는 경우

④ 조직의 예산안을 작성하는 경우

⑤ 업무수행 경비를 제시해야 하는 경우

⑥ 다른 상품과 가격비교를 하는 경우

⑦ 연간 상품 판매실적을 제시하는 경우

⑧ 업무비용을 다른 조직과 비교해야 하는 경우

⑨ 상품판매를 위한 지역조사를 실시해야 하는 경우

⑩ 업무수행과정에서 도표로 주어진 자료를 해석하는 경우

⑪ 도표로 제시된 업무비용을 측정하는 경우

예제 1

다음 자료를 보고 주어진 상황에 대한 물음에 답하시오.

〈근로소득에 대한 간이 세액표〉

월 급여액(천 원) [비과세 및 학자금 제외]		공제대상 가족 수				
이상	미만	1	2	3	4	5
2,500	2,520	38,960	29,280	16,940	13,570	10,190
2,520	2,540	40,670	29,960	17,360	13,990	10,610
2,540	2,560	42,380	30,640	17,790	14,410	11,040
2,560	2,580	44,090	31,330	18,210	14,840	11,460
2,580	2,600	45,800	32,680	18,640	15,260	11,890
2,600	2,620	47,520	34,390	19,240	15,680	12,310
2,620	2,640	49,230	36,100	19,900	16,110	12,730
2,640	2,660	50,940	37,810	20,560	16,530	13,160
2,660	2,680	52,650	39,530	21,220	16,960	13,580
2,680	2,700	54,360	41,240	21,880	17,380	14,010
2,700	2,720	56,070	42,950	22,540	17,800	14,430
2,720	2,740	57,780	44,660	23,200	18,230	14,850
2,740	2,760	59,500	46,370	23,860	18,650	15,280

※ 갑근세는 제시되어 있는 간이 세액표에 따름
※ 주민세 = 갑근세의 10%
※ 국민연금 = 급여액의 4.50%
※ 고용보험 = 국민연금의 10%
※ 건강보험 = 급여액의 2.90%
※ 교육지원금 = 분기별 100,000원(매 분기별 첫 달에 지급)

박○○ 사원의 5월 급여내역이 다음과 같고 전월과 동일하게 근무하였으나 특별수당은 없고 차량지원금으로 100,000원을 받게 된다면, 6월에 받게 되는 급여는 얼마인가? (단, 원 단위 절삭)

(주) 서원플랜테크 5월 급여내역			
성명	박○○	지급일	5월 12일
기본급여	2,240,000	갑근세	39,530
직무수당	400,000	주민세	3,950
명절 상여금		고용보험	11,970
특별수당	20,000	국민연금	119,700
차량지원금		건강보험	77,140
교육지원		기타	
급여계	2,660,000	공제합계	252,290
		지급총액	2,407,710

① 2,443,910
② 2,453,910
③ 2,463,910
④ 2,473,910

출제의도

업무상 계산을 수행하거나 결과를 정리하고 업무비용을 측정하는 능력을 평가하기 위한 문제로서, 주어진 자료에서 문제를 해결하는 데에 필요한 부분을 빠르고 정확하게 찾아내는 것이 중요하다.

해 설

기본급여	2,240,000	갑근세	46,370
직무수당	400,000	주민세	4,630
명절상여금		고용보험	12,330
특별수당		국민연금	123,300
차량지원금	100,000	건강보험	79,460
교육지원		기타	
급여계	2,740,000	공제합계	266,090
		지급총액	2,473,910

답 ④

(3) 수리능력의 중요성

① 수학적 사고를 통한 문제해결

② 직업세계의 변화에의 적응

③ 실용적 가치의 구현

(4) 단위환산표

구분	단위환산
길이	$1cm = 10mm$, $1m = 100cm$, $1km = 1,000m$
넓이	$1cm^2 = 100mm^2$, $1m^2 = 10,000cm^2$, $1km^2 = 1,000,000m^2$
부피	$1cm^3 = 1,000mm^3$, $1m^3 = 1,000,000cm^3$, $1km^3 = 1,000,000,000m^3$
들이	$1m\ell = 1cm^3$, $1d\ell = 100cm^3$, $1L = 1,000cm^3 = 10d\ell$
무게	$1kg = 1,000g$, $1t = 1,000kg = 1,000,000g$
시간	1분 = 60초, 1시간 = 60분 = 3,600초
할푼리	1푼 = 0.1할, 1리 = 0.01할, 1모 = 0.001할

예제 2

둘레의 길이가 4.4km인 정사각형 모양의 공원이 있다. 이 공원의 넓이는 몇 a인가?

① 12,100a   ② 1,210a

③ 121a   ④ 12.1a

출제의도

길이, 넓이, 부피, 들이, 무게, 시간, 속도 등 단위에 대한 기본적인 환산 능력을 평가하는 문제로서, 소수점 계산이 필요하며, 자릿수를 읽고 구분할 줄 알아야 한다.

해 설

공원의 한 변의 길이는
$4.4 \div 4 = 1.1(km)$ 이고
$1km^2 = 10000a$ 이므로
공원의 넓이는
$1.1km \times 1.1km = 1.21km^2$
$= 12100a$

답 ①

2 수리능력을 구성하는 하위능력

(1) 기초연산능력

① 사칙연산 : 수에 관한 덧셈, 뺄셈, 곱셈, 나눗셈의 네 종류의 계산법으로 업무를 원활하게 수행하기 위해서는 기본적인 사칙연산뿐만 아니라 다단계의 복잡한 사칙연산까지도 수행할 수 있어야 한다.

② 검산 : 연산의 결과를 확인하는 과정으로 대표적인 검산방법으로 역연산과 구거법이 있다.

   ㉠ 역연산 : 덧셈은 뺄셈으로, 뺄셈은 덧셈으로, 곱셈은 나눗셈으로, 나눗셈은 곱셈으로 확인하는 방법이다.

   ㉡ 구거법 : 원래의 수와 각 자리 수의 합이 9로 나눈 나머지가 같다는 원리를 이용한 것으로 9를 버리고 남은 수로 계산하는 것이다.

예제 3

다음 식을 바르게 계산한 것은?

$$1 + \frac{2}{3} + \frac{1}{2} - \frac{3}{4}$$

① $\dfrac{13}{12}$　　　　　　　　② $\dfrac{15}{12}$

③ $\dfrac{17}{12}$　　　　　　　　④ $\dfrac{19}{12}$

출제의도

직장생활에서 필요한 기초적인 사칙연산과 계산방법을 이해하고 활용할 수 있는 능력을 평가하는 문제로서, 분수의 계산과 통분에 대한 기본적인 이해가 필요하다.

해　설

$$\frac{12}{12} + \frac{8}{12} + \frac{6}{12} - \frac{9}{12} = \frac{17}{12}$$

답 ③

---

(2) 기초통계능력

① 업무수행과 통계

   ㉠ 통계의 의미 : 통계란 집단현상에 대한 구체적인 양적 기술을 반영하는 숫자이다.

   ㉡ 업무수행에 통계를 활용함으로써 얻을 수 있는 이점

    • 많은 수량적 자료를 처리가능하고 쉽게 이해할 수 있는 형태로 축소

    • 표본을 통해 연구대상 집단의 특성을 유추

    • 의사결정의 보조수단

    • 관찰 가능한 자료를 통해 논리적으로 결론을 추출·검증

ⓒ 기본적인 통계치

- 빈도와 빈도분포 : 빈도란 어떤 사건이 일어나거나 증상이 나타나는 정도를 의미하며, 빈도분포란 빈도를 표나 그래프로 종합적으로 표시하는 것이다.
- 평균 : 모든 사례의 수치를 합한 후 총 사례 수로 나눈 값이다.
- 백분율 : 전체의 수량을 100으로 하여 생각하는 수량이 그중 몇이 되는가를 퍼센트로 나타낸 것이다.

② 통계기법

ⓐ 범위와 평균

- 범위 : 분포의 흩어진 정도를 가장 간단히 알아보는 방법으로 최곳값에서 최젓값을 뺀 값을 의미한다.
- 평균 : 집단의 특성을 요약하기 위해 가장 자주 활용하는 값으로 모든 사례의 수치를 합한 후 총 사례 수로 나눈 값이다.
- 관찰값이 1, 3, 5, 7, 9일 경우 범위는 $9 - 1 = 8$이 되고, 평균은 $\dfrac{1+3+5+7+9}{5} = 5$가 된다.

ⓑ 분산과 표준편차

- 분산 : 관찰값의 흩어진 정도로, 각 관찰값과 평균값의 차의 제곱의 평균이다.
- 표준편차 : 평균으로부터 얼마나 떨어져 있는가를 나타내는 개념으로 분산값의 제곱근 값이다.
- 관찰값이 1, 2, 3이고 평균이 2인 집단의 분산은 $\dfrac{(1-2)^2 + (2-2)^2 + (3-2)^2}{3} = \dfrac{2}{3}$이고 표준편차는 분산값의 제곱근 값인 $\sqrt{\dfrac{2}{3}}$이다.

③ 통계자료의 해석

ⓐ 다섯숫자요약

- 최솟값 : 원자료 중 값의 크기가 가장 작은 값
- 최댓값 : 원자료 중 값의 크기가 가장 큰 값
- 중앙값 : 최솟값부터 최댓값까지 크기에 의하여 배열했을 때 중앙에 위치하는 사례의 값
- 하위 25%값 · 상위 25%값 : 원자료를 크기 순으로 배열하여 4등분한 값

ⓑ 평균값과 중앙값 : 평균값과 중앙값은 그 개념이 다르기 때문에 명확하게 제시해야 한다.

인터넷 쇼핑몰에서 회원가입을 하고 디지털캠코더를 구매하려고 한다. 다음은 구입하고자 하는 모델에 대하여 인터넷 쇼핑몰 세 곳의 가격과 조건을 제시한 표이다. 표에 있는 모든 혜택을 적용하였을 때 디지털캠코더의 배송비를 포함한 실제 구매가격을 바르게 비교한 것은?

구분	A 쇼핑몰	B 쇼핑몰	C 쇼핑몰
정상가격	129,000원	131,000원	130,000원
회원혜택	7,000원 할인	3,500원 할인	7% 할인
할인쿠폰	5% 쿠폰	3% 쿠폰	5,000원
중복할인여부	불가	가능	불가
배송비	2,000원	무료	2,500원

① A<B<C
② B<C<A
③ C<A<B
④ C<B<A

출제의도

직장생활에서 자주 사용되는 기초적인 통계기법을 활용하여 자료의 특성과 경향성을 파악하는 능력이 요구되는 문제이다.

해 설

㉠ A 쇼핑몰
- 회원혜택을 선택한 경우 : 129,000 − 7,000 + 2,000 = 124,000(원)
- 5% 할인쿠폰을 선택한 경우 : 129,000 × 0.95 + 2,000 = 124,550

㉡ B 쇼핑몰 : 131,000 × 0.97 − 3,500 = 123,570

㉢ C 쇼핑몰
- 회원혜택을 선택한 경우 : 130,000 × 0.93 + 2,500 = 123,400
- 5,000원 할인쿠폰을 선택한 경우 : 130,000 − 5,000 + 2,500 = 127,500

∴ C<B<A

답 ④

(3) 도표분석능력

① 도표의 종류

  ㉠ **목적별** : 관리(계획 및 통제), 해설(분석), 보고

  ㉡ **용도별** : 경과 그래프, 내역 그래프, 비교 그래프, 분포 그래프, 상관 그래프, 계산 그래프

  ㉢ **형상별** : 선 그래프, 막대 그래프, 원 그래프, 점 그래프, 층별 그래프, 레이더 차트

② 도표의 활용

  ㉠ 선 그래프

  - 주로 시간의 경과에 따라 수량에 의한 변화 상황(시계열 변화)을 절선의 기울기로 나타내는 그래프이다.
  - 경과, 비교, 분포를 비롯하여 상관관계 등을 나타낼 때 쓰인다.

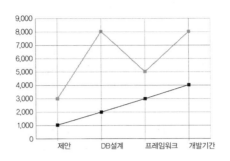

ⓛ **막대 그래프**

- 비교하고자 하는 수량을 막대 길이로 표시하고 그 길이를 통해 수량 간의 대소관계를 나타내는 그래프이다.
- 내역, 비교, 경과, 도수 등을 표시하는 용도로 쓰인다.

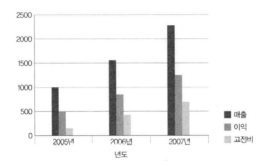

ⓒ **원 그래프**

- 내역이나 내용의 구성비를 원을 분할하여 나타낸 그래프이다.
- 전체에 대해 부분이 차지하는 비율을 표시하는 용도로 쓰인다.

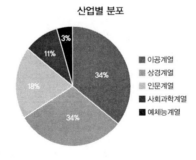

ⓔ **점 그래프**

- 종축과 횡축에 2요소를 두고 보고자 하는 것이 어떤 위치에 있는가를 나타내는 그래프이다.
- 지역분포를 비롯하여 도시, 기방, 기업, 상품 등의 평가나 위치 · 성격을 표시하는데 쓰인다.

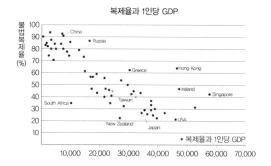

복제율과 1인당 GDP

ⓜ 층별 그래프

• 선 그래프의 변형으로 연속내역 봉 그래프라고 할 수 있다. 선과 선 사이의 크기로 데이터 변화를 나타낸다.

• 합계와 부분의 크기를 백분율로 나타내고 시간적 변화를 보고자 할 때나 합계와 각 부분의 크기를 실수로 나타내고 시간적 변화를 보고자 할 때 쓰인다.

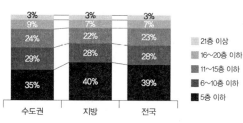

전국 아파트 층수별 거래 비중

ⓑ 레이더 차트(거미줄 그래프)

• 원 그래프의 일종으로 비교하는 수량을 직경, 또는 반경으로 나누어 원의 중심에서의 거리에 따라 각 수량의 관계를 나타내는 그래프이다.

• 비교하거나 경과를 나타내는 용도로 쓰인다.

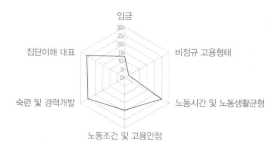

③ 도표 해석상의 유의사항
- ㉠ 요구되는 지식의 수준을 넓힌다.
- ㉡ 도표에 제시된 자료의 의미를 정확히 숙지한다.
- ㉢ 도표로부터 알 수 있는 것과 없는 것을 구별한다.
- ㉣ 총량의 증가와 비율의 증가를 구분한다.
- ㉤ 백분위수와 사분위수를 정확히 이해하고 있어야 한다.

예제 5

다음 표는 2009 ~ 2010년 지역별 직장인들의 자기개발에 관해 조사한 내용을 정리한 것이다. 이에 대한 분석으로 옳은 것은?

(단위 : %)

연도 구분 지역	2009				2010			
	자기개발하고 있음	자기개발 비용 부담 주체			자기개발하고 있음	자기개발 비용 부담 주체		
		직장 100%	본인 100%	직장50%+본인50%		직장 100%	본인 100%	직장50%+본인50%
충청도	36.8	8.5	88.5	3.1	45.9	9.0	65.5	24.5
제주도	57.4	8.3	89.1	2.9	68.5	7.9	68.3	23.8
경기도	58.2	12	86.3	2.6	71.0	7.5	74.0	18.5
서울시	60.6	13.4	84.2	2.4	72.7	11.0	73.7	15.3
경상도	40.5	10.7	86.1	3.2	51.0	13.6	74.9	11.6

① 2009년과 2010년 모두 자기개발 비용을 본인이 100% 부담하는 사람의 수는 응답자의 절반 이상이다.
② 자기개발을 하고 있다고 응답한 사람의 수는 2009년과 2010년 모두 서울시가 가장 많다.
③ 자기개발 비용을 직장과 본인이 각각 절반씩 부담하는 사람의 비율은 2009년과 2010년 모두 서울시가 가장 높다.
④ 2009년과 2010년 모두 자기개발을 하고 있다고 응답한 비율이 가장 높은 지역에서 자기개발비용을 직장이 100% 부담한다고 응답한 사람의 비율이 가장 높다.

출제의도

그래프, 그림, 도표 등 주어진 자료를 이해하고 의미를 파악하여 필요한 정보를 해석하는 능력을 평가하는 문제이다.

해 설

② 지역별 인원수가 제시되어 있지 않으므로, 각 지역별 응답자 수는 알 수 없다.
③ 2009년에는 경상도에서, 2010년에는 충청도에서 가장 높은 비율을 보인다.
④ 2009년과 2010년 모두 '자기 개발을 하고 있다'고 응답한 비율이 가장 높은 지역은 서울시이며, 2010년의 경우 자기개발 비용을 직장이 100% 부담한다고 응답한 사람의 비율이 가장 높은 지역은 경상도이다.

답 ①

(4) 도표작성능력

① 도표작성 절차
  ㉠ 어떠한 도표로 작성할 것인지를 결정
  ㉡ 가로축과 세로축에 나타낼 것을 결정
  ㉢ 한 눈금의 크기를 결정
  ㉣ 자료의 내용을 가로축과 세로축이 만나는 곳에 표현
  ㉤ 표현한 점들을 선분으로 연결
  ㉥ 도표의 제목을 표기

② 도표작성 시 유의사항
  ㉠ 선 그래프 작성 시 유의점
    • 세로축에 수량, 가로축에 명칭구분을 제시한다.
    • 선의 높이에 따라 수치를 파악하는 경우가 많으므로 세로축의 눈금을 가로축보다 크게 하는 것이 효과적이다.
    • 선이 두 종류 이상일 경우 반드시 그 명칭을 기입한다.
  ㉡ 막대 그래프 작성 시 유의점
    • 막대 수가 많을 경우에는 눈금선을 기입하는 것이 알아보기 쉽다.
    • 막대의 폭은 모두 같게 하여야 한다.
  ㉢ 원 그래프 작성 시 유의점
    • 정각 12시의 선을 기점으로 오른쪽으로 그리는 것이 보통이다.
    • 분할선은 구성비율이 큰 순서로 그린다.
  ㉣ 층별 그래프 작성 시 유의점
    • 눈금은 선 그래프나 막대 그래프보다 적게 하고 눈금선은 넣지 않는다.
    • 층별로 색이나 모양이 완전히 다른 것이어야 한다.
    • 같은 항목은 옆에 있는 층과 선으로 연결하여 보기 쉽도록 한다.

출제예상문제

1 다음은 2019년 11월부터 2020년 4월까지의 연령별 취업자 수를 나타낸 표이다. 다음 설명 중 옳지 않은 것을 고르시오.

(단위 : 천명)

나이	2020. 04	2020. 03	2020. 02	2020. 01	2019. 12	2019. 11
15 ~ 19세	129	150	194	205	188	176
20 ~ 29세	3,524	3,520	3,663	3,751	3,765	3,819
30 ~ 39세	5,362	5,407	5,501	5,518	5,551	5,533
40 ~ 49세	6,312	6,376	6,426	6,455	6,483	6,484
50 ~ 59세	6,296	6,308	6,358	6,373	6,463	6,497
60세 이상	4,939	4,848	4,696	4,497	4,705	5,006

① 15 ~ 19세 연령대는 2020년 3월에 비해 2020년 4월 취업자 수가 줄었다.

② 50 ~ 59세 연령대는 2019년 11월부터 2020년 4월까지 취업자 수가 지속적으로 감소하고 있다.

③ 2020년 4월의 취업자 수는 40 ~ 49세에 연령대가 20 ~ 29세 연령대보다 2배 이상 많다.

④ 60세 이상 연령대는 2020년 2월부터 취업자 수가 계속 증가하고 있다.

✔해설 ③ 6,312÷3,524≒1.76으로 2배가 안 된다.

2 다음은 2020년 직업별 월별 국내여행 일수를 나타낸 표이다. 다음 설명 중 옳지 않은 것을 고르면?

(단위 : 천일)

직업	1월	2월	3월	4월	5월	6월	7월	8월
사무전문	12,604	14,885	11,754	11,225	10,127	11,455	14,629	14,826
기술생산노무	3,998	6,311	3,179	3,529	4,475	3,684	4,564	3,655
판매서비스	5,801	8,034	6,041	4,998	5,497	5,443	7,412	8,082
자영업	7,300	8,461	6,929	6,180	7,879	6,517	8,558	9,659
학생	3,983	6,209	3,649	4,126	4,154	3,763	4,417	5,442
주부	7,517	10,354	7,346	6,053	6,528	6,851	6,484	7,877
무직은퇴	2,543	2,633	3,005	2,335	2,703	2,351	2,012	2,637

① 사무전문직에 종사하는 사람들의 월별 국내여행 일수는 지속적으로 증가하고 있다.
② 판매서비스직에 종사하는 사람들의 국내여행 일수는 4월보다 5월이 많다.
③ 사무전문직의 4월 국내여행 일수는 무직은퇴인 사람들의 비해 4배 이상 많다.
④ 자영업의 경우 6월부터 지속적으로 국내여행 일수가 증가하고 있다.

✔해설 ① 1, 2월 증가하다 3월부터 5월까지는 하향세, 6월부터 다시 증가했다. 그러므로 지속적으로 증가하고 있다는 설명은 옳지 않다.

3 지헌이는 생활이 어려워 수집했던 고가의 피규어를 인터넷 경매를 통해 판매하려고 한다. 경매 방식과 규칙, 예상 응찰 현황이 다음과 같을 때, 경매 결과를 바르게 예측한 것은?

- 경매 방식 : 각 상품은 따로 경매하거나 묶어서 경매

- 경매 규칙
  - 낙찰자 : 최고가로 입찰한 자
  - 낙찰가 : 두 번째로 높은 입찰가
  - 두 상품을 묶어서 경매할 경우 낙찰가의 5%를 할인해 준다.
  - 입찰자는 낙찰가의 총액이 100,000원을 초과할 경우 구매를 포기한다.

- 예상 응찰 현황

입찰자	A 입찰가	B 입찰가	합계
甲	20,000	50,000	70,000
乙	30,000	40,000	70,000
丙	40,000	70,000	110,000
丁	50,000	30,000	80,000
戊	90,000	10,000	100,000
己	40,000	80,000	120,000
庚	10,000	20,000	30,000
辛	30,000	10,000	40,000

---

① 두 상품을 묶어서 경매한다면 낙찰자는 己이다.

② 경매 방식에 상관없이 지헌이의 예상 수입은 동일하다.

③ 두 상품을 따로 경매한다면 얻는 수입은 120,000원이다.

④ 두 상품을 따로 경매한다면 A의 낙찰자는 丁이다.

> ✔해설 ③ 두 상품을 따로 경매한다면 A는 戊에게 50,000원에, B는 己에게 70,000원에 낙찰되므로 얻는 수입은 120,000원이다.
> ① 두 상품을 묶어서 경매한다면 최고가 입찰자는 己이다. 己가 낙찰 받는 금액은 110,000원으로 5% 할인을 해주어도 그 금액이 100,000원이 넘는다. 입찰자는 낙찰가의 총액이 100,000원을 초과할 경우 구매를 포기한다는 조건에 의해 己는 구매를 포기하게 되므로 낙찰자는 丙이 된다.
> ② 지헌이가 얻을 수 있는 예상 수입은 두 상품을 따로 경매할 경우 120,000원, 두 상품을 묶어서 경매할 경우 95,000원으로 동일하지 않다.
> ④ 두 상품을 따로 경매한다면 A의 낙찰자는 戊이다.

4 다음은 A 자동차 회사의 광고모델 후보 4명에 대한 자료이다. 〈조건〉을 적용하여 광고모델을 선정할 때, 총 광고효과가 가장 큰 모델은?

〈표〉 광고모델별 1년 계약금 및 광고 1회당 광고효과

(단위 : 만 원)

광고모델	1년 계약금	1회당 광고효과	
		수익 증대 효과	브랜드 가치 증대 효과
A	1,000	100	100
B	600	60	100
C	700	60	110
D	1,200	110	110

〈조건〉

㉠ 광고효과는 수익 증대 효과와 브랜드 가치 증대 효과로만 구성된다.

• 총 광고효과 = 1회당 광고효과 × 1년 광고횟수
• 1회당 광고효과 = 1회당 수익 증대 효과 + 1회당 브랜드 가치 증대 효과

㉡ 1회당 광고비는 20만 원으로 고정되어 있다.

• 1년 광고횟수 = $\dfrac{1년 광고비}{1회당 광고비}$

㉢ 1년 광고비는 3,000만 원(고정값)에서 1년 계약금을 뺀 금액이다.

• 1년 광고비 = 3,000만 원 − 1년 계약금

※ 광고는 tv를 통해서만 1년 내에 모두 방송됨

① A
② B
③ C
④ D

✔ **해설** 총 광고효과 = 1회당 광고효과 × 1년 광고횟수

$$= (1회당 수익 증대 효과 + 1회당 브랜드 가치 증대 효과) × \frac{3,000만 원 − 1년 계약금}{1회당 광고비}$$

A : $(100 + 100) × \dfrac{3,000 − 1,000}{20} = 20,000$만 원

B : $(60 + 100) × \dfrac{3,000 − 600}{20} = 19,200$만 원

C : $(60 + 110) × \dfrac{3,000 − 700}{20} = 19,550$만 원

D : $(110 + 110) × \dfrac{3,000 − 1,200}{20} = 19,800$만 원

　　제빙회사에서 근무하고 있는 S는 하절기 얼음 수요 예측에 따라 향후 얼음 수요 충당을 위해 자사 직전 3개년 얼음판매 현황과 제빙기 보유현황에 대한 보고서를 작성하고 있다.

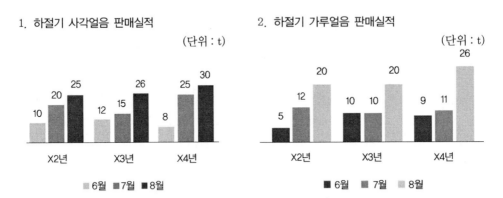

1. 하절기 사각얼음 판매실적

2. 하절기 가루얼음 판매실적

3. 자사 생산 계획안

　　X5년 OO 제빙에서는 올 하절기(6~8월)에 보다 효율적인 얼음 생산을 위하여 X2년부터 X4년까지의 얼음 판매 현황을 조사하였습니다. 그 결과 초여름(6월)에서 늦여름(8월)까지 우리 회사의 얼음 판매 실적은 꾸준히 상승하였습니다. 세부적으로 살펴보면 사각얼음의 경우 X2년에 55t에서 X4년에 63t으로 8t이 증가하였고, 가루얼음의 경우에는 X2년에 37t에서 X4년에 46t으로 9t이 증가하였습니다. 이러한 직전 3개년 간 얼음 판매현황 조사에 따라 X5년 얼음 생산량을 계획하려 합니다. 기상청의 X5년 하절기 평균 기온이 작년에 비해 상승할 것으로 예상됨에 따라 X5년 6~8월까지 각 월별 얼음 생산량은 얼음 종류에 따라 직전 3개년 평균 얼음 판매량의 1.5배를 생산하도록 하겠습니다. 현재 재고 얼음은 없으며, X5년 얼음 생산은 5월부터 진행하고 판매되지 않고 남은 얼음은 그 다음 달로 이월하여 판매할 수 있도록 하겠습니다. 이에 따라 현재 우리 OO 제빙이 보유하고 있는 제빙기 현황을 파악하여, 생산 목표량 확보를 위하여 추가적으로 제빙기를 구입할 필요가 있습니다. 현재 우리 OO 제빙이 보유하고 있는 제빙기 현황은 아래와 같습니다.

－ 아래 －

제빙기	생산량 (kg/일)	길이(cm)			냉각방식	생산가능 얼음형태
		가로	세로	높이		
A	60	600	500	700	공냉식	사각
B	100	800	800	500	수냉식	가루
C	300	1,400	600	400	공냉식	가루
D	440	1,000	1,000	300	수냉식	사각

5 보고서를 검토한 상사가 S에게 X5년 하절기 얼음 종류별 생산 목표량을 정리할 것을 요구하였다. S가 작성한 그래프로 적절한 것은?

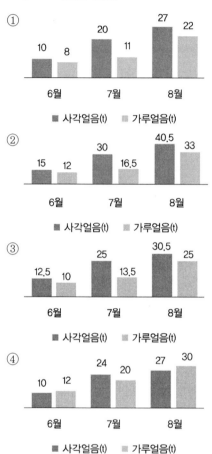

①
| | 6월 | 7월 | 8월 |
사각얼음(t) 10, 가루얼음(t) 8, 사각얼음 20, 가루얼음 11, 사각얼음 27, 가루얼음 22
■ 사각얼음(t) ■ 가루얼음(t)

② 15, 12 / 30, 16.5 / 40.5, 33
6월 7월 8월
■ 사각얼음(t) ■ 가루얼음(t)

③ 12.5, 10 / 25, 13.5 / 30.5, 25
6월 7월 8월
■ 사각얼음(t) ■ 가루얼음(t)

④ 10, 12 / 24, 20 / 27, 30
6월 7월 8월
■ 사각얼음(t) ■ 가루얼음(t)

✔**해설** 기상청의 X5년 하절기 평균 기온이 작년에 비해 상승할 것으로 예상됨에 따라 X5년 6~8월까지 각 월별 얼음 생산량은 얼음 종류에 따라 직전 3개년 평균 얼음 판매량의 1.5배를 생산하므로, 각 월별 얼음 생산량은 다음과 같다.

월	얼음 종류	생산량(t)
6월	사각얼음	$\{(10+12+8)\div3\}\times1.5=15$
	가루얼음	$\{(5+10+9)\div3\}\times1.5=12$
7월	사각얼음	$\{(20+15+25)\div3\}\times1.5=30$
	가루얼음	$\{(12+10+11)\div3\}\times1.5=16.5$
8월	사각얼음	$\{(25+26+30)\div3\}\times1.5=40.5$
	가루얼음	$\{(20+20+26)\div3\}\times1.5=33$

Answer 5.②

6 OO 제빙회사는 매달 20일 동안 제빙기를 운용하여 얼음을 생산하는 회사이다. S가 분석한 X5년 상황과 향후 생산 계획에 대한 설명으로 적절한 것을 〈보기〉에서 모두 고르면?

〈보기〉

㉠ X5년 7월까지는 현재 보유한 제빙기로 각 얼음 생산 목표량 달성이 가능하다.

㉡ 현재 보유한 제빙기 중 부피가 가장 큰 것은 공냉식 방식으로 가루얼음을 생산하는 제빙기이다.

㉢ 현재 보유한 제빙기를 이용해 X5년 6월에 생산한 얼음양은 사각얼음이 가루얼음보다 20% 많았다.

㉣ X5년 8월 중 30일 동안 가루얼음 제빙기를 운용하더라도 가루얼음 신규 제빙기 구매 없이는 8월 가루얼음 생산 목표량 달성이 불가능하다.

① ㉠, ㉡ ② ㉠, ㉢

③ ㉡, ㉣ ④ ㉢, ㉣

✔해설 ㉠ 이 회사의 한 달 얼음 생산량은 사각얼음이 $(60 \times 20) + (440 \times 20) = 10t$, 가루얼음이 $(100 \times 20) + (300 \times 20) = 8t$으로 현재 보유한 제빙기로는 X5년 6월 생산 목표량도 달성이 불가능하다.

㉡ 각 제빙기의 부피는 가로 × 세로 × 높이로 구할 수 있다. 현재 보유한 제빙기 중 부피가 가장 큰 것은 공냉식 방식으로 가루얼음을 생산하는 제빙기로 $14 \times 6 \times 4 = 336m^3$이다.

㉢ 현재 보유한 제빙기를 이용해 X5년 6월에 생산한 사각얼음양은 10t이고 가루얼음양은 8t이다. 따라서 사각얼음이 가루얼음보다 25% 많았다.

㉣ X5년 8월 중 30일 동안 가루얼음 제빙기를 운용하였을 때 생산할 수 있는 가루얼음의 양은 $(100 \times 30) + (300 \times 30) - 12l$으로 X5년 8월 가루얼음 생산 목표량인 33t을 달성할 수 없다.

7 A씨는 30 % 할인 행사 중인 백화점에 갔다. 매장에 도착하니 당일 구매물품의 정가 총액에 따라 아래의 〈혜택〉 중 하나를 택할 수 있다고 한다. 정가 10만 원짜리 상의와 15만 원짜리 하의를 구입하고자 한다. 옷을 하나 이상 구입하여 일정 혜택을 받고 교통비를 포함해 총비용을 계산할 때, 〈보기〉의 설명 중 옳은 것을 모두 고르면? (단, 1회 왕복교통비는 5천원이고, 소요시간 등 기타사항은 금액으로 환산하지 않는다)

〈혜택〉

• 추가할인 : 정가 총액이 20만 원 이상이면, 할인된 가격의 5%를 추가로 할인
• 할인쿠폰 : 정가 총액이 10만 원 이상이면, 세일기간이 아닌 기간에 사용할 수 있는 40% 할인권 제공

〈보기〉

㉠ 오늘 상·하의를 모두 구입하는 것이 가장 싸게 구입하는 방법이다.
㉡ 상·하의를 가장 싸게 구입하면 17만 원 미만의 비용이 소요된다.
㉢ 상·하의를 가장 싸게 구입하는 경우와 가장 비싸게 구입하는 경우의 비용 차이는 1회 왕복 교통비 이상이다.
㉣ 오늘 하의를 구입하고, 세일기간이 아닌 기간에 상의를 구입하면 17만 5천 원이 든다.

---

① ㉠㉡
② ㉠㉢
③ ㉡㉢
④ ㉢㉣

✔해설 갑씨가 선택할 수 있는 방법은 총 세 가지이다.
• 오늘 상·하의를 모두 구입하는 방법(추가할인적용)
$(250,000 \times 0.7) \times 0.95 + 5,000 = 171,250$(원)
• 오늘 상의를 구입하고, 세일기간이 아닌 기간에 하의를 구입하는 방법(할인쿠폰사용)
$(100,000 \times 0.7) + (150,000 \times 0.6) + 10,000 = 170,000$(원)
• 오늘 하의를 구입하고, 세일기간이 아닌 기간에 상의를 구입하는 방법(할인쿠폰사용)
$(150,000 \times 0.7) + (100,000 \times 0.6) + 10,000 = 175,000$(원)
∴ ㉠ 가장 싸게 구입하는 방법은 오늘 상의를 구입하고, 세일기간이 아닌 기간에 하의를 구입하는 것이다.
㉡ 상하의를 가장 싸게 구입하면 17만 원의 비용이 소요된다.

H사에서 근무하는 K는 4대강 주변 자전거 종주길에 대한 개선안을 마련하기 위하여 관련 자료를 정리하여 상사에게 보고하고자 한다.

〈4대강 주변 자전거 종주길에 대한 관광객 평가 결과〉

(단위 : 점/100점 만점)

구분	한강	금강	낙동강	영산강
주변 편의시설	60	70	60	50
주변 자연경관	50	40	60	40
하천 수질	40	50	40	30
접근성	50	40	50	40
주변 물가	70	60	50	40

〈인터넷 설문조사 결과〉

자전거 종주 여행 시 고려조건

하천 수질 ▨▨▨▨▨▨ 35%
접근성 ▨▨ 15%
주변 자연경관 ▨▨▨ 20%
주변 편의시설 ▨▨▨▨▨ 30%

0% 10% 20% 30% 40%

〈업체별 4대강 유역 토사 운송 비용〉

업체	목표 운송량(톤)	보유 트럭 최대 적재량 현황		트럭 1대당운송비 (원/km)
		1.5톤	2.5톤	
A	19.5	6대	3대	1.5톤 : 50,000 2.5톤 : 80,000
B	20.5	4대	4대	
C	23	3대	5대	

〈영산강 유역과 공사 업체 간의 거리 정보〉

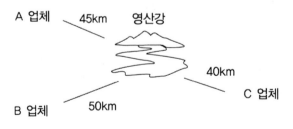

A 업체 — 45km — 영산강

40km — C 업체

B 업체 — 50km

8 K는 상사로부터 영산강의 수질 개선을 위한 공사 시공 업체 선정을 위해 3개 업체들 간의 토사 운송비용을 산출해보라는 지시를 받았다. 업체 별 목표 운송량과 운송 거리를 함께 고려하여 가장 최소 비용이 산출되는 업체와 그 운송비용이 올바르게 짝지어진 것은? (단, 운송 거리는 편도만을 고려한다.)

① A : 28,350,000원

② A : 29,600,000원

③ B : 28,350,000원

④ C : 29,600,000원

✔ 해설 각 업체별 운송비용을 산출하면 다음과 같다.

업체	목표 운송량(톤)	운송 거리(km)	최소 비용(원/km)
A	19.5	45	2.5톤 트럭으로 8번 운송 →80,000 × 45 × 8 = 28,800,000
B	20.5	50	2.5톤 트럭으로 8번 + 1.5톤 트럭으로 1번 운송 (80,000 × 50 × 8) + (50,000 × 50 × 1) = 34,500,000
C	23	40	2.5톤 트럭으로 8번 + 1.5톤 트럭으로 2번 운송 (80,000 × 40 × 8) + (50,000 × 40 × 2) = 29,600,000

9 다음은 자료를 검토한 K의 상사가 K에게 준 피드백의 내용이다. 이를 참고하여 4대강 자전거 종주길의 최종 점수가 올바르게 짝지어진 것은?

[상사]

　K씨, 4대강 자전거 종주길에 실제로 방문한 관광객들의 평가만큼이나 전 국민을 대상으로 한 인터넷 설문조사도 매우 중요해. 그러니까 인터넷 조사 결과의 응답 비중이 높은 순서대로 순위를 매겨서 1~4위까지 5, 4, 3, 2점의 가중치를 부여하고 이 가중치를 관광객 평가 점수와 곱해서 4대강 자전거 종주길들 간의 점수를 산출하도록 해줘. '주변 물가'는 인터넷 조사에는 해당되지 않으니까 가중치를 1로 부여하면 될 것 같아.

---

① 한강 : 780점
② 금강 : 790점
③ 낙동강 : 800점
④ 영산강 : 690점

✔해설　하천 수질 5, 주변 편의시설 4, 주변 자연경관 3, 접근성 2, 주변 물가 1의 가중치를 부여하여 계산한 자전거 종주길의 최종 점수는 다음과 같다.

구분	점수
한강	$(5 \times 40) + (4 \times 60) + (3 \times 50) + (2 \times 50) + (1 \times 70) = 760$점
금강	$(5 \times 50) + (4 \times 70) + (3 \times 40) + (2 \times 40) + (1 \times 60) = 790$점
낙동강	$(5 \times 40) + (4 \times 60) + (3 \times 60) + (2 \times 50) + (1 \times 50) = 770$점
영산강	$(5 \times 30) + (4 \times 50) + (3 \times 40) + (2 \times 40) + (1 \times 40) = 590$점

10 다음 그래프에 대한 해석으로 옳지 않은 것은?

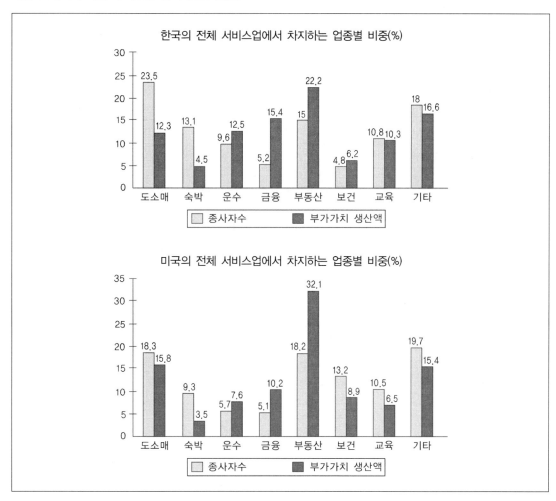

① 한국과 미국 모두 금융업의 종사자당 부가 가치 생산액이 가장 많다.

② 한국은 미국보다 운수업의 종사자 수 비중과 부가 가치 생산액 비중이 모두 높다.

③ 한국은 숙박업 종사자당 부가 가치 생산액이 가장 적다.

④ 한국과 미국 간 종사자 수 비중 격차는 도·소매업이 가장 크다.

> ✔해설 우리나라와 미국 모두 숙박업의 종사자당 부가가치 생산액이 가장 적고, 금융업의 종사자당 부가 가치 생산액이 가장 많다.
> ② 업종별 종사자 수 비중 격차는 보건업이 가장 크다.

Answer 9.② 10.④

11 다음은 조선시대 한양의 조사시기별 가구수 및 인구수와 가구 구성비에 대한 자료이다. 이에 대한 설명 중 옳은 것만을 모두 고르면?

〈조사시기별 가구수 및 인구수〉

(단위 : 호, 명)

조사시기	가구수	인구수
1729년	1,480	11,790
1765년	7,210	57,330
1804년	8,670	68,930
1867년	27,360	144,140

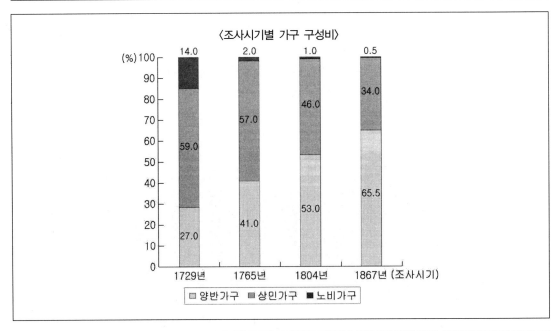

〈조사시기별 가구 구성비〉

㉠ 1804년 대비 1867년의 가구당 인구수는 증가하였다.
㉡ 1765년 상민가구 수는 1804년 양반가구 수보다 적다.
㉢ 노비가구 수는 1804년이 1765년보다는 적고 1867년보다는 많다.
㉣ 1729년 대비 1765년에 상민가구 구성비는 감소하였고 상민가구 수는 증가하였다.

① ㉠, ㉡   ② ㉠, ㉢

③ ㉡, ㉣   ④ ㉠, ㉢, ㉣

 해설

㉠ 1804년 가구당 인구수는 $\frac{68,930}{8,670}$ = 약 7.95이고, 1867년 가구당 인구수는 $\frac{144,140}{27,360}$ = 약 5.26이므로 1804년 대비 1867년의 가구당 인구수는 감소하였다.

㉡ 1765년 상민가구 수는 7,210 × 0.57=4109.7이고, 1804년 양반가구 수는 8,670 × 0.53=4595.1로, 1765년 상민가구 수는 1804년 양반가구 수보다 적다.

㉢ 1804년의 노비가구 수는 8,670 × 0.01=86.7로 1765년의 노비가구 수인 7,210 × 0.02=144.2보다 적고, 1867년의 노비가구 수인 27,360 × 0.005=136.8보다도 적다.

㉣ 1729년 대비 1765년에 상민가구 구성비는 59.0%에서 57.0로 감소하였고, 상민가구 수는 1,480 × 0.59 = 873.2에서 7,210 × 0.57=4109.7로 증가하였다.

12 다음은 우리나라의 시·군 중 2016년 경지 면적, 논 면적, 밭 면적 상위 5개 시·군에 대한 자료이다. 이에 대한 설명 중 옳은 것을 모두 고르면?

(단위 : ha)

구분	순위	시·군	면적
경지 면적	1	해남군	35,369
	2	제주시	31,585
	3	서귀포시	31,271
	4	김제시	28,501
	5	서산시	27,285
논 면적	1	김제시	23,415
	2	해남군	23,042
	3	서산시	21,730
	4	당진시	21,726
	5	익산시	19,067
밭 면적	1	제주시	31,577
	2	서귀포시	31,246
	3	안동시	13,231
	4	해남군	12,327
	5	상주시	11,047

※ 경지 면적 = 논 면적 + 밭 면적

> ㉠ 해남군의 논 면적은 해남군 밭 면적의 2배 이상이다.
> ㉡ 서귀포시의 논 면적은 제주시 논 면적보다 크다.
> ㉢ 서산시의 밭 면적은 김제시 밭 면적보다 크다.
> ㉣ 상주시의 밭 면적은 익산시 논 면적의 90% 이하이다.

① ㉡, ㉢   ② ㉡, ㉣
③ ㉠, ㉢, ㉣   ④ ㉡, ㉢, ㉣

✔해설 ㉠ 해남군의 논 면적은 23,042ha로, 해남군 밭 면적인 12,327ha의 2배 이하이다.
㉡ 서귀포시의 논 면적은 31,271−31,246＝25ha로, 제주시 논 면적인 31,585−31,577＝8ha보다 크다.
㉢ 서산시의 밭 면적은 27,285−21,730＝5,555ha로 김제시 밭 면적인 28,501−23,415＝5,086ha보다 크다.
㉣ 상주시의 밭 면적은 11,047ha로 익산시 논 면적의 90%(＝17,160.3ha) 이하이다.

13 다음은 60대 인구의 여가활동 목적추이를 나타낸 표(단위 : %)이고, 그래프는 60대 인구의 여가활동 특성(단위:%)에 관한 것이다. 자료에 대한 설명으로 옳은 것은?

여가활동 목적	2017	2018	2019
개인의 즐거움	21	22	19
건강	25	32	32
스트레스 해소	11	7	8
마음의 안정과 휴식	15	15	13
시간 때우기	6	6	7
자기발전 자기계발	6	4	4
대인관계 교제	14	12	12
자아실현 자아만족	2	2	4
가족친목	0	0	1
정보습득	0	0	0

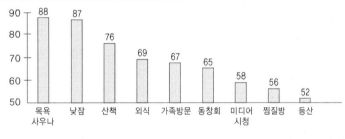

ⓐ 60대 인구가 가족 친목을 위해 여가시간을 보내는 비중은 정보습득을 위한 비중만큼 작다.
ⓑ 여가활동을 목욕사우나로 보내는 비율은 60대 인구의 여가활동 가운데 가장 높다.
ⓒ 60대 인구의 대부분은 스트레스 해소를 위해 목욕사우나를 한다.
ⓓ 60대 인구가 여가활동을 건강을 위해 보내는 추이가 점차 감소하고 있다.

① ⓐⓑ   ② ⓐⓒ
③ ⓑⓓ   ④ ⓒⓓ

✔해설 ⓒ 제시된 자료를 통해 스트레스 해소를 위해 목욕사우나를 하는지는 알 수 없다.
　　　ⓓ 60대 인구가 여가활동을 건강을 위해 보내는 비중이 2018년에 증가하였고, 2019년은 전년과 동일한 비중을 차지하였다.

Answer 12.④ 13.①

다음은 사원 6명의 A~E항목 평가 자료의 일부이다. 이에 대한 설명 중 옳은 것은?

(단위 : 점)

사원＼과목	A	B	C	D	E	평균
김영희	( )	14	13	15	( )	( )
이민수	12	14	( )	10	14	13.0
박수민	10	12	9	( )	18	11.8
최은경	14	14	( )	17	( )	( )
정철민	( )	20	19	17	19	18.6
신상욱	10	( )	16	( )	16	( )
계	80	( )	( )	84	( )	( )
평균	( )	14.5	14.5	( )	( )	( )

※ 항목별 평가 점수 범위는 0~20점이고, 모든 항목 평가에서 누락자는 없음.

※ 사원의 성취수준은 5개 항목 평가 점수의 산술평균으로 결정함.

－평가 점수 평균이 18점 이상 20점 이하 : 수월수준

－평가 점수 평균이 15점 이상 18점 미만 : 우수수준

－평가 점수 평균이 12점 이상 15점 미만 : 보통수준

－평가 점수 평균이 12점 미만 : 기초수준

① 김영희 사원의 성취수준은 E항목 평가 점수가 17점 이상이면 '우수수준'이 될 수 있다.

② 최은경 사원의 성취수준은 E항목 시험 점수에 따라 '기초수준'이 될 수 있다.

③ 신상욱 사원의 평가 점수는 B항목은 13점, D항목은 15점으로 성취수준은 '우수수준'이다.

④ 이민수 사원의 C항목 평가 점수는 정철민 사원의 A항목 평가 점수보다 높다.

✔ 해설 빈칸 중 추론이 가능한 부분을 채우면 다음과 같다.

사원＼과목	A	B	C	D	E	평균
김영희	(16)	14	13	15	( )	( )
이민수	12	14	(15)	10	14	13.0
박수민	10	12	9	(10)	18	11.8
최은경	14	14	(15)	17	( )	( )
정철민	(18)	20	19	17	19	18.6
신상욱	10	(13)	16	(15)	16	(14)
계	80	(87)	(87)	84	( )	( )
평균	($\frac{80}{6}$)	14.5	14.5	(14)	( )	( )

① 김영희 사원의 성취수준은 E항목 평가 점수가 17점 이상이면 평균이 15점 이상으로 '우수수준'이 될 수 있다.

② 최은경 사원의 성취수준은 E항목 시험 점수가 0점이라고 해도 평균 12점으로 '보통수준'이다. 따라서 '기초수준'이 될 수 없다.

③ 신상욱 사원의 평가 점수는 B항목은 13점, D항목은 15점, 평균 14점으로 성취수준은 '보통수준'이다.

④ 이민수 사원의 C항목 평가 점수는 15점으로, 정철민 사원의 A항목 평가 점수는 18점보다 낮다.

Answer 14.①

15 다음은 2007~2013년 동안 흡연율 및 금연계획률에 관한 자료이다. 이에 대한 설명으로 옳은 것은?

〈성별 흡연율〉

연도\성별	2007	2008	2009	2010	2011	2012	2013
남성	45.0	47.7	46.9	48.3	47.3	43.7	42.1
여성	5.3	7.4	7.1	6.3	6.8	7.9	6.1
전체	20.6	23.5	23.7	24.6	25.2	24.9	24.1

〈소득수준별 남성 흡연율〉

연도\소득	2007	2008	2009	2010	2011	2012	2013
최상	38.9	39.9	38.7	43.5	44.1	40.8	36.6
상	44.9	46.4	46.4	45.8	44.9	38.6	41.3
중	45.2	49.6	50.9	48.3	46.6	45.4	43.1
하	50.9	55.3	51.2	54.2	53.9	48.2	47.5

〈금연계획율〉

연도\구분	2007	2008	2009	2010	2011	2012	2013
금연계획률	59.8	56.9	( )	( )	56.3	55.2	56.5
단기	19.4	( )	18.2	20.8	20.2	19.6	19.3
장기	40.4	39.2	39.2	32.7	( )	35.6	37.2

※ 흡연율(%) = $\dfrac{흡연자\ 수}{인구\ 수} \times 100$

※ 금연계획률(%) = $\dfrac{금연계획자\ 수}{흡연자\ 수} \times 100$ = 단기 금연계획률 + 장기 금연계획률

① 매년 남성 흡연율은 여성 흡연율의 6배 이상이다.

② 매년 소득수준이 높을수록 남성 흡연율은 낮다.

③ 2008~2010년 동안 매년 금연계획률은 전년대비 감소한다.

④ 2011년의 장기 금연계획률은 2008년의 단기 금연계획률의 두 배 이상이다.

✅해설 ① 2012년의 남성 흡연율은 43.7이고 여성 흡연율은 7.9로 6배 이하이다.
② 2012년 소득수준이 최상인 남성 흡연율이 상인 남성 흡연율보다 높다.
③ 2009년의 금연계획률은 57.4, 2010년의 금연계획률은 53.5로 2009년은 전년대비 증가하였고, 2010년은 전년대비 감소하였다.
④ 2011년의 장기 금연계획률은 36.1로 2008년의 단기 금연계획률인 17.7의 두 배 이상이다.

16 다음은 농업총수입과 농작물수입을 영농형태와 지역별로 나타낸 표이다. 표에 대한 설명으로 옳지 않은 것은?

영농형태	농업총수입(천 원)	농작물수입(천 원)
논벼	20,330	18,805
과수	34,097	32,382
채소	32,778	31,728
특용작물	45,534	43,997
화훼	64,085	63,627
일반밭작물	14,733	13,776
축산	98,622	14,069
기타	28,499	26,112
행정지역	농업총수입(천 원)	농작물수입(천 원)
경기도	24,785	17,939
강원도	27,834	15,532
충청북도	23,309	17,722
충청남도	31,583	18,552
전라북도	26,044	21,037
전라남도	23,404	19,129
경상북도	28,690	22,527
경상남도	28,478	18,206
제주도	29,606	28,141

① 축산의 농업총수입은 다른 영농형태보다 월등히 많은 수입을 올리고 있다.

② 화훼는 과수보다 약 2배의 농업총수입을 얻고 있다.

③ 강원도의 농작물수입은 다른 지역에 비해 가장 낮은 수입니다.

④ 경기도는 농업총수입과 농작물수입이 충청남도보다 높다.

✔해설 ④ 경기도는 농업총수입과 농작물수입이 충청남도보다 낮다.

17 다음은 차량 A, B, C의 연료 및 경제속도 연비, 연료별 리터당 가격에 대한 자료이다. 제시된 〈조건〉을 적용하였을 때, 두 번째로 높은 연료비가 소요되는 차량과 해당 차량의 연료비를 바르게 나열한 것은?

〈A, B, C 차량의 연료 및 경제속도 연비〉

차량 구분	연료	경제속도 연비(km/L)
A	LPG	10
B	휘발유	16
C	경유	20

※ 차량 경제속도는 60km/h 이상 90km/h 미안임

〈연료별 리터당 가격〉

연료	LPG	휘발유	경유
리터당 가격(원/L)	1,000	2,000	1,600

〈조건〉

1. A, B, C 차량은 모두 아래와 같이 각 구간을 한 번씩 주행하고, 각 구간별 주행속도 범위 내에서만 주행한다.

구간	1구간	2구간	3구간
주행거리(km)	100	40	60
주행속도(km/h)	30 이상 60 미만	60 이상 90 미만	90 이상 120 미만

2. A, B, C 차량의 주행속도별 연비적용률은 다음과 같다.

차량	주행속도(km/h)	연비적용률(%)
A	30 이상 60 미만	50.0
	60 이상 90 미만	100.0
	90 이상 120 미만	80.0
B	30 이상 60 미만	62.5
	60 이상 90 미만	100.0
	90 이상 120 미만	75.0
C	30 이상 60 미만	50.0
	60 이상 90 미만	100.0
	90 이상 120 미만	75.0

※ 연비적용률이란 경제속도 연비 대비 주행속도 연비를 백분율로 나타낸 것임

① A, 31,500원

② B, 24,500원

③ B, 35,000원

④ D, 25,600원

해설 주행속도에 따른 연비와 구간별 소요되는 연료량을 계산하면 다음과 같다.

차량	주행속도(km/h)	연비(km/L)	구간별 소요되는 연료량(L)		
A (LPG)	30 이상 60 미만	10 × 50.0% = 5	1구간	20	총 31.5
	60 이상 90 미만	10 × 100.0% = 10	2구간	4	
	90 이상 120 미만	10 × 80.0% = 8	3구간	7.5	
B (휘발유)	30 이상 60 미만	16 × 62.5% = 10	1구간	10	총 17.5
	60 이상 90 미만	16 × 100.0% = 16	2구간	2.5	
	90 이상 120 미만	16 × 75.0% = 12	3구간	5	
C (경유)	30 이상 60 미만	20 × 50.0% = 10	1구간	10	총 16
	60 이상 90 미만	20 × 100.0% = 20	2구간	2	
	90 이상 120 미만	20 × 75.0% = 15	3구간	4	

따라서 조건에 따른 주행을 완료하는 데 소요되는 연료비는 A 차량은 31.5 × 1,000 = 31,500원, B 차량은 17.5 × 2,000 = 35,000원, C 차량은 16 × 25,600원으로, 두 번째로 높은 연료비가 소요되는 차량은 A며 31,500원의 연료비가 든다.

18 다음은 A백화점의 판매비율 증가를 나타낸 것으로 전체 평균 판매증가비율과 할인기간의 판매증가비율을 구분하여 표시한 것이다. 주어진 조건을 고려할 때 A~F에 해당하는 순서대로 차례로 나열한 것은?

구분 월별	A 전체	A 할인 판매	B 전체	B 할인 판매	C 전체	C 할인 판매	D 전체	D 할인 판매	E 전체	E 할인 판매	F 전체	F 할인 판매
1	20.5	30.9	15.1	21.3	32.1	45.3	25.6	48.6	33.2	22.5	31.7	22.5
2	19.3	30.2	17.2	22.1	31.5	41.2	23.2	33.8	34.5	27.5	30.5	22.9
3	17.2	28.7	17.5	12.5	29.7	39.7	21.3	32.9	35.6	29.7	30.2	27.5
4	16.9	27.8	18.3	18.9	26.5	38.6	20.5	31.7	36.2	30.5	29.8	28.3
5	15.3	27.7	19.7	21.3	23.2	36.5	20.3	30.5	37.3	31.3	27.5	27.2
6	14.7	26.5	20.5	23.5	20.5	33.2	19.5	30.2	38.1	39.5	26.5	25.5

⊙ 의류, 냉장고, 보석, 핸드백, TV, 가구에 대한 표이다.
ⓒ 가구는 1월에 비해 6월에 전체 평균 판매증가비율이 높아졌다.
ⓒ 냉장고는 3월을 제외하고는 할인기간의 판매증가비율이 전체 평균 판매증가비율보다 크다.
ⓔ 핸드백은 할인기간의 판매증가비율보다 전체 평균 판매증가비율이 더 크다.
ⓜ 1월과 6월을 비교할 때 의류는 전체 평균 판매증가비율의 감소가 가장 크다.
ⓗ 보석은 1월에 전체 평균 판매증가비율과 할인기간의 판매증가비율의 차이가 가장 크다.

① TV － 의류 － 보석 － 핸드백 － 가구 － 냉장고
② TV － 냉장고 － 의류 － 보석 － 가구 － 핸드백
③ 의류 － 보석 － 가구 － 냉장고 － 핸드백 － TV
④ 의류 － 냉장고 － 보석 － 가구 － 핸드백 － TV

✔ **해설** 주어진 표에 따라 조건을 확인해보면, 조건의 ⓒ은 B, E가 해당하는데 ⓒ에서 B가 해당하므로 ⓒ은 E가 된다. ⓔ은 F가 되고 ⓜ은 C가 되며 ⓗ은 D가 된다.
남은 것은 TV이므로 A는 TV가 된다.
그러므로 TV － 냉장고 － 의류 － 보석 － 가구 － 핸드백의 순서가 된다.

19 다음은 어느 회사의 연도별 임직원 현황에 대한 자료이다. 이에 대한 설명으로 옳은 것을 모두 고르면?

구분		2016년	2017년	2018년
국적	한국	9,566	10,197	9,070
	중국	2,636	3,748	4,853
	일본	1,615	2,353	2,749
	대만	1,333	1,585	2,032
	기타	97	115	153
	계	15,247	17,998	18,857
연령	20대 이하	8,914	8,933	10,947
	30대	5,181	7,113	6,210
	40대 이상	1,152	1,952	1,700
	계	15,247	17,998	18,857
고용형태	정규직	14,173	16,007	17,341
	비정규직	1,074	1,991	1,516
	계	15,247	17,998	18,857
직급	사원	12,365	14,800	15,504
	간부	2,801	3,109	3,255
	임원	81	89	98
	계	15,247	17,998	18,857

> ㈎ 2017년과 2018년에 전년대비 임직원수가 가장 많이 증가한 국적은 모두 중국이다.
> ㈏ 매년 전체 임직원 중 20대 이하 임직원이 차지하는 비중은 50% 이상이다.
> ㈐ 매년 일본, 대만 및 기타 국적 임직원 수의 합은 중국 국적 임직원 수보다 적다.
> ㈑ 2017년에 국적이 한국이면서 고용형태가 정규직이고 직급이 사원인 임직원은 5,000명 이상이다.

① ㈎, ㈏   ② ㈎, ㈑

③ ㈏, ㈐   ④ ㈐, ㈑

✔ 해설 ㈏ – 2017년은 전체 임직원 중 20대 이하 임직원이 차지하는 비중이 50% 이하이다.
      ㈐ – 매년 일본, 대만 및 기타 국적 임직원 수의 합은 중국 국적 임직원 수보다 많다.

Answer 18.② 19.②

20 다음은 X공기업의 팀별 성과급 지급 기준이다. Y팀의 성과평가결과가 아래와 같다면 지급되는 성과급의 1년 총액은?

<성과급 지급 방법>

(가) 성과급 지급은 성과평가 결과와 연계함

(나) 성과평가는 유용성, 안전성, 서비스 만족도의 총합으로 평가함. 단, 유용성, 안전성, 서비스 만족도의 가중치를 각각 0.4, 0.4, 0.2로 부여함

(다) 성과평가 결과를 활용한 성과급 지급 기준

성과평가 점수	성과평가 등급	분기별 성과급 지급액	비고
9.0 이상	A	100만 원	성과평가 등급이 A이면 직전분기 차감액의 50%를 가산하여 지급
8.0 이상 9.0 미만	B	90만 원 (10만 원 차감)	
7.0 이상 8.0 미만	C	80만 원 (20만 원 차감)	
7.0 미만	D	40만 원 (60만 원 차감)	

구분	1/4 분기	2/4 분기	3/4 분기	4/4 분기
유용성	8	8	10	8
안전성	8	6	8	8
서비스 만족도	6	8	10	8

① 350만 원
② 360만 원
③ 370만 원
④ 380만 원

✔해설 먼저 아래 표를 항목별로 가중치를 부여하여 계산하면,

구분	1/4 분기	2/4 분기	3/4 분기	4/4 분기
유용성	$8 \times \frac{4}{10} = 3.2$	$8 \times \frac{4}{10} = 3.2$	$10 \times \frac{4}{10} = 4.0$	$8 \times \frac{4}{10} = 3.2$
안전성	$8 \times \frac{4}{10} = 3.2$	$6 \times \frac{4}{10} = 2.4$	$8 \times \frac{4}{10} = 3.2$	$8 \times \frac{4}{10} = 3.2$
서비스 만족도	$6 \times \frac{2}{10} = 1.2$	$8 \times \frac{2}{10} = 1.6$	$10 \times \frac{2}{10} = 2.0$	$8 \times \frac{2}{10} = 1.6$
합계	7.6	7.2	9.2	8
성과평가 등급	C	C	A	B
성과급 지급액	80만 원	80만 원	110만 원	90만 원

성과평가 등급이 A이면 직전분기 차감액의 50%를 가산하여 지급한다고 하였으므로,

3/4분기의 성과급은 직전분기 차감액 20만 원의 50%인 10만 원을 가산하여 지급한다.

∴ 80 + 80 + 110 + 90 = 360(만 원)

21 다음은 줄기세포 치료제 시장 현황에 관한 자료이다. 이에 대한 설명으로 옳지 않은 것은?

치료분야 \ 구분	환자 수(명)	투여율(%)	시장규모(백만 달러)
자가면역	5,000	1	125
암	8,000	1	200
심장혈관	15,000	1	375
당뇨	15,000	5	1,875
유전자	500	20	250
간	400	90	900
신경	5,000	10	1,250
전체	48,900	–	4,975

(1) 투여율(%) = $\dfrac{\text{줄기세포 치료제를 투여한 환자 수}}{\text{환자 수}} \times 100$

(2) 시장규모 = 줄기세포 치료제를 투여한 한자 수 × 환자 1명당 투여비용

(3) 모든 치료분야에서 줄기세포 치료제를 투여한 환자 1명당 투여비용은 동일함

① 투여율에 변화가 없다고 할 때, 각 치료분야의 환자 수가 10% 증가하면, 줄기세포 치료제를 투여한 전체 환자 수도 10% 증가한다.

② 줄기세포 치료제를 투여한 환자 1명당 투여비용은 250만 달러이다.

③ 투여율에 변화가 없다고 할 때, 각 치료분야의 환자 수가 10% 증가하면 전체 줄기세포 치료제 시장규모는 55억 달러 이상이 된다.

④ 다른 치료분야에서는 환자 수와 투여율의 변화가 없다고 할 때, 유전자 분야와 신경 분야의 환자 수가 각각 2,000명씩 증가하고 이 두 분야의 투여율이 각각 절반으로 감소하면, 전체 줄기세포 치료제 시장규모는 변화가 없다.

✔**해설** ③ 투여율이 일정할 때, 각 치료분야의 환자 수가 10% 증가하면 치료제 투여 환자 수 또한 10% 증가한다. 이때 전체 줄기세포 치료제 시장규모 역시 10% 증가할 것이므로 4975백만 달러의 110%인 54억 7250만 달러가 된다.

① 투여율(%) = $\dfrac{\text{줄기세포 치료제를 투여한 환자 수}}{\text{환자 수}} \times 100$이므로,

투여율이 일정할 때, 환자 수가 10% 증가하면, 줄기세포를 투여한 전체 환자 수도 10% 증가한다.

② $1250000 = 5000 \times x$ ∴ $x = 250$(만 달러)

④ 유전자분야의 환자 수가 2500, 투여율이 10%가 되면 투여 환자 수는 250명이 되고, 신경분야의 환자 수가 7000, 투여율이 5%가 되면 투여 환자 수는 350명이 된다. 현재 유전자분야의 투여 환자 수는 100명, 신경분야의 투여 환자 수는 500명이므로 두 분야의 투여환자수의 합은 불변이므로, 치료제 시장규모에 변화가 없다.

Answer 20.② 21.③

│22~23│ 다음 표는 가사분담 실태에 대한 통계표(단위:%)이다. 다음을 보고 물음에 답하시오.

	남편 전적	남편 주로	남편 주도	공평 분담	부인 주로	부인 전적	부인 주도
비맞벌이	0.3	0.6	2.1	4.8	20.9	12.2	59.1
맞벌이	0.2	1.0	1.9	5.2	21.5	14.3	55.9

나이	남편 전적	남편 주로	남편 주도	공평 분담	부인 주로	부인 전적	부인 주도
15~29	0.3	0.9	1.3	17.1	27.6	12.6	40.2
30~39	0.1	1.1	1.2	9.4	27.3	11.8	49.1
40~49	0.3	1.5	1.8	9.1	23.9	15.2	48.7
50~59	0.2	2.2	2.0	10.6	20.4	17.6	47.0
60세 이상	1.2	2.3	3.5	9.3	18.3	18.2	47.2
65세 이상	1.4	2.2	3.6	9.2	25.2	11.2	47.2

22 표에 대한 설명으로 옳은 것은?

① 대체로 부인이 가사를 전적으로 담당하는 경우가 가장 높은 비율을 차지한다.

② 60세 이상은 비 맞벌이 부부가 대부분이기 때문에 부인이 가사를 주도하는 경우가 많다.

③ 비 맞벌이 부부는 가사를 부인이 주도하는 경우가 가장 높은 비율을 차지하고 있다.

④ 맞벌이 부부가 공평하게 가사 분담하는 비율이 부인이 주로 가사 담당하는 비율보다 높다.

> ✔해설 ① 대체로 부인이 가사를 주도하는 경우가 가장 높은 비율을 차지하고 있다.
> ② 60세 이상이 비 맞벌이 부부가 대부분인지 알 수 없다.
> ④ 맞벌이 부부가 공평하게 가사를 분담하는 비율이 부인이 주로 가사를 담당하는 비율보다 낮다.

23 50~59세의 부부의 가장 높은 비율을 차지하는 가사분담 형태는 가장 낮은 비율을 차지하는 형태의 몇 배인가?

① 235배   ② 215배

③ 195배   ④ 175배

> ✔해설 47(부인주도)÷0.2(남편전적)=235

24 가로 10m, 세로 8m인 운동장이 있다. 다음 조건(㈎~㈐)에 따라 금액이 가장 적게 나오는 것을 선택하여 공원둘레에 가로등을 설치하려고 한다. 가로등 설치를 위한 금액은? (단, 모서리에 설치하는 가로등은 밝기가 5가 되어야 하며, 나머지는 조건들에 따라 설치한다.)

> − 밝기는 총 1~5로 5단계가 있으며 밝기5는 가장 밝은 가로등을 의미한다.
> − 밝기5의 가로등 금액은 한 개당 30만원이며, 밝기가 내려갈수록 금액 또한 5만원씩 줄어든다.
>
> 1. 가로와 세로 모두 2m 간격으로 설치 … ㈎
> • 가로와 세로 밝기를 3으로 한다.
>
> 2. 가로는 1m, 세로는 2m 간격으로 설치 … ㈏
> • 가로의 밝기는 1로 한다.
> • 세로의 밝기는 4로 한다.
>
> 3. 가로는 2.5m, 세로는 4m의 간격으로 설치 … ㈐
> • 가로와 밝기는 5로 한다.
> • 세로의 밝기는 4로 한다.
>
> 4. 가로와 세로 모두 1m 간격으로 설치 … ㈑
> • 가로와 세로 밝기 모두 1로 한다.

① 500만원   ② 450만원

③ 400만원   ④ 350만원

 해설

가로등 밝기	5	4	3	2	1
금액	30만원	25만원	20만원	15만원	10만원

• ㈎의 경우 : 모서리 4개를 제외하면 가로에 8개, 세로에 6개의 가로등이 필요하다.
  $8 \times 20 + 6 \times 20 + 30 \times 4 = 400$만원
• ㈏의 경우 : 모서리 4개를 제외하면 가로에 18개, 세로에 6개의 가로등이 필요하다.
  $18 \times 10 + 6 \times 25 + 30 \times 4 = 450$만원
• ㈐의 경우 : 모서리 4개를 제외하면 가로에 6개, 세로에 2개의 가로등이 필요하다.
  $6 \times 30 + 2 \times 25 + 4 \times 30 = 350$만원
• ㈑의 경우 : 모서리 4개를 제외하면 가로에 18개, 세로에 14개의 가로등이 필요하다.
  $18 \times 10 + 14 \times 10 + 30 \times 4 = 440$만원
따라서 조건 ㈐가 선택되고 이때 필요한 금액은 350만원이다.

25 다음 그래프와 표는 2005년 초에 조사한 한국의 애니메이션 산업에 대한 자료이다. 자료를 바탕으로 도출된 결론 중 옳은 것과 이를 도출하는 데 필요한 자료가 바르게 연결된 것은?

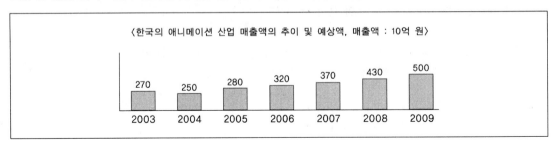

〈한국의 애니메이션 산업 매출액의 추이 및 예상액, 매출액 : 10억 원〉

〈표1〉 부문별 한국의 애니메이션 산업 매출액

(단위 : 10억 원)

부문	2003년	2004년
애니메이션 제작	257	234
애니메이션 상영	12	14
애니메이션 수출	1	2
합계	270	250

〈표2〉 분야별 한국의 애니메이션 제작부문 매출액

(단위 : 10억 원)

분야	2003년	2004년
창작 및 판권	80	70
투자수입	1	2
제작 서비스	4	6
단순 복제	150	125
유통 및 배급	18	9
마케팅 및 홍보	4	22
합계	257	234

<결론>

㉠ 2005년부터 2009년까지 한국의 애니메이션 산업 매출액은 매년 동일한 폭으로 증가하는 추세를 보일 것이다.

㉡ 2006년 한국의 애니메이션 산업 매출액 규모는 3,000억 원을 넘어서고, 2009년에는 5,000억 원 규모로 성장할 전망이다.

㉢ 2004년 한국의 애니메이션 산업 매출액은 2,500억 원으로 나타났으며, 2003년의 2,700억 원과 비교하면 7% 이상 감소하였다.

㉣ 한국의 애니메이션 제작부문 중 2003년에 비해 2004년에 매출액이 감소한 분야는 4개이다.

	결론	자료
①	㉠	그래프
②	㉡	〈표1〉
③	㉢	〈표1〉
④	㉣	〈표2〉

✔해설 ① 동일한 폭이 아니라 400억, 500억, 600억, 700억 원씩 증가한다.

② ㉡의 결론은 그래프를 통해 알 수 있다.

④ 2003년에 비해 2004년에 매출액이 감소한 분야는 창작 및 판권, 단순 복제, 유통 및 배급의 3개 분야이다.

다음 상황과 자료를 보고 물음에 답하시오.

발신인	(주)바디버디 권○○ 대리
수신인	갑, 을, 병, 정
내용	안녕하세요! (주)바디버디 권○○ 대리입니다. 올해 상반기 업계 매출 1위 달성을 기념하여 현재 특별 프로모션이 진행되고 있습니다. 이번 기회가 기업용 안마의자를 합리적인 가격으로 구입하실 수 있는 가장 좋은 시기라고 여겨집니다. 아래에 첨부한 설명서와 견적서를 꼼꼼히 살펴보시고 궁금한 사항에 대해서 언제든 문의하시기 바랍니다.
첨부파일	구매 관련 설명서 #1, #2, 견적서 #3, #4, #5

구매 관련 설명서 #1

구분	리스	현금구입(할부)
기기명의	리스회사	구입자
실 운영자	리스이용자(임대인)	구입자
중도 해약	가능	–
부가가치세	면세 거래	–
기간 만료	반납/매입/재 리스	–

구매 관련 설명서 #2

– 절세 효과 : 개인 사업자 및 법인 사업자는 매년 소득에 대한 세금을 납부합니다. 이때, 신고, 소득에 대한 과세 대상금액에서 리스료(리스회사에 매월 불입하는 불입금)전액을 임차료 성격으로서 제외시킬 수 있습니다. (법인세법상 리스료의 비용인정 – 법인세법 제18조에 의거 사업용 자산에 대한 임차료로 보아 필요경비로 인정함.)

적용세율(주민세 포함)			
법인 사업자		개인 사업자	
과세표준구간	적용세율	과세표준구간	적용세율
2억 이하	11.2%	1,200만 원 이하	8.8%
2억 초과	22.4%	1,200만 원 초과~4,600만 원 이하	18.7%
		4,600만 원 초과~8,800만 원 이하	28.6%
		8,800만 원 초과	38.5%

- 법인 사업자 절세 예시

예를 들어, ○○법인의 작년 매출액이 5억 원이고 비용이 2억8천만 원이라면 ○○법인은 수익 2억2천만 원을 과세표준으로 계산시 2,688만 원의 법인세가 부과됩니다.

> 과세표준 : 2억 이하 ⇒ 2억 원×11.2%=2,240만 원
>
> 과세표준 : 2억 초과 ⇒ 2천만 원×22.4%=448만 원
>
> 법인세 총액=2,688만 원

만약 ○○법인이 안마의자 리스를 이용하고 1년간 납부한 총 임대료가 2천만 원이었다면, 수익은 2억 원(⇒2억2천만 원−2천만 원)이 되고, 비용은 3억 원(2억8천만 원+2천만 원)이 됩니다.

이에 따라 수익 2억 원을 과세표준으로 하면 법인세 2,240만 원만 부과되어 448만 원(2,688만 원−2,240만 원=448만 원)의 절세효과를 얻으실 수 있습니다.

이를 통상 리스 약정기간인 3년으로 설정하는 경우 448만 원×3년=1,344만 원의 절세 효과를 얻으실 수 있습니다.

물론 리스 이용료가 크면 클수록 절세효과는 더욱 더 크게 누리실 수 있습니다.

견적서 #3

안마의자	모델명	Body Buddy Royal-7		
	선택사양	STMC-5400	색상	

가격/원가 구성

가격 사항	기본가격	25,000,000	리스종류(기간)	운용리스(39개월)	
	프로모션	3,000,000	등록명의	리스사	
	탁송료		약정	39개월	
	안마의자 가격(리스 이용금액)	22,000,000	만기처리	반납/구매/재 리스	
	초기부담금	2,500,000	월 납입금(리스료)	39회	690,000
메모	리스 이용 프로모션 3,000,000 리스 이용시 연이율 8% 적용 설치일로부터 18개월 미만 해지시 위약금 – 남은 약정금액의 20% 설치일로부터 18개월 이후 해지시 위약금 – 남은 약정금액의 10%				

견적서 #4

안마의자	모델명	Body Buddy Royal-7			
	선택사양	STMC-5400	색상		

가격/원가 구성

가격사항	기본가격	25,000,000	할부 기간	39개월	
	프로모션	2,400,000	등록명의	개인	
	탁송료				
	안마의자 가격(할부 이용금액)	22,600,000			
	초기부담금	2,500,000	월 납입금(할부금)	39회	590,000
메모	할부 이용 프로모션 2,400,000 할부 이용시 연이율 3% 적용, 선수금 10% 오를 시 할부 연이율 0.5% 하락				

견적서 #5

안마의자	모델명	Body Buddy Royal-7		
	선택사양	STMC-5400	색상	

가격/원가 구성

가격사항	기본가격	25,000,000
	프로모션	1,800,000
	탁송료	
	안마의자 가격	23,200,000
메모	일시불 프로모션 1,800,000	

26 개인이 할부로 안마의자를 구입하는 경우 500만 원의 초기비용을 지불하면 연이율은 몇 %가 적용되는가?

① 2.5%

② 3.0%

③ 3.5%

④ 4.0%

> **해설** 할부 이용시 연이율은 3%가 적용되지만, 선수금이 10% 오르는 경우 0.5% 하락하므로 초기비용으로 500만 원을 지불하면 연이율은 2.5%가 적용된다.

27 법인사업자가 안마의자를 리스로 이용하다가 20개월이 된 시점에서 약정을 해지한다면 위약금은 얼마인가?

① 1,291,000원

② 1,301,000원

③ 1,311,000원

④ 1,321,000원

> **✔해설** 설치일로부터 18개월 이후 해지시 위약금은 남은 약정금액의 10%이므로
> (690,000원×19회)×0.1=1,311,000원

28 다음은 (A), (B), (C), (D)사의 연간 매출액에 관한 자료이다. 각 회사의 연간 이익률이 매년 일정하며 (B), (C), (D)사의 연간 이익률은 각각 3%, 3%, 2%이다. (A)~(D)사의 연간 순이익 총합이 전년에 비해 감소되지 않게 하는 (A)사의 최소 연간 이익률은?

[회사별 연간 매출액]

(단위 백억 원)

연도 회사	2004년	2005년	2006년	2007년	2008년	2009년
(A)	300	350	400	450	500	550
(B)	200	250	300	250	200	150
(C)	300	250	200	150	200	250
(D)	350	300	250	200	150	100

① 5%

② 8%

③ 7%

④ 10%

> **✔해설** 우선 이익률이 제시되어 있는 (B)~(D)사의 순이익 종합을 구하면
>
> | | 2004년 | 2005년 | 2006년 | 2007년 | 2008년 | 2009년 |
> |---|---|---|---|---|---|---|
> | (B) | 600 | 750 | 900 | 750 | 600 | 450 |
> | (C) | 900 | 750 | 600 | 450 | 600 | 750 |
> | (D) | 700 | 600 | 500 | 400 | 300 | 200 |
> | 합 | 2,200 | 2,100 | 2,000 | 1,600 | 1,500 | 1,400 |
>
> (B)~(D)사의 순이익 총합은 위 표와 같이 감소하고 있다. 그러므로 (A)~(D)사의 순이익 총합이 전년에 비해 감소하지 않기 위해서는 (A)사의 순이익이 (B)~(D)사 순이익 총합의 감소폭을 넘어야만 한다.
> 설문에서 (A)사의 '최소 연간 이익률'을 구하라고 하였으므로 (B)~(D)사의 순이익 총합에서 전년대비 감소폭이 가장 큰 해, 즉 2006년→2007년을 기준으로 (A)사의 이익률을 구한다.
> (A)사의 2006년→2007년 매출액이 400→450으로 50 증가하였고, (A)사의 이익률을 x라 할 때, $50 \times x \geq 400$이어야 한다. 따라서 $x \geq 8$이다. 따라서 답은 ②이다.

Answer 26.① 27.③ 28.②

29 다음 자료를 보고 주어진 상황에 대해 물음에 답하시오.

〈근로소득에 대한 간이 세액표〉

월 급여액(천 원) [비과세 및 학자금 제외]		공제대상 가족 수				
이상	미만	1	2	3	4	5
2,500	2,520	38,960	29,280	16,940	13,570	10,190
2,520	2,540	40,670	29,960	17,360	13,990	10,610
2,540	2,560	42,380	30,640	17,790	14,410	11,040
2,560	2,580	44,090	31,330	18,210	14,840	11,460
2,580	2,600	45,800	32,680	18,640	15,260	11,890
2,600	2,620	47,520	34,390	19,240	15,680	12,310
2,620	2,640	49,230	36,100	19,900	16,110	12,730
2,640	2,660	50,940	37,810	20,560	16,530	13,160
2,660	2,680	52,650	39,530	21,220	16,960	13,580
2,680	2,700	54,360	41,240	21,880	17,380	14,010
2,700	2,720	56,070	42,950	22,540	17,800	14,430
2,720	2,740	57,780	44,660	23,200	18,230	14,850
2,740	2,760	59,500	46,370	23,860	18,650	15,280

※ 갑근세는 제시되어 있는 간이 세액표에 따름
※ 주민세＝갑근세의 10%
※ 국민연금＝급여액의 4.50%
※ 고용보험＝국민연금의 10%
※ 건강보험＝급여액의 2.90%
※ 교육지원금＝분기별 100,000원(매 분기별 첫 달에 지급)

강○○ 사원의 12월 급여내역이 다음과 같고 전월과 동일하게 근무하였으며 명절 상여금으로 100,000원을 받게 된다면, 이듬해 1월에 받게 되는 급여는 얼마인가? (단, 원 단위 절삭)

(주) 서원플랜테크 12월 급여내역			
성명	강○○	지급일	12월 12일
기본급여	2,030,000	갑근세	30,640
직무수당	460,000	주민세	3,060
명절 상여금		고용보험	11,430
특별수당		국민연금	114,300
차량지원금	50,000	건강보험	73,660
교육지원		기타	
급여계	2,540,000	공제합계	233,090
		지급총액	2,306,910

① 2,453,910

② 2,463,910

③ 2,473,910

④ 2,483,910

 해설

기본급여	2,030,000	갑근세	46,370
직무수당	460,000	주민세	4,630
명절 상여금	100,000	고용보험	12,330
특별수당		국민연금	123,300
차량지원금	50,000	건강보험	79,460
교육지원	100,000	기타	
급여계	2,740,000	공제합계	266,090
		지급총액	2,473,910

Answer 29.③

30 주어진 자료를 보고 물음에 답하시오.

▶ 타이어 치수 및 호칭 표기법

205	55	R	16	91	V
단면폭	편평비	레이디얼	림내경	하중지수	속도계수

① 단면폭 : 타이어가 지면에 닿는 부분(mm)

② 편평비 : 타이어 단면의 폭에 대한 높이의 비율로서 시리즈라고도 한다. 과거에는 주로 100(높이와 폭이 같음)이었으나 점차 70, 60, 50, 40 등으로 낮아지고 있다. 고성능 타이어일수록 단면높이가 낮아진다. 편평비가 낮으면 고속주행시 안정감이 높고, 편평비가 높을수록 승차감이 좋지만 안정감이 떨어진다.

$$편평비(\%) = \frac{단면높이(H)}{단면폭(W)} \times 100$$

③ 레이디얼구조

　Z : 방향성 및 고속 주행 타이어

　R : 레이디얼 타이어

④ 림내경 : 타이어 내경(인치)

⑤ 하중지수 : 타이어 1개가 최대로 지탱할 수 있는 무게

하중지수	kg	하중지수	kg	하중지수	kg	하중지수	kg
62	265	72	355	82	475	92	630
63	272	73	365	83	487	93	650
64	280	74	375	84	500	94	670
65	290	75	387	85	515	95	690
66	300	76	400	86	530	96	710
67	307	77	412	87	545	97	730
68	315	78	425	88	560	98	750
69	325	79	437	89	580	99	775
70	335	80	450	90	600	100	800
71	345	81	462	91	615	101	825

⑥ 속도기호 : 타이어의 최대속도를 표시하는 기호를 말하며 속도기호에 상응하는 속도는 아래 표와 같다.

속도기호	Q	S	H	V	W	Y
속도(km/h)	160	180	210	240	270	300

다음과 같은 차량의 제원을 고려하여 타이어를 구매하려고 할 때, 구매해야 될 타이어 규격으로 적당한 것은?

차량 최대 속도	250km/h
휠 사이즈	20inch
최적 편평비	50
공차중량	2,320kg

① 225/55/ZR 20 88 Y

② 245/50/ZR 20 94 W

③ 235/55/R 19 91 W

④ 단면폭이 230mm이고, 단면높이가 138mm인 타이어

 ① 하중지수 88을 kg으로 환산하면 2,240kg이므로 공차중량보다 가볍다.
③ 림내경이 맞지 않다.
④ 편평비가 60으로 제원을 고려하였을 때 적당하지 않다.

CHAPTER 04

자원관리능력

1 자원과 자원관리

(1) 자원

① 자원의 종류 : 시간, 돈, 물적자원, 인적자원

② 자원의 낭비요인 : 비계획적 행동, 편리성 추구, 자원에 대한 인식 부재, 노하우 부족

(2) 자원관리 기본 과정

① 필요한 자원의 종류와 양 확인

② 이용 가능한 자원 수집하기

③ 자원 활용 계획 세우기

④ 계획대로 수행하기

예제 1

당신은 A출판사 교육훈련 담당자이다. 조직의 효율성을 높이기 위해 전사적인 시간관리에 대한 교육을 실시하기로 하였지만 바쁜 일정 상 직원들을 집합교육에 동원할 수 있는 시간은 제한적이다. 다음 중 귀하가 최우선의 교육 대상으로 삼아야 하는 것은 어느 부분인가?

구분	긴급한 일	긴급하지 않은 일
중요한 일	제1사분면	제2사분면
중요하지 않은 일	제3사분면	제4사분면

출제의도

주어진 일들을 중요도와 긴급도에 따른 시간관리 매트릭스에서 우선순위를 구분할 수 있는가를 측정하는 문항이다.

해 설

교육훈련에서 최우선 교육대상으로 삼아야 하는 것은 긴급하지 않지만 중요한 일이다. 이를 긴급하지 않다고 해서 뒤로 미루다보면 급박하게 처리해야하는 업무가 증가하여 효율적인 시간관리가 어려워진다.

① 중요하고 긴급한 일로 위기사항이나 급박한 문제, 기간이 정해진 프로젝트 등이 해당되는 제1사분면
② 긴급하지는 않지만 중요한 일로 인간관계구축이나 새로운 기회의 발굴, 중장기 계획 등이 포함되는 제2사분면
③ 긴급하지만 중요하지 않은 일로 잠깐의 급한 질문, 일부 보고서, 눈 앞의 급박한 사항이 해당되는 제3사분면
④ 중요하지 않고 긴급하지 않은 일로 하찮은 일이나 시간낭비거리, 즐거운 활동 등이 포함되는 제4사분면

구분	긴급한 일	긴급하지 않은 일
중요한 일	위기사항, 급박한 문제, 기간이 정해진 프로젝트	인간관계구축, 새로운 기회의 발굴, 중장기계획
중요하지 않은 일	잠깐의 급한 질문, 일부 보고서, 눈앞의 급박한 사항	하찮은 일, 우편물, 전화, 시간낭비거리, 즐거운 활동

답 ②

2 자원관리능력을 구성하는 하위능력

(1) 시간관리능력

① 시간의 특성
  ㉠ 시간은 매일 주어지는 기적이다.
  ㉡ 시간은 똑같은 속도로 흐른다.
  ㉢ 시간의 흐름은 멈추게 할 수 없다.
  ㉣ 시간은 꾸거나 저축할 수 없다.
  ㉤ 시간은 사용하기에 따라 가치가 달라진다.

② 시간관리의 효과
  ㉠ 생산성 향상
  ㉡ 가격 인상
  ㉢ 위험 감소
  ㉣ 시장 점유율 증가

③ 시간계획

　㉠ 개념 : 시간 자원을 최대한 활용하기 위하여 가장 많이 반복되는 일에 가장 많은 시간을 분배하고, 최단시간에 최선의 목표를 달성하는 것을 의미한다.

　㉡ 60 : 40의 Rule

계획된 행동(60%)	계획 외의 행동(20%)	자발적 행동(20%)
총 시간		

예제 2

유아용품 홍보팀의 사원 은이씨는 일산 킨텍스에서 열리는 유아용품박람회에 참여하고자 한다. 당일 회의 후 출발해야 하며 회의 종료 시간은 오후 3시이다.

장소	일시
일산 킨텍스 제2전시장	2016. 1. 20(금) PM 15:00~19:00 * 입장가능시간은 종료 2시간 전 까지

오시는 길
지하철 : 4호선 대화역(도보 30분 거리)
버스 : 8109번, 8407번(도보 5분 거리)

• 회사에서 버스정류장 및 지하철역까지 소요시간

출발지	도착지		소요시간
회사	×× 정류장	도보	15분
		택시	5분
	지하철역	도보	30분
		택시	10분

• 일산 킨텍스 가는 길

교통편	출발지	도착지	소요시간
지하철	강남역	대화역	1시간 25분
버스	×× 정류장	일산 킨텍스 정류장	1시간 45분

위의 제시 상황을 보고 은이씨가 선택할 교통편으로 가장 적절한 것은?

① 도보 – 지하철　　　　　② 도보 – 버스
③ 택시 – 지하철　　　　　④ 택시 – 버스

출제의도

주어진 여러 시간정보를 수집하여 실제 업무 상황에서 시간자원을 어떻게 활용할 것인지 계획하고 할당하는 능력을 측정하는 문항이다.

해 설

④ 택시로 버스정류장까지 이동해서 버스를 타고 가게 되면 택시(5분), 버스(1시간 45분), 도보(5분)으로 1시간 55분이 걸린다.
① 도보–지하철 : 도보(30분), 지하철(1시간 25분), 도보(30분)이므로 총 2시간 25분이 걸린다.
② 도보–버스 : 도보(15분), 버스(1시간 45분), 도보(5분)이므로 총 2시간 5분이 걸린다.
③ 택시–지하철 : 택시(10분), 지하철(1시간 25분), 도보(30분)이므로 총 2시간 5분이 걸린다.

답 ④

136 ›› PART 02. NCS 직업기초능력평가

(2) 예산관리능력

① 예산과 예산관리

   ⊙ 예산 : 필요한 비용을 미리 헤아려 계산하는 것이나 그 비용

   ⓒ 예산관리 : 활동이나 사업에 소요되는 비용을 산정하고, 예산을 편성하는 것뿐만 아니라 예산을 통제하는 것 모두를 포함한다.

② 예산의 구성요소

비용	직접비용	재료비, 원료와 장비, 시설비, 여행(출장) 및 잡비, 인건비 등
	간접비용	보험료, 건물관리비, 광고비, 통신비, 사무비품비, 각종 공과금 등

③ 예산수립 과정 : 필요한 과업 및 활동 구명 → 우선순위 결정 → 예산 배정

예제 3

당신은 가을 체육대회에서 총무를 맡으라는 지시를 받았다. 다음과 같은 계획에 따라 예산을 진행하였으나 확보된 예산이 생각보다 적게 되어 불가피하게 비용 항목을 줄여야 한다. 다음 중 귀하가 비용 항목을 없애기에 가장 적절한 것은 무엇인가?

〈○○산업공단 춘계 1차 워크숍〉

1. 해당부서 : 인사관리팀, 영업팀, 재무팀
2. 일　　정 : 2016년 4월 21일~23일(2박 3일)
3. 장　　소 : 강원도 속초 ○○연수원
4. 행사내용 : 바다열차탑승, 체육대회, 친교의 밤 행사, 기타

---

① 숙박비   ② 식비
③ 교통비   ④ 기념품비

출제의도

업무에 소요되는 예산 중 꼭 필요한 것과 예산을 감축해야할 때 삭제 또는 감축이 가능한 것을 구분해내는 능력을 묻는 문항이다.

해 설

한정된 예산을 가지고 과업을 수행할 때에는 중요도를 기준으로 예산을 사용한다. 위와 같이 불가피하게 비용 항목을 줄여야 한다면 기본적인 항목인 숙박비, 식비, 교통비는 유지되어야 하기에 항목을 없애기 가장 적절한 정답은 ④번이 된다.

답 ④

(3) 물적관리능력

① 물적자원의 종류

  ㉠ **자연자원** : 자연상태 그대로의 자원 ex) 석탄, 석유 등

  ㉡ **인공자원** : 인위적으로 가공한 자원 ex) 시설, 장비 등

② **물적자원관리** : 물적자원을 효과적으로 관리할 경우 경쟁력 향상이 향상되어 과제 및 사업의 성공으로 이어지며, 관리가 부족할 경우 경제적 손실로 인해 과제 및 사업의 실패 가능성이 커진다.

③ 물적자원 활용의 방해요인

  ㉠ 보관 장소의 파악 문제
  ㉡ 훼손
  ㉢ 분실

④ 물적자원관리 과정

과정	내용
사용 물품과 보관 물품의 구분	• 반복 작업 방지 • 물품활용의 편리성
동일 및 유사 물품으로의 분류	• 동일성의 원칙 • 유사성의 원칙
물품 특성에 맞는 보관 장소 선정	• 물품의 형상 • 물품의 소재

S호텔의 외식사업부 소속인 K씨는 예약일정 관리를 담당하고 있다. 아래의 예약 일정과 정보를 보고 K씨의 판단으로 옳지 않은 것은?

<S호텔 일식 뷔페 1월 ROOM 예약 일정>

* 예약 : ROOM 이름(시작시간)

SUN	MON	TUE	WED	THU	FRI	SAT
					1	2
					백합(16)	장미(11) 백합(15)
3	4	5	6	7	8	9
라일락(15)		백향목(10) 백합(15)	장미(10) 백향목(17)	백합(11) 라일락(18)	백향목(15)	장미(10) 라일락(15)

ROOM 구분	수용가능인원	최소투입인력	연회장 이용시간
백합	20	3	2시간
장미	30	5	3시간
라일락	25	4	2시간
백향목	40	8	3시간

– 오후 9시에 모든 업무를 종료함
– 한 타임 끝난 후 1시간씩 세팅 및 정리
– 동 시간 대 서빙 투입인력은 총 10명을 넘을 수 없음

안녕하세요, 1월 첫째 주 또는 둘째 주에 신년회 행사를 위해 ROOM을 예약하려고 하는데요, 저희 동호회의 총 인원은 27명이고 오후 8시쯤 마무리하려고 합니다. 신정과 주말, 월요일은 피하고 싶습니다. 예약이 가능할까요?

① 인원을 고려했을 때 장미ROOM과 백향목ROOM이 적합하겠군.
② 만약 2명이 안 온다면 예약 가능한 ROOM이 늘어나겠구나.
③ 조건을 고려했을 때 예약 가능한 ROOM은 5일 장미ROOM뿐이겠구나.
④ 오후 5시부터 8시까지 가능한 ROOM을 찾아야해.

주어진 정보와 일정표를 토대로 이용 가능한 물적자원을 확보하여 이를 정확하게 안내할 수 있는 능력을 측정하는 문항이다. 고객이 제공한 정보를 정확하게 파악하고 그 조건 안에서 가능한 자원을 제공할 수 있어야 한다.

③ 조건을 고려했을 때 5일 장미ROOM과 7일 장미ROOM이 예약 가능하다.
① 참석 인원이 27명이므로 30명 수용 가능한 장미ROOM과 40명 수용 가능한 백향목ROOM 두 곳이 적합하다.
② 만약 2명이 안 온다면 총 참석인원 25명이므로 라일락ROOM, 장미ROOM, 백향목ROOM이 예약 가능하다.
④ 오후 8시에 마무리하려고 계획하고 있으므로 적절하다.

답 ③

(4) 인적자원관리능력

① **인맥** : 가족, 친구, 직장동료 등 자신과 직접적인 관계에 있는 사람들인 핵심인맥과 핵심인맥들로부터 알게 된 파생인맥이 존재한다.

② **인적자원의 특성** : 능동성, 개발가능성, 전략적 자원

③ **인력배치의 원칙**
 ㉠ **적재적소주의** : 팀의 효율성을 높이기 위해 팀원의 능력이나 성격 등과 가장 적합한 위치에 배치하여 팀원 개개인의 능력을 최대로 발휘해 줄 것을 기대하는 것
 ㉡ **능력주의** : 개인에게 능력을 발휘할 수 있는 기회와 장소를 부여하고 그 성과를 바르게 평가하며 평가된 능력과 실적에 대해 그에 상응하는 보상을 주는 원칙
 ㉢ **균형주의** : 모든 팀원에 대한 적재적소를 고려

④ **인력배치의 유형**
 ㉠ **양적 배치** : 부문의 작업량과 조업도, 여유 또는 부족 인원을 감안하여 소요인원을 결정하여 배치하는 것
 ㉡ **질적 배치** : 적재적소의 배치
 ㉢ **적성 배치** : 팀원의 적성 및 흥미에 따라 배치하는 것

예제 5

최근 조직개편 및 연봉협상 과정에서 직원들의 불만이 높아지고 있다. 온갖 루머가 난무한 가운데 인사팀원인 당신에게 사내 게시판의 직원 불만사항에 대한 진위여부를 파악하고 대안을 세우라는 팀장의 지시를 받았다. 다음 중 당신이 조치를 취해야 하는 직원은 누구인가?

① 사원 A는 팀장으로부터 업무 성과가 탁월하다는 평가를 받았는데도 조직개편으로 인한 부서 통합으로 인해 승진을 못한 것이 불만이다.
② 사원 B는 회사가 예년에 비해 높은 영업 이익을 얻었는데도 불구하고 연봉 인상에 인색한 것이 불만이다.
③ 사원 C는 회사가 급여 정책을 변경해서 고정급 비율을 낮추고 기본급과 인센티브를 지급하는 제도로 바꾼 것이 불만이다.
④ 사원 D는 입사 동기인 동료가 자신보다 업무 실적이 좋지 않고 불성실한 근무태도를 가지고 있는데, 팀장과의 친분으로 인해 자신보다 높은 평가를 받은 것이 불만이다.

출제의도

주어진 직원들의 정보를 통해 시급하게 진위여부를 가리고 조치하여 인력배치를 해야 하는 사항을 확인하는 문제이다.

해 설

사원 A, B, C는 각각 조직 정책에 대한 불만이기에 논의를 통해 조직적으로 대처하는 것이 옳지만, 사원 D는 팀장의 독단적인 전횡에 대한 불만이기 때문에 조사하여 시급히 조치할 필요가 있다. 따라서 가장 적절한 답은 ④번이 된다.

답 ④

출제예상문제

1 다음은 채용공고에 응한 응시자들 중 서류 전형을 통과하여 1차, 2차 필기 테스트를 마친 응시자들의 항목별 우수자 현황표이다. 이에 대한 올바른 의견은 어느 것인가?(1차 필기 테스트를 치른 응시자 전원이 2차 필기 테스트에 응했다고 가정함)

항목	1차 테스트			항목	2차 테스트		
	남자	여자	소계		남자	여자	소계
문서이해	67	38	105	문서작성	39	43	82
문제도출	39	56	95	문제처리	51	75	126
시간관리	54	37	91	예산관리	45	43	88
정보처리	42	61	103	컴퓨터활용	55	43	98
업무이해	62	44	106	체제이해	65	41	106

① 남자의 평균 항목 당 우수자는 2차보다 1차가 근소하게 많다.

② 의사소통능력 분야의 우수자 비중이 가장 낮다.

③ 남녀 우수자의 비율 차이는 체제이해 항목에서 가장 크다.

④ 1, 2차 모든 항목 중 항목별 우수자의 여성 비중이 가장 낮은 항목은 문서작성 항목이다.

✔ 해설 ① 남자의 1차 테스트 평균 항목 당 우수자는 (67 + 39 + 54 + 42 + 62) ÷ 5 = 52.8명이며, 2차의 경우는 (39 + 51 + 45 + 55 + 65) ÷ 5 = 51명으로 1차가 2차보다 근소하게 많다.

② 1, 2차 항목을 합한 각 분야의 우수자는 의사소통능력 187명, 문제해결능력 221명, 자원관리 179명, 정보능력 201명, 조직이해 212명으로 우수자가 가장 적은 분야는 자원관리 분야이다.

③ 체제이해 항목의 남녀 비율은 각각 65 ÷ 106 × 100 = 약 61.3%, 41 ÷ 106 × 100 = 약 38.7%이며, 문서이해 항목의 남녀 비율은 각각 67÷105×100=약 63.8%, 38÷105×100=약 36.2%이므로 남녀 우수자의 비율 차이가 가장 큰 항목은 문서이해 항목이다.

④ 문서작성 항복에서는 여성 우수자의 비중이 43 ÷ 82 × 100 = 약 52.3%이다. 체제이해 항목의 경우 41 ÷ 106 × 100 = 약 38.7%로 여성 우수자의 비중이 가장 낮다.

Answer 1.①

2 다음은 기업의 연차휴가에 관한 규정이다. 다음 규정을 참고할 때, 올바른 설명은 어느 것인가?

제12조(연차휴가)

① 1년간 8할 이상 출근한 직원에게 15일의 연차휴가를 준다.

② 계속근로연수가 1년 미만인 직원에게 1월간 개근 시 1일의 연차휴가를 준다.

③ 직원의 최초 1년간의 근로에 대하여 연차휴가를 주는 경우에는 제2항의 규정에 의한 휴가를 이미 사용한 경우에는 그 사용한 휴가일수를 15일에서 공제한다.

④ 3년 이상 계속근무한 직원에 대하여는 제1항의 규정에 의한 휴가에 최초 1년을 초과하는 계속근로연수 매 2년에 대하여 1일을 가산한 휴가를 주어야 한다. 이 경우 가산휴가를 포함한 총 휴가 일수는 25일을 한도로 한다.

⑤ 직원이 업무상의 부상 또는 질병으로 인하여 병가 또는 휴직한 기간과 산전·산후의 직원이 휴직한 기간은 연차휴가기간을 정함에 있어서 출근한 것으로 본다.

⑥ 연차휴가는 14시를 전후하여 4시간씩 반일 단위로 허가할 수 있으며, 반일 연차휴가 2회는 연차휴가 1일로 계산한다.

⑦ 직원의 연차 유급휴가를 연 2회(3/1, 9/1)기준으로 부여한다.

제12조의2(연차휴가의 사용촉진)

① 회사가 제12조 제1항·제3항 및 제4항의 규정에 의한 연차휴가의 사용을 촉진하기 위하여 다음과 같이 조치를 하였음에도 불구하고 직원이 1년간 휴가를 사용하지 아니하여 소멸된 경우에는 회사는 그 미사용 휴가에 대하여 연차수당을 지급하지 않는다.

 1. 휴가 소멸기간이 끝나기 6개월 전을 기준으로 10일 이내에 직원의 직근 상위자가 직원별로 그 미사용 휴가일수를 알려주고, 직원이 그 사용 시기를 정하여 직근 상위자에게 통보하도록 서면으로 촉구할 것

 2. 제1호의 규정에 의한 촉구에도 불구하고 직원이 촉구를 받은 때부터 10일 이내에 미사용 휴가의 전부 또는 일부의 사용 시기를 정하여 직근 상위자에게 통보하지 아니한 경우에는 휴가 소멸기간이 끝나기 2개월 전까지 직근 상위자가 미사용 휴가의 사용 시기를 정하여 직원에게 서면으로 통보할 것

---

① 甲은 입사 첫 해에 연차휴가를 3일 사용하고 8할 이상 출근하여 2년 차에 연차 휴가를 15을 받는다.

② 乙은 계속근로연수가 8년이 되어 19일의 연차휴가를 받았다.

③ 丙은 직근 상위자로부터 잔여 휴가일수에 대한 서면 통보를 받지 못하여 연차수당을 지급받을 수 없다.

④ 계속근로연수 3년인 丁이 3년 차에 반일 연차를 6회 사용하였다면 남은 연차휴가 일수는 13일이 된다.

✔ 해설 계속근로연수 3년인 직원이므로 16일의 연차휴가가 발생되며, 반일 연차 6회 사용은 3일 연차 사용이
되므로 13일의 잔여 휴가 일수가 발생하게 된다.

① 계속근로연수가 1년 미만인 직원이 3일의 연차를 사용하였으므로 1년 후 받게 되는 15일 연차휴가에
서 3일만큼을 공제하게 되어 12일의 연차휴가가 발생한다.

② 3년이 지난 후부터 매 2년마다 1일씩 추가되어 3년 후 16일, 5년 후 17일, 7년 후 18일의 연차휴가
일수가 발생한다. 8년 후에는 여전히 18일이 된다.

③ 서면 통보를 받은 잔여 휴가를 사용하지 않을 경우 연차수당이 지급되지 않으며, 1년이 지나면 소멸
되므로 만일 서면 통보를 받지 못하였다면 소멸된 휴가에 대하여 연차수당을 받을 수 있는 것으로
판단할 수 있다.

3 효과적인 물품관리를 위하여 '물품출납 및 운용카드'를 수기로 작성하였다. '물품출납 및 운영카드'를 활용할 때의 장점이 아닌 것은 무엇인가?

물품출납 및 운영카드			물품출납원			물품관리관		
분류번호	000-0000-0001		품명		자전거			
회계	재고 특별회계		규격		생략			
품종	생략		내용연수	3년	정수	1	단위	대
정리일자	취득일자	정리구분 증비서 번호	수량	단가	금액	재고 수량, 금액 운영 수량, 구매		
21.01.01	21.01.14	–	1	10만	10만	1 0	10만 –	
20.12.01	20.12.14	–	2	10만	10만	0 0	– –	
20.10.25	20.11.07	–	2	20만	20만	1 1	10만 20만	
20.06.01	20.06.16	–	3	30만	30만	2 0	30만 –	
20.04.01	20.04.12	–	2	10만	10만	0 2	– 20만	

① 보유하고 있는 물품의 종류 및 양을 확인할 수 있다.

② 제품파악이 쉬우므로 일의 인계 작업이 쉽다.

③ 물품의 상태를 지속해서 점검할 수 있다.

④ 자료를 쉽고 빠르게 입력할 수 있다.

> **해설** 물품출납 및 운영카드를 활용하면 보유하고 있는 물품의 상태 및 활용이 쉽고, 물품의 상태를 지속해서 점검함으로써 효과적으로 관리할 수 있으며, 보유하고 있는 물품의 종류 및 양을 확인함으로써 활용하는 참고할 수 있다. 그리고 분실의 위험을 줄일 수 있다는 장점이 있다. 하지만 운영카드를 활용하면 수기로 작성하여야 하므로 번거롭고 일이 많아진다는 단점이 있다. 반면 물품관리 프로그램을 이용할 경우 자료를 쉽고 빠르게 입력할 수 있다는 장점이 있다.

4 다음은 기업에서 운영하는 '직장인 아파트'에 대한 임대료와 신입사원인 甲 씨의 월 소득 및 비용현황 자료이다. 신입사원인 甲 씨는 기업에서 운영하는 '직장인 아파트'에 입주하려고 한다. 근무 지역은 별 상관이 없는 甲 씨는 월 급여에서 비용을 지출하고 남은 금액의 90%를 넘지 않는 금액으로 가장 넓고 좋은 방을 구하려 한다. 甲 씨가 구할 수 있는 방으로 가장 적절한 것은 다음 중 어느 것인가?

〈지역별 보증금 및 월 임대료〉

(단위 : 원)

구분	아파트	K지역	P지역	D지역	I지역	B지역	C지역
보증금	큰방	990,000	660,000	540,000	840,000	960,000	360,000
	작은방	720,000	440,000	360,000	540,000	640,000	240,000
월 임대료	큰방	141,000	89,000	71,000	113,000	134,000	50,000
	작은방	91,000	59,000	47,000	75,000	89,000	33,000

〈甲 씨의 월 소득 및 비용현황〉

(단위 : 만 원)

월 급여	외식비	저금	각종세금	의류구입	여가	보험	기타소비
300	50	50	20	30	25	25	30

※ 월 소득과 비용 내역은 매월 동일하다고 가정함.

① P지역 작은 방

② B지역 작은 방

③ D지역 큰 방

④ P지역 큰 방

✔해설 甲 씨의 월 급여액에서 비용을 모두 지출하고 남은 금액은 70만 원이다. 90%를 넘지 않아야 하므로 아파트 입주를 위한 최대 지출 가능 금액은 63만 원이다. 또한, 한도액 내에서 가장 넓어야 하므로 보증금과 월 임대료의 합이 611,000인 D지역의 큰 방이 가장 적절한 곳이 된다.

Answer 3.④ 4.③

▌5~6 ▌ 다음은 각 업종에 따른 지구별 기초 수익과 인접 지구 업종별 시너지 효과를 나타낸 것이다. 주어진 자료를 참고하여 물음에 답하여라.

❏ 지구별 기초 수익

(단위 : 억 원)

공업 : 30   상업 : 20   서비스업 : 10

❏ 인접 지구 시너지 효과

+ ▧ = 두 기초 수익 합 × 2

+ ☐ = 두 기초 수익 합 × 0.2

☐ + ▧ = 두 기초 수익 합 × 3

❏ 계산방법
• 인접 방향 및 순서는 고려하지 않는다.
• 동일한 업종이 인접한 경우에는 시너지 효과가 없다.
• 두 업종의 기초 수익을 합하고 해당하는 시넛지 효과를 고려하여 총 수익을 알 수 있다.

❏ 예시

→ + +

$(20 + 30) \times 0.2 + (10 + 30) \times 2 + (10 + 10)$
$= 10 + 80 + 20$
$= 110$

5 새로 개발되는 지역의 업종 지구 계획이 다음과 같다고 할 때, 기대되는 총 수익은 얼마인가?

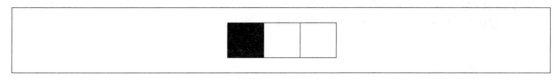

① 45억 원　　　　　　　　　② 50억 원

③ 55억 원　　　　　　　　　④ 60억 원

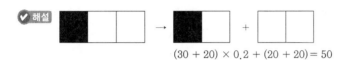

$(30 + 20) \times 0.2 + (20 + 20) = 50$

6 새로 개발되는 지역의 업종 지구 계획이 다음과 같다고 할 때, 기대되는 총 수익은 얼마인가?

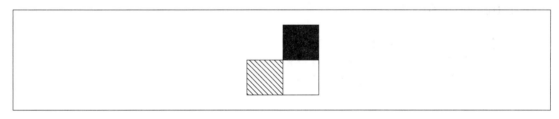

① 90억 원　　　　　　　　　② 100억 원

③ 110억 원　　　　　　　　　④ 120억 원

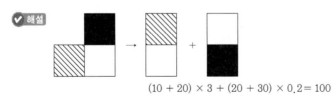

$(10 + 20) \times 3 + (20 + 30) \times 0.2 = 100$

7 다음은 총무팀 N 과장이 팀장으로부터 지시받은 이번 주 업무 내역이다. 팀장은 N 과장에게 가급적 급한 일보다 중요한 일을 먼저 처리해 줄 것을 당부하며 아래의 일들에 대한 시간 분배를 잘 해 줄 것을 지시하였는데, 팀장의 지시사항을 참고로 N 과장이 처리해야 할 업무를 순서대로 바르게 나열한 것은?

Ⅰ 긴급하면서 중요한 일	Ⅱ 긴급하지 않지만 중요한 일
- 부서 손익실적 정리(A)	- 월별 총무용품 사용현황 정리(D)
- 개인정보 유출 방지책 마련(B)	- 부산 출장계획서 작성(E)
- 다음 주 부서 야유회 계획 수립(C)	- 내방 고객 명단 작성(F)
Ⅲ 긴급하지만 중요하지 않은 일	Ⅳ 긴급하지 않고 중요하지 않은 일
- 민원 자료 취합 정리(G)	- 신입사원 신규 출입증 배부(J)
- 영업부 파티션 교체 작업 지원(H)	- 프린터기 수리 업체 수배(K)
- 출입증 교체 인원 파악(I)	- 정수기 업체 배상 청구 자료 정리(L)

① (D) - (A) - (G) - (K)

② (B) - (E) - (J) - (H)

③ (A) - (G) - (E) - (K)

④ (B) - (F) - (G) - (L)

✔해설 긴급한 일과 중요한 일이 상충될 경우, 팀상의 지시에 의해 중요한 일을 먼저 처리해야 한다. 따라서 시간관리 매트릭스 상의 Ⅰ → Ⅱ → Ⅲ → Ⅳ의 순으로 업무를 처리하여야 한다.

따라서 ④의 (B) - (F) - (G) - (L)이 가장 합리적인 시간 계획이라고 할 수 있다.

8　다음 글과 〈조건〉을 근거로 판단할 때, 중국으로 출장 가는 사람으로 짝지어진 것은?

> 　C회사에서는 업무상 외국 출장이 잦은 편이다. 인사부 A씨는 매달 출장 갈 직원들을 정하는 업무를 맡고 있다. 이번 달에는 총 4국가로 출장을 가야 하며 인원은 다음과 같다.
>
> | 미국 | 영국 | 중국 | 일본 |
> |:---:|:---:|:---:|:---:|
> | 1명 | 4명 | 3명 | 4명 |
>
> 　출장을 갈 직원은 이과장, 김과장, 신과장, 류과장, 임과장, 장과장, 최과장이 있으며, 개인별 출장 가능한 국가는 다음과 같다.
>
> | 국가 ＼ 직원 | 이과장 | 김과장 | 신과장 | 류과장 | 임과장 | 장과장 | 최과장 |
> |:---:|:---:|:---:|:---:|:---:|:---:|:---:|:---:|
> | 미국 | ○ | × | ○ | × | × | × | × |
> | 영국 | ○ | × | ○ | ○ | ○ | × | × |
> | 중국 | × | ○ | ○ | ○ | ○ | × | ○ |
> | 일본 | × | × | ○ | × | ○ | ○ | ○ |
>
> ※ ○ : 출장 가능, × : 출장 불가능
> ※ 어떤 출장도 일정이 겹치진 않는다.
>
> 〈조건〉
> • 한 사람이 두 국가까지만 출장 갈 수 있다.
> • 모든 사람은 한 국가 이상 출장을 가야 한다.

① 김과장, 최과장, 류과장　　　　② 김과장, 신과장, 류과장

③ 신과장, 류과장, 임과장　　　　④ 김과장, 임과장, 최과장

> ✔**해설**　모든 사람이 한 국가 이상 출장을 가야 한다고 했으므로 김과장은 꼭 중국을 가야 하며, 장과장은 꼭 일본을 가야 한다. 또한 영국으로 4명이 출장을 가야 되고, 출장 가능 직원도 4명이므로 이과장, 신과장, 류과장, 임과장이 영국을 가야한다. 4국가 출장에 필요한 직원은 12명인데 김과장과 장과장이 1국가 밖에 못가므로 나머지 5명이 2국가를 출장간다는 것에 주의한다.
>
> | | 출장가는 직원 |
> |:---:|:---:|
> | 미국(1명) | 이과장 |
> | 영국(4명) | 류과장, 이과장, 신과장, 임과장 |
> | 중국(3명) | 김과장, 최과장, 류과장 |
> | 일본(4명) | 장과장, 최과장, 신과장, 임과장 |

9~10 H는 사내 행사에서 입을 단체 티셔츠 주문을 맡게 되었다. 제시된 표를 바탕으로 이어지는 물음에 답하시오.

〈단체 티셔츠 주문 가격표〉

라운드(긴팔)

Ⅰ. 기본가　　　₩4,000
Ⅱ. 기모추가　Ⅰ + ₩500
Ⅲ. 프리미엄재질
　Ⅰ + ₩1,000
Ⅳ. 각종문양인쇄
　Ⅰ + ₩500

후드티(긴팔)

Ⅰ. 기본가　　　₩7,000
Ⅱ. 기모추가
추가비용없음
Ⅲ. 프리미엄재질
　Ⅰ + ₩2,000
Ⅳ. 각종문양인쇄
　Ⅰ + ₩1,000

라운드(반팔)

Ⅰ. 기본가　　　₩3,000
Ⅱ. 기모추가　　　불가
Ⅲ. 프리미엄재질
　Ⅰ + ₩1,000
Ⅳ. 각종문양인쇄
　Ⅰ + ₩500

맨투맨(긴팔)

Ⅰ. 기본가　　　₩6,000
Ⅱ. 기모추가
추가비용없음
Ⅲ. 프리미엄재질
　Ⅰ + ₩2,000
Ⅳ. 각종문양인쇄
　Ⅰ + ₩1,000

칼라티(긴팔)

Ⅰ. 기본가　　　₩5,000
Ⅱ. 기모추가　Ⅰ + ₩500
Ⅲ. 프리미엄재질
　Ⅰ + ₩1,500
Ⅳ. 각종문양인쇄
　Ⅰ + ₩500

※ 30장 이상 주문 시 1장 무료
　60장 이상 주문 시 3장 무료
　90장 이상 주문 시 5장 무료
※ 50장 이상 주문 시 총액의 10% 할인

〈사전 선호도 투표 결과〉

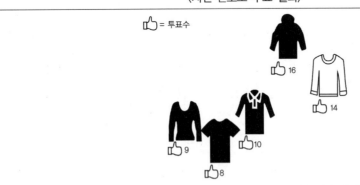

※ 도착해야 하는 티셔츠 총 개수는 투표자 수 총합의 110%로 함(소수점일 경우 올림)
※ 예산은 총 400,000원이 주어짐

9 티셔츠 구매 시 선호도를 고려하지 않고 최소한의 예산만을 사용할 때, 티셔츠 구매에 사용되는 총 금액은?

① 162,000원

② 170,100원

③ 180,000원

④ 189,000원

> ✔ 해설 선호도를 고려하지 않고 최소한의 예산만을 사용한다면 가장 저렴한 티셔츠를 구매해야 한다. 따라서 라운드(반팔) 기본가를 선택하게 된다. 투표자 수가 57명이고 도착해야 하는 티셔츠의 총 개수는 투표자 수 총합의 110%로 하므로 63장이다. 60장 이상 주문 시 3장이 무료이므로 60장을 주문하면 되고, 50장 이상 주문 시 총액의 10%를 할인해 주므로 최소한의 예산만을 사용할 때, 티셔츠 구매에 사용되는 총 금액은 $3,000 \times 60 \times 0.9 = 162,000$원이다.

10 행사 당일 날씨를 고려하여 기모를 추가한 셔츠를 주문해야 한다. H가 주어진 예산 범위 내에서 가장 많은 사람이 선호하는 티셔츠를 구매하려 할 때, 티셔츠 구매에 사용되는 총 금액은?

① 324,000원

② 330,000원

③ 360,000원

④ 378,000원

> ✔ 해설 가장 많은 사람이 선호한 후드티(긴팔) 기모추가를 60장 구매하는 데 필요한 금액은 $7,000 \times 60 \times 0.9 = 378,000$원이다.

❙11~12❙ 공장 주변지역의 농경수 오염에 책임이 있는 기업이 총 70억 원의 예산으로 피해현황 심사를 통해 보상을 진행한다고 한다. 다음 글을 읽고 물음에 답하시오.

총 500건의 피해가 발생하였고, 기업은 실제 피해 현황을 심사하여 보상하기로 하였다. 심사에 소요되는 비용은 보상 예산에서 사용한다. 심사를 통해 좀 더 정확한 피해규모를 파악할 수 있지만, 그에 따라 소요되는 비용 또한 증가한다.

	1일째	2일째	3일째	4일째
일별 심사 비용(억원)	0.5	0.7	0.9	1.1
일별 보상대상 제외건수	50	45	40	35

• 보상금 총액＝예산－심사 비용
• 표는 누적수치가 아닌, 하루에 소요되는 비용
• 일별 심사 비용은 매일 0.2억원씩 증가하고, 제외건수는 매일 5건씩 감소
• 제외검수가 0이 되는 날, 심사를 중지하고 보상금을 지급

11 기업측이 심사를 중지하는 날까지 소요되는 일별 심사 비용은 총 얼마인가?

① 15.5억 원

② 16억 원

③ 16.5억 원

④ 17억 원

✔해설 제외건수가 매일 5건식 감소하므로 11일째 되는 날 제외건수가 0이 된다. 11일째 되는 날의 일별 심사 비용은 0.2×10＋0.5＝2.5 → (2.5＋0.5)×5＋1.5＝16.5억원

12 심사를 중지하고 총 500건에 대해 보상을 할 때, 보상대상자가 받는 건당 평균 보상금은?

① 1,056만원

② 1,070만원

③ 2,056만원

④ 2,066만원

✔해설 (70억－16.5억)/500건＝53.5억/500건＝10,700,000원

13 Z회사는 6대(A~F)의 자동차 생산을 주문받았다. 오늘을 포함하여 30일 이내에 자동차를 생산할 계획이며 Z회사의 하루 최대투입가능 근로자 수는 100명이다. 다음 〈공정표〉에 근거할 때 Z회사가 벌어들일 수 있는 최대 수익은 얼마인가? (단, 작업은 오늘부터 개시되며 각 근로자는 자신이 투입된 자동차의 생산이 끝나야만 다른 자동차의 생산에 투입될 수 있고 1일 필요 근로자 수 이상의 근로자가 투입되더라도 자동차당 생산 소요기간은 변하지 않는다)

〈공정표〉

자동차	소요기간	1일 필요 근로자 수	수익
A	5일	20명	15억 원
B	10일	30명	20억 원
C	10일	50명	40억 원
D	15일	40명	35억 원
E	15일	60명	45억 원
F	20일	70명	85억 원

① 150억 원

② 155억 원

③ 160억 원

④ 165억 원

> ✔해설 최대 수익을 올리는 있는 진행공정은 다음과 같다.

F(20일, 70명)			C(10일, 50명)
B(10일, 30명)	A(5일, 20명)		

> F(85억)+B(20억)+A(15억)+C(40억)=160억

│14~15│ 아래 〈보기〉는 가, 나, 다, 라, 마 다섯 사람 사이의 연락 체계를 나타낸다. 〈보기〉를 참고하여 다음 물음에 답하시오.

〈보기〉

※ 송신자는 '✔' 표시가 있는 수신자에게만 연락을 취할 수 있다.
※ 송신자가 수신자에게 연락을 취할 땐 모두 동일한 시간이 소요된다.

구분		수신자				
		가	나	다	라	마
송신자	가			✔		
	나	✔				✔
	다		✔		✔	✔
	라	✔				
	마		✔		✔	

14 "나"가 다음과 같은 수신자를 거쳐 "라"에게 정보를 전달하려 할 때, 전달이 가능한 경우는?

① 나 – 가 – 다 – 라
② 나 – 가 – 마 – 라
③ 나 – 마 – 가 – 라
④ 나 – 마 – 다 – 라

> **✔해설** ② 송신자가 "가"일 때 "마"에게 연락을 취할 수 없다.
> ③ 송신자가 "마"일 때 "가"에게 연락을 취할 수 없고, 송신자가 "가"일 때도 "라"에게 연락을 취할 수 없다.
> ④ 송신자가 "마"일 때 "다"에게 연락을 취할 수 없다.

15 "다"가 전달한 정보가 "가"에게 최대한 빠르게 도착하기까지 거칠 수 있는 사람으로 맞게 짝지어진 것은?

① 나   ② 마
③ 나, 라   ④ 나, 마

> **✔해설** "다"는 "나", "라", "마"에게 연락을 취할 수 있는데, 이 중 "나"와 "라"는 바로 "가"에게 연락을 취할 수 있다. 따라서 "다 – 나 – 가" 또는 "다 – 라 – 가"의 경로가 가장 빠르다.

16 다음은 A와 B제품을 1개씩 만드는데 필요한 연료와 전력 및 하루 사용 제한량을 나타낸 표이다. A는 5개에 15만원, B는 3개에 3만원의 이익이 생긴다. A와 B를 총 50개 생산할 때, 최대한 많은 이익을 얻기 위한 A의 생산 개수와 그 때의 이익은?

	A	B	제한량
연료(L)	2	5	220
전력(kWh)	45	15	1,800

① 35개, 120만원　　　　　　　　② 30개, 110만원

③ 25개, 100만원　　　　　　　　④ 20개, 90만원

> ✔해설 A제품의 생산량을 x개라 하면, B제품의 생산량은 $50-x$개가 된다.
> $2x+5(50-x) \leq 220 \rightarrow x \geq 10$, $45x+15(50-x) \leq 1,800 \rightarrow x \leq 35$
> 따라서 두 식에 의해 $10 \leq x \leq 35$가 되므로 A는 35개, B는 15개를 생산하게 된다.
> A의 제품 1개당 이익은 15/5=3만원, B의 제품 1개당 이익은 3/3=1만원이다. A와 B의 생산 이익의 합은 $3 \times 35 + 1 \times 15 = 120$만원이다.

17 어느 회사에서 영업부, 편집부, 홍보부, 전산부, 영상부, 사무부에 대한 직무조사 순서를 정할 때 다음과 같은 조건을 충족시켜야 한다면 순서로 가능한 것은?

> • 편집부에 대한 조사는 전산부 또는 영상부 중 어느 한 부서에 대한 조사보다 먼저 시작되어야 한다.
> • 사무부에 대한 조사는 홍보부나 전산부에 대한 조사보다 늦게 시작될 수는 있으나, 영상부에 대한 조사보다 나중에 시작될 수 없다.
> • 영업부에 대한 조사는 아무리 늦어도 홍보부 또는 전산부 중 적어도 어느 한 부서에 대한 조사보다는 먼저 시작되어야 한다.

① 홍보부－편집부－사무부－영상부－전산부－영업부

② 영상부－홍보부－편집부－영업부－사무부－전산부

③ 전산부－영업부－편집부－영상부－사무부－홍보부

④ 편집부－홍보부－영업부－사무부－영상부－전산부

> ✔해설 ②③은 사무부가 영상부에 대한 조사보다 나중에 시작될 수 없다는 조건과 모순된다. ①은 영업부에 대한 조사가 홍보부 또는 전산부 중 적어도 어느 한 부서에 대한 조사보다는 먼저 시작되어야 한다는 조건에 모순된다. 따라서 가능한 답은 ④이다.

▌18~19▐ 아래의 제시 상황을 보고 이어지는 질문에 답하시오.

A 식음료 기업 직영점의 점장이 된 B는 새로운 아르바이트생을 모집하고 있으며, 아래의 채용공고를 보고 지원한 사람들의 명단을 정리하였다.

〈아르바이트 모집공고 안내〉

✔ 채용 인원 : 미정
✔ 시급 : 6,000원
✔ 근무 시작 : 8월 9일
✔ 근무 요일 : 월~금 매일(면접 시 협의)
✔ 근무 시간 : 8:00-12:00/ 12:00-16:00/ 16:00-20:00 중 4시간 이상(면접 시 협의)
✔ 우대 조건 : 동종업계 경력자, 바리스타 자격증 보유자, 6개월 이상 근무 가능자

※ 지원자들은 이메일(jumjangB@ncs.com)로 이력서를 보내 주시기 바랍니다.
※ 희망 근무 요일과 희망 근무 시간대를 이력서에 반드시 기입해 주세요.
※ 많은 지원 바랍니다!

〈지원자 명단〉

	A	B	C	D
	이름	희망 근무 요일	희망 근무 시간	우대 조건
2	강한결	월, 화, 수, 목, 금	8:00 ~ 16:00	
3	금나래	화, 목	8:00 ~ 20:00	
4	김샛별	월, 수, 금	8:00 ~ 16:00	6개월 이상 근무가능
5	송민국	월, 화, 수, 목, 금	16:00 ~ 20:00	타사 카페 6개월 경력
6	은빛나	화, 목	16:00 ~ 20:00	바리스타 자격증 보유
7	이초롱	월, 수, 금	8:00 ~ 16:00	
8	한마음	월, 화, 수, 목, 금	12:00 ~ 20:00	
9	현명한	월, 화, 수, 목, 금	16:00 ~ 19:00	

18 B점장은 효율적인 직원 관리를 위해 최소 비용으로 최소 인원을 채용하기로 하였다. 평일 오전 8시부터 오후 8시까지 계속 1명 이상의 아르바이트생이 점포 내에 있어야 한다고 할 때 채용에 포함 될 지원자는?

① 김샛별

② 송민국

③ 한마음

④ 현명한

> ✔해설 평일 오전 8시부터 오후 8시까지 최소 비용으로 계속 1명 이상의 아르바이트생을 채용하기 위해서는 강한결과 송민국을 채용하면 된다.

19 직원 채용 후 한 달 뒤, 오전 8시에서 오후 4시 사이에 일했던 직원이 그만두어 그 시간대에 일할 직원을 다시 채용하게 되었다. 미채용 되었던 인원들에게 연락할 때, B점장이 먼저 연락하게 될 지원자들을 묶은 것으로 적절한 것은?

① 강한결, 금나래

② 금나래, 김샛별

③ 금나래, 이초롱

④ 김샛별, 은빛나

> ✔해설 평일 오전 8시부터 오후 4시까지 근무하던 강한결의 공백을 채우기 위해서는 희망 근무 시간이 맞는 사람 중 월, 수, 금은 김샛별에게, 화, 목은 금나래에게 먼저 연락해 볼 수 있다.

Answer 18.② 19.②

|20~21| 사무용 비품 재고 현황을 파악하기 위해 다음과 같이 표로 나타내었다. 다음 물음에 답하시오.

<사무용 비품 재고 현황>

품목	수량	단위당 가격(원)
물티슈	1개	2,500
휴지	2롤	18,000
서류봉투	78장	700
믹스커피	1box(100개입)	15,000
과자	2box(20개입)	1,800
수정액	5개	5,000
볼펜	12자루	1,600
형광펜	23자루	500
종이컵	3묶음	1,200
나무젓가락	15묶음	2,000
가위	3개	3,000
테이프	5개	2,500

20 다음 중 가장 먼저 구입해야하는 비품은?

① 수정액   ② 믹스커피
③ 가위   ④ 물티슈

> ✔해설 물티슈의 재고는 1개로 가장 적게 남아있으므로 가장 먼저 구입해야하는 비품이다.

21 비품 예산이 3만원이 남았다면, 예산 내에서 구매할 수 없는 조합은?

① 물티슈 3개, 휴지 1롤

② 나무젓가락 10묶음, 볼펜 8자루

③ 믹스커피 1box, 수정액 2개

④ 서류봉투 10장, 형광펜 30자루

> ✔해설 2,000×10+1,600×8=32,800원→3만원이 넘어가므로 예산 내에서 구매할 수 없다.

22 A씨와 B씨는 내일 있을 시장동향 설명회에 발표할 준비를 함께 하게 되었다. 우선 오전 동안 자료를 수집하고 오후 1시에 함께 회의하여 PPT작업과 도표로 작성해야 할 자료 등을 정리하고 각자 다음과 같은 업무를 나눠서 하려고 한다. 회의를 제외한 모든 업무는 혼자서 할 수 있는 일이고, 발표원고 작성은 PPT가 모두 작성되어야 시작할 수 있다. 각 영역당 소요시간이 다음과 같을 때 옳지 않은 것은? (단, 두 사람은 가장 빨리 작업을 끝낼 수 있는 방법을 선택한다)

업무	소요시간
회의	1시간
PPT 작성	2시간
PPT 검토	2시간
발표원고 작성	3시간
도표 작성	3시간

① 7시까지 발표 준비를 마칠 수 있다.

② 두 사람은 같은 시간에 준비를 마칠 수 있다.

③ A가 도표작성 능력이 떨어지고 두 사람의 PPT 활용 능력이 비슷하다면 발표원고는 A가 작성하게 된다.

④ 도표를 작성한 사람이 발표원고를 작성한다.

✔ 해설 ④ PPT작성이 도표작성보다 더 먼저 끝나므로 PPT를 작성한 사람이 발표원고를 작성하는 것이 일을 더 빨리 끝낼 수 있다.

23 물적 자원 활용의 방해요인 중 다음 사례에 해당되는 것끼리 바르게 묶인 것은?

> 건설회사에 다니는 박과장은 하나의 물건을 오랫동안 사용하지 못하고 수시로 바꾸는 것으로 동료들에게 유명하다. 며칠 전에도 사무실에서 작업공구를 사용하고 아무 곳에 놓았다가 잊어버려 새로 구입하였고 오늘은 며칠 전에 구입했던 핸드폰을 만지다 떨어뜨려 A/S센터에 수리를 맡기기도 했다. 박과장은 이렇게 물건을 사용하고 제자리에 두기만 하면 오랫동안 잃어버리지 않고 사용할 수 있는데도 평소 아무 생각 없이 물건을 방치하여 새로 구입한 적이 허다하고 조금만 조심해서 사용하면 굳이 비싼 돈을 들여 다시 수리를 맡기지 않아도 될 것을 함부로 다루다가 망가뜨려 수리를 맡긴 적이 한두 번이 아니다. 박과장은 이러한 일로 매달 월급의 3분의 1을 소비하며 매일 자기 자신의 행동에 대해 후회하고 있다.

① 구입하지 않은 경우, 훼손 및 파손된 경우
② 보관 장소를 파악하지 못한 경우, 훼손 및 파손된 경우
③ 구입하지 않은 경우, 분실한 경우
④ 보관 장소를 파악하지 못한 경우, 분실한 경우

> ✔해설 물적 자원 활용의 방해요인으로는 물품의 보관 장소를 파악하지 못한 경우, 물품이 훼손 및 파손된 경우, 물품을 분실한 경우로 나눌 수 있다. 해당 사례는 물품의 보관 장소를 파악하지 못한 경우와 물품이 훼손 및 파손된 경우에 속한다.

24 다음은 ☆☆ 기업의 직원별 과제 수행 결과에 대한 평가표이다. 가장 나쁜 평가를 받은 사람은 누구인가?

〈직원별 과제 수행 결과 평가표〉		
성명	과제 수행 결과	점수
정은	정해진 기한 내에서 작업 완료	
석준	주어진 예산 한도 내에서 작업 완료	
환욱	계획보다 적은 인원을 투입하여 작업 완료	
영재	예상보다 더 많은 양의 부품을 사용하여 작업 완료	

① 정은
② 석준
③ 환욱
④ 영재

정해진 기한 내에 인적, 물적, 금전적 자원 한도 내에서 작업이 완료되는 경우 과제 수행 결과에 대한 평가가 좋게 이루어진다. 따라서 정은, 석준, 환욱은 좋은 평가를 받게 되고 영재는 예상보다 많은 양의 물적 자원을 사용하였으므로 가장 나쁜 평가를 받게 된다.

25 다음은 물류담당자 A씨가 회사와 인접한 파주, 인천, 철원, 구리 4개 지점 중 최적의 물류거점을 세우려고 한다. 지점 간 거리와 물동량을 모두 고려한 최적의 물류거점은?

- 지점의 물동량
  파주-500, 인천-800, 철원-400, 구리-300

- 지점간 거리

① 파주   ② 인천
③ 철원   ④ 구리

파주: $50 \times 800 + 50 \times 300 + 80 \times 400 = 87,000$
인천: $50 \times 500 + 100 \times 400 + 70 \times 300 = 86,000$
철원: $80 \times 500 + 100 \times 800 + 70 \times 300 = 141,000$
구리: $50 \times 500 + 70 \times 800 + 70 \times 400 = 109,000$

26 인사팀에 신입사원 민기씨는 회사에서 NCS채용 도입을 위한 정보를 얻기 위해 NCS기반 능력중심채용 설명회를 다녀오려고 한다. 민기씨는 오늘 오후 1시까지 김대리님께 보고서를 작성해서 드리고 30분 동안 피드백을 받기로 했다. 오전 중에 정리를 마치려면 시간이 빠듯할 것 같다. 다음에 제시된 설명회 자료와 교통편을 보고 민기씨가 생각한 것으로 틀린 것은?

최근 이슈가 되고 있는 공공기관의 NCS 기반 능력중심 채용에 관한 기업들의 궁금증 해소를 위하여 붙임과 같이 설명회를 개최하오니 많은 관심 부탁드립니다.

감사합니다.

-붙임-

설명회 장소	일시	비고
서울고용노동청(5층) 컨벤션홀	2015. 11. 13(금) 15:00~17:00	설명회의 원활한 진행을 위해 설명회 시작 15분 뒤부터는 입장을 제한합니다.

오시는 길

지하철 : 2호선 을지로입구역 4번 출구(도보 10분 거리)

버스 : 149, 152번 ○○센터(도보 5분 거리)

• 회사에서 버스정류장 및 지하철역까지 소요시간

출발지	도착지	소요시간	
회사	×× 정류장	도보	30분
		택시	10분
	지하철역	도보	20분
		택시	5분

• 서울고용노동청 가는 길

교통편	출발지	도착지	소요시간
지하철	잠실역	을지로입구역	1시간(환승포함)
버스	×× 정류장	○○센터 정류장	50분(정체 시 1시간 10분)

① 택시를 타지 않아도 버스를 타고 가면 늦지 않게 설명회에 갈 수 있다.

② 어떤 방법으로 이동하더라도 설명회에 입장은 가능하다.

③ 택시를 타지 않아도 지하철을 타고 가면 늦지 않게 설명회에 갈 수 있다.

④ 정체가 되지 않는다면 버스를 타고 가는 것이 지하철보다 빠르게 갈 수 있다.

✔해설 ① 도보로 버스정류장까지 이동해서 버스를 타고 가게 되면 도보(30분), 버스(50분), 도보(5분)으로 1시간 25분이 걸리지만 버스가 정체될 수 있으므로 1시간 45분으로 계산하는 것이 바람직하다. 민기씨는 1시 30분에 출발할 수 있으므로 3시 15분에 도착하게 되고 입장은 할 수 있으나 늦는다.

※ 소요시간 계산

  ㉠ 도보-버스 : 도보(30분), 버스(50분), 도보(5분)이므로 총 1시간 25분(정체 시 1시간 45분) 걸린다.

  ㉡ 도보-지하철 : 도보(20분), 지하철(1시간), 도보(10분)이므로 총 1시간 30분 걸린다.

  ㉢ 택시-버스 : 택시(10분), 버스(50분), 도보(5분)이므로 총 1시간 5분(정체 시 1시간 25분) 걸린다.

  ㉣ 택시-지하철 : 택시(5분), 지하철(1시간), 도보(10분)이므로 총 1시간 15분 걸린다.

27 이대리는 계약 체결을 위해 부산에 2시까지 도착해서 미팅을 하러 간다. 집에서 기차역까지 30분, 고속터미널까지 15분이 걸린다. 교통비와 스케줄이 다음과 같을 때, 이 대리의 선택은 무엇인가? (단, 도착시간이 동일할 경우, 비용이 저렴한 것을 우선순위로 한다.)

방법	출발 시간	환승시간	이동 시간	미팅장소까지 걷는 시간	비용(원)
㈎ 기차	8:25	–	5시간	10분	10만
㈏ 고속버스 → 버스	7:20	10분	6시간		7만 2천
㈐ 기차 → 버스	2:25	20분	5시간 30분		10만 2천
㈑ 고속버스	8:05	–	5시간 25분		7만

① ㈎   ② ㈏

③ ㈐   ④ ㈑

✔해설 기차역까지 30분, 고속터미널까지 15분

  ㈎ : 8:25＋30분＋5시간＋10분＝14:05 → 미팅 시간보다 늦으므로 불가능

  ㈏ : 7:20＋15분＋10분＋6시간＋10분＝13:55분

  ㈐ : 7:25＋30분＋20분＋5시간 30분＋10분＝13:55

  ㈑ : 8:05＋15분＋5시간 25분＋10분＝13:55

  2시(14:00) 전까지 도착할 수 있는 선택지 ㈏, ㈐, ㈑ 중 비용이 가장 적게 들어가는 선택지는 ㈑이다.

| 28~29 | 다음은 W기업의 신입사원 채용 공고이다. 매뉴얼을 보고 물음에 답하시오.

신입사원 채용 공고

- **부서별 인원 TO**

기획팀	HR팀	재무팀	총무팀	해외사업팀	영업팀
0	1	2	2	3	1

- **공통 요건**
  1. 지원자의 지원부서 외 타부서에서의 채용 불가
  2. 학점 3.8 이상 / TOEIC 890 이상 우대
  3. 4년제 수도권 대학 졸업 우대
- **부서별 요건**
  1. 해외사업팀 – 3개 국어 가능자
  2. 영업팀 – 운전가능자

28 다음 신입사원 채용 매뉴얼로 보아 입사가능성이 가장 높은 사람은?

	이름	지원부서	학점	TOEIC	외국어 회화	운전면허
①	정새형	기획팀	4.3	910	프랑스어	무
②	이적	영업팀	3.9	830	영어, 이탈리아어	무
③	김동률	해외사업팀	4.1	900	독일어	유
④	유희열	총무팀	4.0	890	일본어, 중국어	무

> ✔ 해설 ① 정재형은 모든 조건에 만족하나 기획팀은 인원 TO가 없으므로 합격이 어렵다.
> ② 이적은 영업팀을 지원했으나 운전면허가 없으므로 합격이 어렵다.
> ③ 김동률은 해외사업팀을 지원했으나 1개 국어만 가능하므로 합격이 어렵다.

29 다음 보기의 내용 중 적절하지 않은 것을 고르면?

① W기업은 올해 총 9명의 신입사원을 채용할 계획이다.

② TOEIC 890 이하인 지원자는 입사가 불가하다.

③ 가장 TO가 많은 부서는 해외사업팀이다.

④ 공통요건에 해당하더라도 지원부서의 요건에 맞지 아니하면 합격이 불가하다.

30 다음 자료를 참고할 때, 기업의 건전성을 파악하는 지표인 금융비용부담률이 가장 낮은 기업과 이자보상비율이 가장 높은 기업을 순서대로 알맞게 짝지은 것은 어느 것인가?

(단위 : 천만 원)

구분	매출액	매출원가	판관비	이자비용
A기업	98	90	2	1.5
B기업	105	93	3	1
C기업	95	82	3	2
D기업	112	100	5	2

※ 영업이익 = 매출액 − 매출원가 − 판관비
※ 금융비용부담률 = 이자비용 ÷ 매출액 × 100
※ 이자보상비율 = 영업이익 ÷ 이자비용 × 100

① A기업, B기업
② B기업, B기업
③ A기업, C기업
④ C기업, B기업

✔해설 주어진 산식을 이용해 각 기업의 금융비용부담률과 이자보상비율을 계산해 보면 다음과 같다.

구분		내용
A기업	영업이익	98 − 90 − 2 = 6천만 원
	금융비용부담률	1.5 ÷ 98×100 = 약 1.53%
	이자보상비율	6 ÷ 1.5 × 100 = 400%
B기업	영업이익	105 − 93 − 3 = 9천만 원
	금융비용부담률	1 ÷ 105 × 100 = 약 0.95%
	이자보상비율	9 ÷ 1 × 100 = 900%
C기업	영업이익	95 − 82 − 3 = 10천만 원
	금융비용부담률	2 ÷ 95 × 100 = 약 2.11%
	이자보상비율	10 ÷ 2 × 100 = 500%
D기업	영업이익	112 − 100 − 5 = 7천만 원
	금융비용부담률	2 ÷ 112 × 100 = 약 1.79%
	이자보상비율	7 ÷ 2 × 100 = 350%

따라서 금융비용부담률이 가장 낮은 기업과 이자보상비율이 가장 높은 기업은 모두 B기업임을 알 수 있으며, B기업이 가장 우수한 건전성을 나타낸다고 할 수 있다.

Answer 28.④ 29.② 30.②

CHAPTER 05 기술능력

(1) 기술과 과학

① 노하우(know-how)와 노와이(know-why)

    ㉠ 노하우 : 특허권을 수반하지 않는 과학자, 엔지니어 등이 가지고 있는 체화된 기술로 경험적이고 반복적인 행위에 의해 얻어진다.

    ㉡ 노와이 : 기술이 성립하고 작용하는가에 관한 원리적 측면에 중심을 둔 개념으로 이론적인 지식으로서 과학적인 탐구에 의해 얻어진다.

② 기술의 특징

    ㉠ 하드웨어나 인간에 의해 만들어진 비자연적인 대상, 혹은 그 이상을 의미한다.

    ㉡ 기술은 노하우(know-how)를 포함한다.

    ㉢ 기술은 하드웨어를 생산하는 과정이다.

    ㉣ 기술은 인간의 능력을 확장시키기 위한 하드웨어와 그것의 활용을 뜻한다.

    ㉤ 기술은 정의 가능한 문제를 해결하기 위해 순서화되고 이해 가능한 노력이다.

③ 기술과 과학 : 기술은 과학과 같이 추상적 이론보다는 실용성, 효용, 디자인을 강조하고 과학은 그 반대로 추상적 이론, 지식을 위한 지식, 본질에 대한 이해를 강조한다.

(2) 기술능력

① 기술능력과 기술교양 : 기술능력은 기술교양의 개념을 보다 구체화시킨 개념으로, 기술교양은 모든 사람들이 광범위한 관점에서 기술의 특성, 기술적 행동, 기술의 힘, 기술의 결과에 대해 어느 정도의 지식을 가지는 것을 의미한다.

② 기술능력이 뛰어난 사람의 특징

    ㉠ 실질적 해결을 필요로 하는 문제를 인식한다.

    ㉡ 인식된 문제를 위한 다양한 해결책을 개발하고 평가한다.

    ㉢ 실제적 문제를 해결하기 위해 지식이나 기타 자원을 선택 · 최적화시키며 적용한다.

    ㉣ 주어진 한계 속에서 제한된 자원을 가지고 일한다.

    ㉤ 기술적 해결에 대한 효용성을 평가한다.

ⓑ 여러 상황 속에서 기술의 체계와 도구를 사용하고 배울 수 있다.

③ 새로운 기술능력 습득방법

　　㉠ 전문 연수원을 통한 기술과정 연수

　　㉡ E-learning을 활용한 기술교육

　　㉢ 상급학교 진학을 통한 기술교육

　　㉣ OJT를 활용한 기술교육

(3) 분야별 유망 기술 전망

① 전기전자정보공학분야 : 지능형 로봇 분야

② 기계공학분야 : 하이브리드 자동차 기술

③ 건설환경공학분야 : 지속가능한 건축 시스템 기술

④ 화학생명공학분야 : 재생에너지 기술

(4) 지속가능한 기술

① 지속가능한 발전 : 지금 우리의 현재 욕구를 충족시키면서 동시에 후속 세대의 욕구 충족을 침해하지 않는 발전

② 지속가능한 기술

　　㉠ 이용 가능한 자원과 에너지를 고려하는 기술

　　㉡ 자원이 사용되고 그것이 재생산되는 비율의 조화를 추구하는 기술

　　㉢ 자원의 질을 생각하는 기술

　　㉣ 자원이 생산적인 방식으로 사용되는가에 주의를 기울이는 기술

(5) 산업재해

① 산업재해란 산업 활동 중의 사고로 인해 사망하거나 부상을 당하고, 또는 유해 물질에 의한 중독 등으로 직업성 질환에 걸리거나 신체적 장애를 가져오는 것을 말한다.

② 산업 재해의 기본적 원인

    ㉠ 교육적 원인 : 안전 지식의 불충분, 안전 수칙의 오해, 경험이나 훈련의 불충분과 작업관리자의 작업 방법의 교육 불충분, 유해 위험 작업 교육 불충분 등

    ㉡ 기술적 원인 : 건물·기계 장치의 설계 불량, 구조물의 불안정, 재료의 부적합, 생산 공정의 부적당, 점검·정비·보존의 불량 등

    ㉢ 작업 관리상 원인 : 안전 관리 조직의 결함, 안전 수칙 미제정, 작업 준비 불충분, 인원 배치 및 작업 지시 부적당 등

예제 2

다음은 철재가 알아낸 산업재해 원인과 관련된 자료이다. 다음 자료에 해당하는 산업재해의 기본적인 원인은 무엇인가?

〈2015년 산업재해 현황분석 자료에 따른 사망자의 수〉

(단위 : 명)

사망원인	사망자 수
안전 지식의 불충분	120
안전 수칙의 오해	56
경험이나 훈련의 불충분	73
작업관리자의 작업방법 교육 불충분	28
유해 위험 작업 교육 불충분	91
기타	4

출처 : 고용노동부 2015 산업재해 현황분석

① 정책적 원인
② 작업 관리상 원인
③ 기술적 원인
④ 교육적 원인

출제의도

산업재해의 원인은 크게 기본적 원인과 직접적 원인으로 나눌 수 있고 이들 원인은 다시 여러 개의 세부 원인들로 나뉜다. 표에 나와 있는 각각의 원인들이 어디에 속하는지 잘 구분할 수 있어야 한다.

해 설

④ 안전 지식의 불충분, 안전 수칙의 오해, 경험이나 훈련의 불충분, 작업관리자의 작업방법 교육 불충분, 유해 위험 작업 교육 불충분 등은 산업재해의 기본적 원인 중 교육적 원인에 해당한다.

답 ④

---

③ 산업 재해의 직접적 원인

    ㉠ 불안전한 행동 : 위험 장소 접근, 안전장치 기능 제거, 보호 장비의 미착용 및 잘못 사용, 운전 중인 기계의 속도 조작, 기계·기구의 잘못된 사용, 위험물 취급 부주의, 불안전한 상태 방치, 불안전한 자세와 동작, 감독 및 연락 잘못 등

    ㉡ 불안전한 상태 : 시설물 자체 결함, 전기 기설물의 누전, 구조물의 불안정, 소방기구의 미확보, 안전 보호 장치 결함, 복장·보호구의 결함, 시설물의 배치 및 장소 불량, 작업 환경 결함, 생산 공정의 결함, 경계 표시 설비의 결함 등

④ 산업 재해의 예방 대책

   ㉠ 안전 관리 조직 : 경영자는 사업장의 안전 목표를 설정하고, 안전 관리 책임자를 선정해야 하며, 안전 관리 책임자는 안전 계획을 수립하고, 이를 시행 · 후원 · 감독해야 한다.

   ㉡ 사실의 발견 : 사고 조사, 안전 점검, 현장 분석, 작업자의 제안 및 여론 조사, 관찰 및 보고서 연구, 면담 등을 통하여 사실을 발견한다.

   ㉢ 원인 분석 : 재해의 발생 장소, 재해 형태, 재해 정도, 관련 인원, 직원 감독의 적절성, 공구 및 장비의 상태 등을 정확히 분석한다.

   ㉣ 시정책의 선정 : 원인 분석을 토대로 적절한 시정책, 즉 기술적 개선, 인사 조정 및 교체, 교육, 설득, 호소, 공학적 조치 등을 선정한다.

   ㉤ 시정책 적용 및 뒤처리 : 안전에 대한 교육 및 훈련 실시, 안전시설과 장비의 결함 개선, 안전 감독 실시 등의 선정된 시정책을 적용한다.

2 기술능력을 구성하는 하위능력

(1) 기술이해능력

① 기술시스템

   ㉠ 개념 : 기술시스템은 인공물의 집합체만이 아니라 회사, 투자회사, 법적 제도, 정치, 과학, 자연자원을 모두 포함하는 것이기 때문에, 기술적인 것(the technical)과 사회적인 것(the social)이 결합해서 공존한다.

   ㉡ 기술시스템의 발전 단계 : 발명 · 개발 · 혁신의 단계→기술 이전의 단계→기술 경쟁의 단계→기술 공고화 단계

② 기술혁신

   ㉠ 기술혁신의 특성

     • 기술혁신은 그 과정 자체가 매우 불확실하고 장기간의 시간을 필요로 한다.

     • 기술혁신은 지식 집약적인 활동이다.

     • 혁신 과정의 불확실성과 모호함은 기업 내에서 많은 논쟁과 갈등을 유발할 수 있다.

     • 기술혁신은 조직의 경계를 넘나드는 특성을 갖고 있다.

ⓒ 기술혁신의 과정과 역할

기술혁신 과정	혁신 활동	필요한 자질과 능력
아이디어 창안	• 아이디어를 창출하고 가능성을 검증 • 일을 수행하는 새로운 방법 고안 • 혁신적인 진보를 위한 탐색	• 각 분야의 전문지식 • 추상화와 개념화 능력 • 새로운 분야의 일을 즐김
챔피언	• 아이디어의 전파 • 혁신을 위한 자원 확보 • 아이디어 실현을 위한 헌신	• 정력적이고 위험을 감수함 • 아이디어의 응용에 관심
프로젝트 관리	• 리더십 발휘 • 프로젝트의 기획 및 조직 • 프로젝트의 효과적인 진행 감독	• 의사결정 능력 • 업무 수행 방법에 대한 지식
정보 수문장	• 조직외부의 정보를 내부 구성원들에게 전달 • 조직 내 정보원 기능	• 높은 수준의 기술적 역량 • 원만한 대인 관계 능력
후원	• 혁신에 대한 격려와 안내 • 불필요한 제약에서 프로젝트 보호 • 혁신에 대한 자원 획득을 지원	• 조직의 주요 의사결정에 대한 영향력

(2) 기술선택능력

① 기술선택 : 기업이 어떤 기술을 외부로부터 도입하거나 자체 개발하여 활용할 것인가를 결정하는 것이다.

ⓐ 기술선택을 위한 의사결정

• 상향식 기술선택 : 기업 전체 차원에서 필요한 기술에 대한 체계적인 분석이나 검토 없이 연구자나 엔지니어들이 자율적으로 기술을 선택하는 것
• 하향식 기술선택 : 기술경영진과 기술기획담당자들에 의한 체계적인 분석을 통해 기업이 획득해야 하는 대상기술과 목표기술수준을 결정하는 것

ⓑ 기술선택을 위한 절차

```
            외부환경분석
               ↓
 중장기 사업목표 설정 → 사업 전략 수립 → 요구기술 분석 → 기술전략 수립 → 핵심기술 선택
               ↓
           내부 역량 분석
```

• 외부환경분석 : 수요변화 및 경쟁자 변화, 기술 변화 등 분석
• 중장기 사업목표 설정 : 기업의 장기비전, 중장기 매출목표 및 이익목표 설정
• 내부 역량 분석 : 기술능력, 생산능력, 마케팅/영업능력, 재무능력 등 분석
• 사업 전략 수립 : 사업 영역결정, 경쟁 우위 확보 방안 수립
• 요구기술 분석 : 제품 설계/디자인 기술, 제품 생산공정, 원재료/부품 제조기술 분석
• 기술전략 수립 : 기술획득 방법 결정

ⓒ 기술선택을 위한 우선순위 결정
- 제품의 성능이나 원가에 미치는 영향력이 큰 기술
- 기술을 활용한 제품의 매출과 이익 창출 잠재력이 큰 기술
- 쉽게 구할 수 없는 기술
- 기업 간에 모방이 어려운 기술
- 기업이 생산하는 제품 및 서비스에 보다 광범위하게 활용할 수 있는 기술
- 최신 기술로 진부화될 가능성이 적은 기술

예제 3

주현은 건설회사에 근무하면서 프로젝트 관리를 한다. 얼마 전 대규모 프로젝트에 참가한 한 하청업체가 중간 보고회를 열고 다음과 같이 자신들이 이번 프로젝트의 성공적 마무리를 위해 노력하고 있음을 설명하고 있다. 다음 중 총괄 책임자로서 주현이 하청업체의 올바른 추진 방향으로 인정해줘야 하는 부분으로 바르게 묶인 것은?

> ㉠ 정부 및 환경단체가 요구하는 성과평가의 실천 방안을 연구하여 반영하고 있습니다.
> ㉡ 이번 프로젝트 성공을 위해 기술적 효용과 함께 환경적 효용도 추구하고 있습니다.
> ㉢ 오염 예방을 위한 청정 생산기술을 진단하고 컨설팅하면서 협력회사와 연대하고 있습니다.
> ㉣ 환경영향평가에 대해서는 철저한 사후평가 방식으로 진행하고 있습니다.

① ㉠㉡㉢
② ㉠㉡㉣
③ ㉠㉢㉣
④ ㉡㉢㉣

답 ①

② 벤치마킹

　　㉠ 벤치마킹의 종류

기준	종류
비교대상에 따른 분류	• 내부 벤치마킹 : 같은 기업 내의 다른 지역, 타 부서, 국가 간의 유사한 활동을 비교대상으로 함 • 경쟁적 벤치마킹 : 동일 업종에서 고객을 직접적으로 공유하는 경쟁기업을 대상으로 함 • 비경쟁적 벤치마킹 : 제품, 서비스 및 프로세스의 단위 분야에 있어 가장 우수한 실무를 보이는 비경쟁적 기업 내의 유사 분야를 대상으로 함 • 글로벌 벤치마킹 : 프로세스에 있어 최고로 우수한 성과를 보유한 동일업종의 비경쟁적 기업을 대상으로 함
수행방식에 따른 분류	• 직접적 벤치마킹 : 벤치마킹 대상을 직접 방문하여 수행하는 방법 • 간접적 벤치마킹 : 인터넷 및 문서형태의 자료를 통해서 수행하는 방법

　　㉡ 벤치마킹의 주요 단계

　　• 범위결정 : 벤치마킹이 필요한 상세 분야를 정의하고 목표와 범위를 결정하며 벤치마킹을 수행할 인력들을 결정

　　• 측정범위 결정 : 상세분야에 대한 측정항목을 결정하고, 측정항목이 벤치마킹의 목표를 달성하는데 적정한가를 검토

　　• 대상 결정 : 비교분서의 대상이 되는 기업/기관들을 결정하고, 대상 후보별 벤치마킹 수행의 타당성을 검토하여 최종적인 대상 및 대상별 수행방식을 결정

　　• 벤치마킹 : 직접 또는 간접적인 벤치마킹을 진행

　　• 성과차이 분석 : 벤치마킹 결과를 바탕으로 성과차이를 측정항목별로 분석

　　• 개선계획 수립 : 성과차이에 대한 원인 분석을 진행하고 개선을 위한 성과목표를 결정하며, 성과목표를 달성하기 위한 개선계획을 수립

　　• 변화 관리 : 개선목표 달성을 위한 변화사항을 지속적으로 관리하고, 개선 후 변화사항과 예상했던 변화 사항을 비교

③ 매뉴얼 : 매뉴얼의 사전적 의미는 어떤 기계의 조작 방법을 설명해 놓은 사용 지침서이다.

　　㉠ 매뉴얼의 종류

　　• 제품 매뉴얼 : 사용자를 위해 제품의 특징이나 기능 설명, 사용방법과 고장 조치방법, 유지 보수 및 A/S, 폐기까지 제품에 관련된 모든 서비스에 대해 소비자가 알아야 할 모든 정보를 제공하는 것

　　• 업무 매뉴얼 : 어떤 일의 진행 방식, 지켜야할 규칙, 관리상의 절차 등을 일관성 있게 여러 사람이 보고 따라할 수 있도록 표준화하여 설명하는 지침서

ⓒ 매뉴얼 작성을 위한 Tip

- 내용이 정확해야 한다.
- 사용자가 알기 쉽게 쉬운 문장으로 쓰여야 한다.
- 사용자의 심리적 배려가 있어야 한다.
- 사용자가 찾고자 하는 정보를 쉽게 찾을 수 있어야 한다.
- 사용하기 쉬어야 한다.

(3) 기술적용능력

① 기술적용

ⓐ 기술적용 형태

- 선택한 기술을 그대로 적용한다.
- 선택한 기술을 그대로 적용하되, 불필요한 기술은 과감히 버리고 적용한다.
- 선택한 기술을 분석하고 가공하여 활용한다.

ⓑ 기술적용 시 고려 사항

- 기술적용에 따른 비용이 많이 드는가?
- 기술의 수명 주기는 어떻게 되는가?
- 기술의 전략적 중요도는 어떻게 되는가?
- 잠재적으로 응용 가능성이 있는가?

② 기술경영자와 기술관리자

ⓐ 기술경영자에게 필요한 능력

- 기술을 기업의 전반적인 전략 목표에 통합시키는 능력
- 빠르고 효과적으로 새로운 기술을 습득하고 기존의 기술에서 탈피하는 능력
- 기술을 효과적으로 평가할 수 있는 능력
- 기술 이전을 효과적으로 할 수 있는 능력
- 새로운 제품개발 시간을 단축할 수 있는 능력
- 크고 복잡하고 서로 다른 분야에 걸쳐 있는 프로젝트를 수행할 수 있는 능력
- 조직 내의 기술 이용을 수행할 수 있는 능력
- 기술 전문 인력을 운용할 수 있는 능력

다음은 기술경영자의 어떤 부분을 이야기하고 있는가?

> 어떤 일을 마무리하는 데 있어서 6개월의 시간이 걸린다면 그는 그 일을 한 달 안으로 끝낼 것을 원한다. 그에게 강한 밀어붙임을 경험한 사람들은 그에 대해 비판적인 입장을 취하기도 한다. 그의 직원 중 일부는 그 무게를 이겨내지 못하고, 다른 일부의 직원들은 그것을 스스로 더욱 열심히 할 수 있는 자극제로 사용한다고 말한다.

① 빠르고 효과적으로 새로운 기술을 습득하는 능력
② 기술 이전을 효과적으로 할 수 있는 능력
③ 기술 전문 인력을 운용할 수 있는 능력
④ 조직 내의 기술 이용을 수행할 수 있는 능력

해당 사례가 기술경영자에게 필요한 능력 중 무엇에 해당하는 내용인지 묻는 문제로 각 능력에 대해 확실하게 이해하고 있어야 한다.

③ 기술경영자는 기술 전문 인력을 운용함에 있어 강한 리더십을 발휘하고 직원 스스로 움직일 수 있게 이끌 수 있어야 한다.

답 ③

ⓒ 기술관리자에게 필요한 능력
- 기술을 운용하거나 문제 해결을 할 수 있는 능력
- 기술직과 의사소통을 할 수 있는 능력
- 혁신적인 환경을 조성할 수 있는 능력
- 기술적, 사업적, 인간적인 능력을 통합할 수 있는 능력
- 시스템적인 관점
- 공학적 도구나 지원방식에 대한 이해 능력
- 기술이나 추세에 대한 이해 능력
- 기술팀을 통합할 수 있는 능력

③ 네트워크 혁명

    ㉠ 네트워크 혁명의 3가지 법칙

      • 무어의 법칙 : 컴퓨터의 파워가 18개월마다 2배씩 증가한다는 법칙

      • 메트칼피의 법칙 : 네트워크의 가치는 사용자 수의 제곱에 비례한다는 법칙

      • 카오의 법칙 : 창조성은 네트워크에 접속되어 있는 다양한 지수함수로 비례한다는 법칙

    ㉡ 네트워크 혁명의 역기능 : 디지털 격차(digital divide), 정보화에 따른 실업의 문제, 인터넷 게임과 채팅 중독, 범죄 및 반사회적인 사이트의 활성화, 정보기술을 이용한 감시 등

예제 5

직표는 J그룹의 기술연구팀에서 근무하고 있는데 하루는 공정 개선 워크숍이 열려 최근 사내에서 이슈로 떠오른 신 제조공법의 도입과 관련해 토론을 벌이고 있다. 신 제조공법 도입으로 인한 이해득실에 대해 의견이 분분한 가운데 직표가 할 수 있는 발언으로 옳지 않은 것은?

① "기술의 수명 주기뿐만 아니라 기술의 전략적 중요성과 잠재적 응용 가능성 등도 따져봐야 합니다."

② "다른 것은 그냥 넘어가도 되지만 기계 교체로 인한 막대한 비용만큼은 철저히 고려해야 합니다."

③ "신 제조공법 도입이 우리 회사의 어떤 시장 전략과 연관되어 있는지 궁금합니다."

④ "신 제조공법의 수명을 어떻게 예상하고 있는지 알고 싶군요."

출제의도

기술적용능력에 대해 포괄적으로 묻는 문제로 신기술 적용 시 중요하게 생각해야 할 요소로는 무엇이 있는지 파악하고 있어야 한다.

해 설

② 기계 교체로 인한 막대한 비용뿐만 아니라 신 기술도입과 관련된 모든 사항에 대해 사전에 철저히 고려해야 한다.

 답 ②

출제예상문제

▌1~2▌ 다음은 어떤 수를 구하는 과정이다. 이를 보고 물음에 답하시오. (단, A와 B는 자연수이다.)

1단계 : A에 10, B에 5를 입력한다.
2단계 : A를 B로 나눈 나머지 값을 A에 저장한다.
3단계 : A와 B를 교환한다.
4단계 : B가 0이면 6단계로 진행한다.
5단계 : B가 0이 아니면 2단계로 진행한다.
6단계 : A에 저장된 수를 출력하고 프로그램을 종료한다.

---

1 과정을 보고 이에 대한 설명으로 옳은 것을 고르시오.

㉠ 출력되는 수는 1이다.
㉡ 5단계는 한 번도 실행되지 않는다.
㉢ 최대공약수를 구하는 알고리즘이다.
㉣ A에 B보다 작은 수를 입력하면 무한 반복된다.

---

① ㉠, ㉡   ② ㉠, ㉢

③ ㉡, ㉢   ④ ㉡, ㉣

✔**해설** ㉠ 출력되는 값은 5(A의 값)이다.
㉣ A에 B보다 작은 수를 입력해도 무한 반복되지 않는다.
최대공약수를 구하기 위한 알고리즘을 단계별로 해석하고 이해할 수 있어야 한다. 2단계에서 A는 10을
5로 나눈 나머지인 0이 저장된다. 3단계에서 두 수를 교환하면 A에는 5, B에는 0이 저장된다. 4단계에
서 B가 0이기 때문에 바로 6단계로 넘어가서 A에 저장된 5가 출력된다.

2 1단계에서 A에 6, B에 56이 입력되면, 2단계를 몇 번 거쳐야 프로그램이 종료하는가?

① 1번   ② 2번

③ 3번   ④ 4번

 해설

	A	B
1단계	6	56
2단계	6	56
3단계	56	6
5→2단계	2	6
3단계	6	2
5→2단계	0	2
3단계	2	0
4→6단계	2출력, 프로그램 종료	

프로그램 종료까지 '2단계'를 3번 반복한다.

3 다음은 장식품 제작 공정을 나타낸 것이다. 이에 대한 설명으로 옳은 것만을 〈보기〉에서 있는 대로 고른 것은? (단, 주어진 조건 이외의 것은 고려하지 않는다)

〈조건〉
- A ~ E의 모든 공정 활동을 거쳐 제품이 생산되며, 제품 생산은 A 공정부터 시작된다.
- 각 공정은 공정 활동별 한 명의 작업자가 수행하며, 공정 간 부품의 이동 시간은 고려하지 않는다.

〈작업순서〉

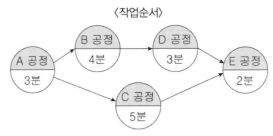

※ →는 작업의 선후 관계를 나타냄.

〈보기〉
㉠ 첫 번째 완제품은 생산 시작 12분 후에 완성된다.
㉡ 제품은 최초 생산 후 매 3분마다 한 개씩 생산될 수 있다.
㉢ C 공정의 소요 시간이 2분 지연되어도 첫 번째 완제품을 생산하는 총소요시간은 변화가 없다.

① ㉠
② ㉡
③ ㉠, ㉢
④ ㉡, ㉢

✔해설 ㉡ 최초 제품 생산 후 4분이 경과하면 두 번째 제품이 생산된다.
A 공정에서 E 공정까지 첫 번째 완제품을 생산하는 데 소요되는 시간은 12분이다. C 공정의 소요 시간이 2분 지연되어도 동시에 진행되는 B 공정과 D 공정의 시간이 7분이므로, 총소요시간에는 변화가 없다.

|4~5| 다음은 ISBN 코드와 13자리 번호체계를 설명하는 자료이다. 다음을 보고 물음에 답하시오.

ISBN 978 - 3 - 16 - 148410 - 0

접두부 / 국가번호 / 발행자번호 / 서명식별번호 / 체크기호

〈체크기호 계산법〉

• 1단계 - ISBN 처음 12자리 숫자에 가중치 1과 3을 번갈아 가며 곱한다.
• 2단계 - 각 가중치를 곱한 값들의 합을 계산한다.
• 3단계 - 가중치의 합을 10으로 나눈다.
• 4단계 - 3단계의 나머지 값을 10에서 뺀 값이 체크기호가 된다. 단 나머지가 0인 경우의 체크기호는 0이다.

4 빈칸 'A'에 들어갈 마지막 '체크기호'의 숫자는?

ISBN 938 - 15 - 93347 - 12 - A

① 5   ② 6
③ 7   ④ 8

✔**해설** • 1단계

9	3	8	1	5	9	3	3	4	7	1	2
×1	×3	×1	×3	×1	×3	×1	×3	×1	×3	×1	×3
=9	=9	=8	=3	=5	=27	=3	=9	=4	=21	=1	=6

• 2단계 → 9+9+8+3+5+27+3+9+4+21+1+6=105
• 3단계 → 105÷10=10…5
• 4단계 → 10-5=5
따라서 체크기호는 5가 된다.

5 빈칸 'B'에 들어갈 수 없는 숫자는?

ISBN 257－31－20028－B－3

① 10

② 52

③ 68

④ 94

✅ 해설　• 4단계 → $10 - 3 = 7$

• 3단계 → 10으로 나누었을 때 나머지가 7이 되는 수

• 1단계

2	5	7	3	1	2	0	0	2	8	x	y
×1	×3	×1	×3	×1	×3	×1	×3	×1	×3	×1	×3
=2	=15	=7	=9	=1	=6	=0	=0	=2	=24	$=x$	$=3y$

• 2단계 → $2 + 15 + 7 + 9 + 1 + 6 + 2 + 24 + x + 3y = 66 + x + 3y$

① $10 \rightarrow 66 + 1 + 0 = 67 \rightarrow$ 10으로 나누었을 때 나머지가 7이 되는 수

② $52 \rightarrow 66 + 5 + 6 = 77 \rightarrow$ 10으로 나누었을 때 나머지가 7이 되는 수

③ $68 \rightarrow 66 + 6 + 24 = 96 \rightarrow$ 10으로 나누었을 때 나머지가 6이 되는 수

④ $94 \rightarrow 66 + 9 + 12 = 87 \rightarrow$ 10으로 나누었을 때 나머지가 7이 되는 수

6 다음은 어떤 개념에 대한 설명인가?

• 하드웨어나 인간에 의해 만들어진 비자연적인 대상, 혹은 그 이상을 의미한다.
• 노하우(know-how)를 포함한다.
• 하드웨어를 생산하는 과정이다.
• 인간의 능력을 확장시키기 위한 하드웨어와 그것의 활용을 뜻한다.
• 정의 가능한 문제를 해결하기 위해 순서화되고 이해 가능한 노력이다.

① 기술

② 공유

③ 윤리

④ 문화

✅ 해설　제시된 설명은 기술에 관한 내용이다.

※ 기술능력이 뛰어난 사람의 특징

㉠ 실질적 해결을 필요로 하는 문제를 인식한다.

㉡ 인식된 문제를 위한 다양한 해결책을 개발하고 평가한다.

㉢ 실제적 문제를 해결하기 위해 지식이나 기타 자원을 선택·최적화시키며 적용한다.

㉣ 주어진 한계 속에서 제한된 자원을 가지고 일한다.

㉤ 기술적 해결에 대한 효용성을 평가한다.

㉥ 여러 상황 속에서 기술의 체계와 도구를 사용하고 배울 수 있다.

7 다음은 K사의 드론 사용 설명서이다. 아래 부품별 기능표를 참고할 때, 360도 회전비행을 하기 위하여 조작해야 할 버튼이 순서대로 알맞게 연결된 것은?

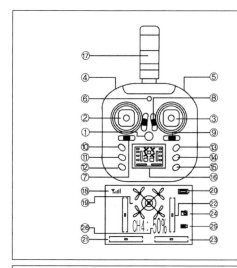

① 전원 스위치	⑯ LCD 창
② 상승/하강/회전 조작레버	⑰ 스마트폰 거치대
③ 이동방향 조작 레버	⑱ 신호 표시
④ 스피드 조절 버튼(3단)	⑲ 기체 상태 표시
⑤ 360도 회전비행 버튼	⑳ 조종기 배터리 잔량 표시
⑥ 전원 지시등	㉑ 좌우회전 미세조종 상태
⑦ 좌우회전 미세조종	㉒ 전후진 미세조종 상태
⑧ 전후진 미세조종	㉓ 좌우이동 미세조종 상태
⑨ 좌우이동 미세조종	㉔ 카메라 상태
⑩ 헤드리스모드 버튼	㉕ 비디오 상태
⑪ 원키 착륙 버튼	㉖ 스피드 상태
⑫ 원키 이륙 버튼	
⑬ 원키 리턴 버튼	
⑭ 사진 촬영 버튼	
⑮ 동영상 촬영 버튼	

360도 회전비행

팬토머는 360도 회전비행이 가능합니다.
드론이 앞/뒤/좌/우 방향으로 회전하므로
첫 회전 비행시 각별히 주의하세요.

(1) 넓고 단단하지 않은 바닥 위에서 비행하세요.
(2) 조종기의 '360도 회전비행' 버튼을 누른 후,
   오른쪽 이동방향 조작 레버를 앞/뒤/좌/우
   한 방향으로만 움직이세요.
(3) 360도 회전비행을 위해서는 충분한 연습이
   필요합니다.

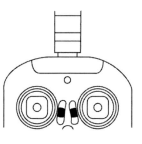

① ③번 버튼 – ⑤번 버튼
② ②번 버튼 – ⑤번 버튼
③ ⑤번 버튼 – ②번 버튼
④ ⑤번 버튼 – ③번 버튼

> ✔해설 360도 회전비행을 위해서는 360도 회전비행을 먼저 눌러야 하며 부품별 기능표의 ⑤번 버튼이 이에 해당된다. 다음으로 오른쪽 이동방향 조작 레버를 원하는 방향으로 조작하여야 하므로 ③번 버튼이 이에 해당된다.

Answer 5.③ 6.① 7.④

8 다음은 새로 구입한 TV에 이상이 생긴 경우 취할 수 있는 조치방법에 관한 사용자 매뉴얼의 일부 내용이다. ⊙~② 중, 사용자 매뉴얼의 다른 항목 사용법을 추가로 확인해 보아야 할 필요가 없는 것은?

TV가 이상해요	이렇게 해보세요!
⊙ 화면이 전체화면으로 표시되지 않아요.	HD 채널에서 일반 화질(4:3)의 콘텐츠가 재생되면 화면 양쪽에 검은색 여백이 나타납니다. 화면 비율이 TV와 다른 영화를 감상할 때, 화면 위/아래에 검은색 여백이 생겨납니다. 외부 기기의 화면 크기를 조정하거나 TV를 전체 화면으로 설정하세요.
ⓒ '지원하지 않는 모드입니다.' 라는 메시지가 나타났어요.	TV에서 지원하는 해상도인지 확인하고 이에 따라 외부 기기의 출력 해상도를 조정하세요.
ⓒ TV 메뉴에서 자막이 회색으로 표시돼요.	외부 기기가 HDMI 케이블로 연결된 경우 자막 메뉴를 사용할 수 없습니다. 외부 기기의 자막 기능이 활성화돼 있어야 합니다.
② 화면에 왜곡 현상이 생겨요.	특히 스포츠나 액션 영화 같은 빠르게 움직이는 화면에서 동영상 콘텐츠의 압축 때문에 화면 왜곡 현상이 나타날 수 있습니다. 신호가 약하거나 좋지 않은 신호는 화면 왜곡을 유발할 수 있으며, TV 근처(1m 이내)에 휴대폰이 있다면 아날로그와 디지털 채널의 화면에 노이즈가 발생할 수 있습니다.

① ⊙

② ⓒ

③ ⓒ

④ ②

✔해설 이상 현상을 해결하기 위해서는 화면 크기 조정법(⊙), 외부 기기 해상도 조정법(ⓒ), 외부 기기 자막 활성화 방법(ⓒ) 등을 확인하여야 하나, ②의 경우는 별도의 사용법을 참고할 필요가 없는 이상 현상이다.

9 급속히 발전하고 있는 기술변화의 모습에 적응하고자 많은 사람들이 기술 습득의 다양한 방법을 선택하고 있다. 다음 중 'OJT를 통한 기술교육'에 대한 올바른 설명을 〈보기〉에서 모두 고른 것은?

〈보기〉
㉮ 학문적이면서도 최신 기술의 흐름을 반영하며 관련 산업체와의 프로젝트 활동이 가능해 실무 중심의 기술교육이 가능하다.
㉯ 피교육자인 종업원이 업무수행의 중단되는 일이 없이 업무수행에 필요한 지식·기술·능력·태도를 교육훈련 받을 수 있다.
㉰ 원하는 시간과 장소에 교육받을 수 있어 시간, 공간적 측면에서 독립적이다.
㉱ 다년간에 걸친 연수 분야의 노하우에 의한 체계적이고 현장과 밀착된 교육이 가능하다.
㉲ 시간의 낭비가 적고 조직의 필요에 합치되는 교육훈련을 할 수 있다.

① ㉮, ㉱
② ㉯, ㉲
③ ㉮, ㉯, ㉲
④ ㉯, ㉰, ㉲

✔ **해설** OJT(On the Job Training)란 조직 안에서 피교육자인 종업원이 직무에 종사하면서 받게 되는 교육 훈련방법이다. 직장 상사나 선배가 지도·조언을 해주는 형태로 훈련이 행하여지기 때문에, 교육자와 피교육자 사이에 친밀감을 조성하며 시간의 낭비가 적고 조직의 필요에 합치되는 교육훈련을 할 수 있다는 장점이 있다.
㉮ 상급학교 진학을 통한 기술교육 (X)
㉯ OJT를 통한 기술교육 (O)
㉰ e-learning을 활용한 기술교육 (X)
㉱ 전문 연수원을 통한 기술과정 연수 (X)
㉲ OJT를 통한 기술교육 (O)

10 다음 중 지속가능한 기술에 관한 설명으로 옳지 않은 것은?

① 이용 가능한 자원과 에너지를 고려하는 기술

② 자원이 사용되고 그것이 재생산되는 비율의 조화를 추구하는 기술

③ 자원의 양을 생각하는 기술

④ 자원이 생산적인 방식으로 사용되는가에 주의를 기울이는 기술

> ✔ **해설** 지속가능한 기술
> ㉠ 이용 가능한 자원과 에너지를 고려하는 기술
> ㉡ 자원이 사용되고 그것이 재생산되는 비율의 조화를 추구하는 기술
> ㉢ 자원의 질을 생각하는 기술
> ㉣ 자원이 생산적인 방식으로 사용되는가에 주의를 기울이는 기술

11 다음 글과 같은 사례에서 알 수 있는 기술의 발전상을 일컫는 말은?

> 산업혁명 당시 증기기관은 광산에서 더 많은 석탄을 캐내기 위해서(광산 갱도에 고인 물을 더 효율적으로 퍼내기 위해서) 개발되었고 그 용도에 사용되었다. 증기기관이 광산에 응용되면서 석탄 생산이 늘었고, 공장은 수력 대신 석탄과 증기기관을 동력원으로 이용했다. 이제 광산과 도시의 공장을 연결해서 석탄을 수송하기 위한 새로운 운송 기술이 필요해졌으며, 철도는 이러한 필요를 충족시킨 기술이었다.

① 기술 네트워크   ② 기술 시스템

③ 기술 혁명   ④ 기술 융합

> ✔ **해설** 주어진 글에서는 각 시기별 산업을 이끈 기술이 시대의 변천에 따라 유기적인 연관을 맺으며 다음 기술로 이어지는 현상을 엿볼 수 있다. 이렇듯, 각기 다른 분야의 기술이 연결되어 하나의 시스템화 된 기술을 만든다는 점은 '기술 시스템'의 가장 큰 특징이라 할 수 있다.

12 다음 중 기술선택을 위해 우선순위를 결정할 때, 올바른 결정이 아닌 사례는?

① 은지 : 기업 간에 모방이 가능한 기술을 먼저 선택한다.

② 동우 : 제품의 성능이나 원가에 미치는 영향력이 큰 기술을 먼저 선택한다.

③ 주희 : 최신 기술로 진부화 될 가능성이 적은 기술을 먼저 선택한다.

④ 정진 : 기업이 생산하는 제품 및 서비스에 보다 광범위하게 활용할 수 있는 기술을 먼저 선택한다.

✔ 해설 기술선택을 위한 우선순위 결정
- 제품의 성능이나 원가에 미치는 영향력이 큰 기술
- 기술을 활용한 제품의 매출과 이익 창출 잠재력이 큰 기술
- 쉽게 구할 수 없는 기술
- 기업 간에 모방이 어려운 기술
- 기업이 생산하는 제품 및 서비스에 보다 광범위하게 활용할 수 있는 기술
- 최신 기술로 진부화 될 가능성이 적은 기술

Answer 10.③ 11.② 12.①

┃13~15┃ 다음은 전기레인지 고장수리 안내에 관한 내용이다. 다음의 내용을 확인한 후 주어진 질문에 답하시오.

〈점검 및 손질〉

점검 및 손질할 때는 반드시 전원을 차단하여 주십시오. 또한 아래의 내용을 반드시 숙지하여 주시기 바랍니다.
㉠ 청소 및 점검할 때는 장갑을 착용하시고 물에 젖지 않도록 주의하시기 바랍니다.
㉡ 청소를 할 때는 절대 물을 뿌리지 마십시오. 제품 내부로 물이 스며들 경우 누전, 쇼트 및 오동작으로 감전, 제품고장 및 화재의 위험이 있습니다.
㉢ 청소를 할 때는 인화 물질 즉 신나, 벤젠 등을 절대로 사용하지 마십시오.
㉣ 제품을 절대로 분해하지 마십시오.
㉤ 유리 표면을 스크래퍼로 청소할 때는 유리의 온도가 식었을 때 하시고, 칼날에 의한 상해를 주의하십시오.

〈일상점검 및 청소 방법〉

㉠ 세라믹 유리는 부드러운 천으로 자주 닦아 주십시오. 철 수세미 등 거친 수세미 사용 시 제품 표면이 손상될 수 있습니다.
㉡ 조작부에 수분이 없도록 관리하여 주십시오.
㉢ 조리 시 넘친 음식물은 유리 표면이 충분히 식은 후 청소하여 주십시오. 이물 제거용 스크래퍼 사용은 비스듬히 하여 이물을 제거하여 주십시오. 스크래퍼 사용 시에는 칼날이 나오도록 하여 사용 하신 후 다시 칼날이 보이지 않도록 하여 보관하십시오.
㉣ 유리 표면의 오염이 제거되지 않을 때는 시중에 판매되는 전용 세재를 구입하여 부드러운 천으로 닦아 주십시오.

사용 가능	부드러운 천, 스폰지 수세미, 중성세제
사용 불가	나일론 수세미, 식용유, 산성알칼리성세제, 금속수세미, 연마제, 신나, 벤젠

〈서비스 신청 전 확인 사항〉

증상	원인	확인 사항
전원이 차단되었을 때	누전 차단 스위치 작동	• 누전 차단기를 올려 주십시오.
히터의 반복 작동	각 단계별 최고 온도를 유지하기 위해 반복 작동	• 화구의 최대 화력을 자동 제어하는 기능으로 안심하고 사용하셔도 됩니다.
조리가 안 되거나 너무 길 때	냄비의 바닥면이 평평하지 않거나 부적절한 용기를 사용할 때	• 적절한 냄비를 사용하십시오.
	유리 표면에 이물 등으로 유리 표면과 냄비의 표면에 틈이 있을 때	• 유리 표면의 이물을 제거하여 주십시오.
	화구의 위치와 냄비 위치가 맞지 않을 때	• 냄비를 화구의 둥근 원 안에 잘 맞춰 사용하십시오.
조작이 되지 않을 때	잠금기능 설정	• 잠금 기능을 해제하여 주십시오.
	조작부 오염	• 조작부의 오염을 제거하신 후 재조작하여 주십시오.

사용 중 갑자기 꺼졌을 때		누전 차단기 작동	• 과부하 원인을 제거하신 후 누전차단기를 올려 사용하십시오. 반복적으로 발생될 때는 서비스센터에 문의하시기 바랍니다.
화구의 검은 부분		발열체 센서 부위	• 발열체의 이상 발열을 방지하기 위한 센서 위치로 발열이 되지 않는 부분입니다.
자동으로 꺼졌을 때		기능 선택을 안 하셨을 때	• 전원 키를 누르신 후 일정시간 동안 기능을 선택하지 않을 때 자동으로 전원이 꺼집니다.
		타이머 기능을 사용하셨을 때	• 화구의 타이머 기능을 사용하셨을 때 시간 경과 후 자동으로 전원이 꺼집니다.
에러 표시	E1	키 눌림 에러	• 조작부에 이물 등으로 키가 일정시간 동안 감지되었을 때 이물제거 및 전원을 다시 ON시켜 주십시오.
	E2	제품 과열 에러	• 제품에 이상 과열 발생되었을 때 표시됩니다. 전원을 다시 ON시킨 후 재사용 시에도 발생되면 서비스센터에 연락바랍니다.
	E3	저온 에러	• 온도센서 단선 시 표시 됩니다. 전원을 다시 ON시킨 후 재사용 시에도 발생되면 서비스센터에 연락바랍니다.

〈무상서비스 안내〉

피해유형	보상기준	
	품질보증기간 이내	품질보증기간 경과 후
구입 후 10일 이내에 정상적인 사용상태에서 발생한 성능, 기능상의 하자로 중요한 수리를 요하는 경우	교환 또는 환불	–
구입 후 1개월 이내에 정상적인 사용상태에서 발생한 성능, 기능상의 하자로 중요한 수리를 요하는 경우	교환 또는 무상수리	–
정상적인 사용상태에서 발생한 성능, 기능상의 하자		
㉠ 하자 발생 시	무상	유상
㉡ 수리 불가능 시	교환 또는 환불	
㉢ 교환 불가능 시	환불	
㉣ 동일하자에 대하여 2회까지 고장 발생 시	무상	
㉤ 동일하자에 대하여 3회째 고장 발생 시	교환 또는 환불	
㉥ 여러 부위의 고장으로 4회 수리 후 5회째 발생 시	교환 또는 환불	
㉦ 교환한 제품이 1개월 이내에 중요한 부위의 수리를 요하는 불량 발생 시	환불	

부품 보유 기간 내 수리할 부품을 보유하고 있지 않을 경우		
ⓞ정상적인 사용상태에서 성능, 기능상의 하자로 인해 발생된 경우	교환 또는 환불	정액감가상각금액에 구매 가격의 5% 가산하여 그 금액만큼 환불(최고한도 : 구입가격)
ⓛ소비자의 고의, 과실로 인한 고장 발생 시	유상수리금액 징수 후 교환	
소비자가 수리 의뢰한 제품을 사업자가 분실한 경우	교환 또는 환불	정액감가상각금액에 구매 가격의 10% 가산하여 그 금액만큼 환불(최고한도 : 구입가격)
제품 구입 시 운송과정 및 제품설치 중 발생된 피해	제품교환	–
천재지변(화염, 염해, 가스, 지진, 풍수해 등)에 의한 고장이 발생하였을 경우	유상수리	유상수리
사용상 정상 마모되는 소모성 부품을 교환하는 경우		
사용전원의 이상 및 접속기기의 불량으로 인하여 고장이 발생하였을 경우		
기타 제품자체의 하자가 아닌 외부 원인으로 인한 경우		
당사의 서비스 전문점의 수리기사가 아닌 기사의 수리 또는 개조하여 고장이 발생하였을 경우		

※ 품질보증기간 이내 '환불'은 전액 환불을 의미한다.

13 전기레인지의 점검 및 손질, 청소 방법으로 옳은 것은?

① 제품을 점검할 경우 분해하여 각각의 부품을 점검해야 한다.
② 세라믹 유리는 금속수세미를 사용하여 닦아야 한다.
③ 유리 표면의 오염이 제거되지 않을 때는 알칼리성세제를 사용해야 한다.
④ 유리 표면을 스크래퍼로 청소할 때는 유리의 온도가 식었을 때 해야 한다.

✔해설 ① 제품을 절대로 분해하지 말아야 한다.
② 세라믹 유리는 부드러운 천을 사용하여 닦아야 한다.
③ 유리 표면의 오염이 제거되지 않을 때는 중성세제를 사용해야 한다.

14 전기레인지 사용 중 에러 표시 E3가 나타난 원인으로 적절한 것은?

① 제품에 이상 과열이 발생되었을 때

② 온도센서가 단선 되었을 때

③ 조작부에 이물 등으로 키가 일정시간 동안 감지되었을 때

④ 화구의 위치와 냄비 위치가 맞지 않을 때

> ✔해설 에러 표시 E3는 온도센서 단선 시 표시 되며 전원을 다시 ON시킨 후 재사용 시에도 발생되면 서비스센 터로 연락해야 한다.

15 전기레인지의 구매 가격이 50만 원이라면 다음 보기의 상황에서 환불해 주어야 할 총 금액은(㉠ + ㉡ + ㉢) 얼마인가?

〈보기〉
㉠ 품질보증기간이 지난 제품을 소비자가 수리 의뢰하였으나 사업자가 분실한 경우 환불해 주어야 할 금액 (단, 정액감가상각금액은 250,000원이다)
㉡ 품질보증기간이 지난 제품에서 소비자의 과실로 인해 고장이 발생했으나 부품 보유 기간 내 수리 할 부품을 보유하고 있지 않을 경우 환불해 주어야 할 금액 (단, 정액감가상각금액은 200,000원 이다)
㉢ 품질보증기간 내에 교환한 제품이 1개월 이내에 중요한 부위의 수리를 요하는 불량이 발생했을 때 환불해 주어야 할 금액 (정상적인 사용상태에서 발생한 성능상의 하자이다)

---

① 950,000원

② 1,005,000원

③ 1,015,000원

④ 1,025,000원

> ✔해설 ㉠250,000 + 50,000(구매 가격의 10%) = 300,000원
> ㉡200,000 + 25,000(구매 가격의 5%) = 225,000원
> ㉢500,000원(전액 환불)
> 따라서 300,000 + 225,000 + 500,000 = 1,025,000원

16 기술혁신 과정 중 프로젝트 관리 과정에서 필요한 자질과 능력으로 옳은 것은?

① 추상화와 개념화 능력

② 아이디어의 응용에 관심

③ 업무 수행 방법에 대한 지식

④ 원만한 대인 관계 능력

> ✔️**해설** ① 아이디어 창안 과정에서 필요하다.
> ② 챔피언 과정에서 필요하다.
> ④ 정보 수문장 과정에서 필요하다.

17 하향식 기술선택을 위한 절차에서 사업 영역결정, 경쟁 우위 확보 방안을 수립하는 단계는?

① 중장기 사업목표 설정

② 내부 역량 분석

③ 사업 전략 수립

④ 요구기술 분석

> ✔️**해설** 하향식 기술선택을 위한 절차

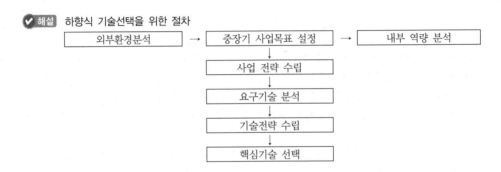

18 다음에 설명하는 벤치마킹의 종류는?

> 프로세스에 있어 최고로 우수한 성과를 보유한 동일업종의 비경쟁적 기업을 대상으로 한다.

① 내부 벤치마킹

② 경쟁적 벤치마킹

③ 비경쟁적 벤치마킹

④ 글로벌 벤치마킹

> ✔️**해설** 벤치마킹의 종류
> ㉠ 내부 벤치마킹 : 같은 기업 내의 다른 지역, 타 부서 간의 유사한 활용을 비교대상으로 함
> ㉡ 경쟁적 벤치마킹 : 동일 업종에서 고객을 직접적으로 공유하는 경쟁기업을 대상으로 함
> ㉢ 비경쟁적 벤치마킹 : 제품, 서비스 및 프로세스의 단위 분야에 있어 가장 우수한 실무를 보이는 비경쟁적 기업 내의 유사 분야를 대상으로 하는 방법
> ㉣ 글로벌 벤치마킹 : 프로세스에 있어 최고로 우수한 성과를 보유한 동일업종의 비경쟁적 기업을 대상으로 함

19 다음은 서원산업의 기술적용계획표이다. ⓒ의 예로 가장 적절한 것은?

기술적용계획표				
프로젝트명	2017년 가상현실 시스템 구축			

항목	평가			비교
	적절	보통	부적절	
기술적용 고려사항				
⊙ 해당 기술이 향후 기업의 성과 향상을 위해 전략적으로 중요한가?				
ⓒ 해당 기술이 향후 목적과 비전에 맞추어 잠재적으로 응용 가능한가?				
ⓒ 해당 기술의 수명주기를 충분히 고려하여 불필요한 교체를 피하였는가?				
② 해당 기술의 도입에 따른 필요비용이 예산 범위 내에서 가능한가?				
세부 기술적용 지침				
－이하 생략－				

계획표 제출일자 : 2017년 10월 20일	부서 :
계획표 작성일자 : 2017년 10월 20일	성명 :　　　　　　　(인)

① 요즘은 모든 기술들이 단기간에 많은 발전을 이루고 있는데 우리가 도입하려고 하는 이 분야의 기술은 과연 오랫동안 유지될 수 있을까?

② 이 분야의 기술을 도입하면 이를 이용해 우리가 계획한 무인자동차나 인공지능 로봇을 만들 수도 있어.

③ 우리가 앞으로 무인자동차나 사람의 마음을 읽는 로봇 등으로 기업 성과를 내기 위해서는 이 분야의 기술이 반드시 필요해.

④ 이 분야의 기술을 도입하려면 막대한 비용이 들거야. 과연 예산 범위 내에서 충당할 수 있을까?

✔ 해설　① ⓒ에 해당하는 예이다.
　　　　　③ ⊙에 해당하는 예이다.
　　　　　④ ②에 해당하는 예이다.

|20~21| 다음은 그래프 구성 명령어 실행 예시이다. 이를 참고하여 다음의 물음에 답하시오.

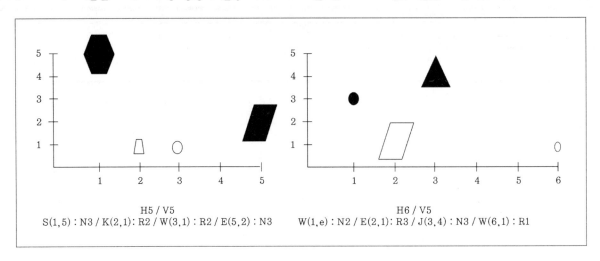

H5 / V5
S(1,5) : N3 / K(2,1) : R2 / W(3,1) : R2 / E(5,2) : N3

H6 / V5
W(1,e) : N2 / E(2,1) : R3 / J(3,4) : N3 / W(6,1) : R1

20 위의 그래프 구성 명령어 실행 예시를 통하여 알 수 있는 사항으로 올바르지 않은 것은?

① S는 육각형을 의미하며, 항상 가장 큰 크기로 표시된다.

② 가로축과 세로축이 네 칸씩 있는 그래프는 H4 / V4로 표시된다.

③ N과 R은 도형의 내부 채색 여부를 의미한다.

④ 도형의 크기는 명령어의 가장 마지막에 표시된다.

> ✔ 해설 S는 육각형을 의미하지만, 항상 가장 큰 크기로 표시되는 것이 아니며, 1, 2, 3 숫자에 의해 어떤 크기로도 표시될 수 있다.
> ② H는 Horizontal의 약자로 가로축을, V는 Vertical의 약자로 세로축을 의미하므로 네 칸씩 있는 그래프는 H4 / V4로 표시된다.
> ③ N은 내부 채색을, R은 내부 무채색을 의미한다.
> ④ 가장 마지막 N 또는 R 다음에 표시된 숫자가 도형의 크기를 의미한다.

21 다음과 같은 그래프에 해당하는 그래프 구성 명령어로 올바른 것은?

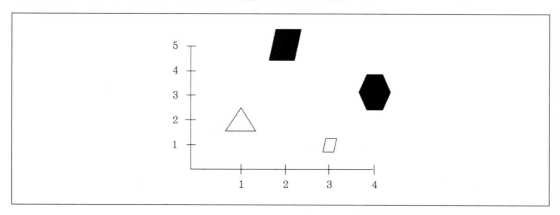

① H5 / V4

  J(1,2) : N3 / E(2,5) : R3 / E(3,1) : N2 / S(4,3) : R3

② H5 / V4

  J(1,2) : W3 / E(2,5) : N3 / E(3,1) : W2 / S(4,3) : N3

③ H4 / V5

  J(1,2) : N3 / E(2,5) : R3 / E(3,1) : N2 / S(4,3) : R3

④ H4 / V5

  J(1,2) : R3 / E(2,5) : N3 / E(3,1) : R2 / S(4,3) : N3

✔️ **해설** 가로축이 네 칸, 세로축이 다섯 칸이므로 그래프는 H4 / V5의 형태가 된다.
삼각형, 평행사변형, 평행사변형, 육각형이 차례로 표시되어 있으므로 J, E, E, S가 도형의 모양을 나타내는 기호가 되며, 각 좌표를 괄호 안에 표시한다. 첫 번째와 세 번째 도형은 내부 무채색이므로 R, 두 번째와 네 번째 도형은 내부 채색이므로 N이 표시되며, 세 번째 도형은 2의 크기, 나머지 도형은 모두 3의 크기가 된다.
따라서 선택지 ④와 같은 명령어가 정답인 것을 알 수 있다.

| 22~23 | 다음은 그래프 구성 명령의 실행 예시이다. 이를 참고하여 다음의 물음에 답하시오.

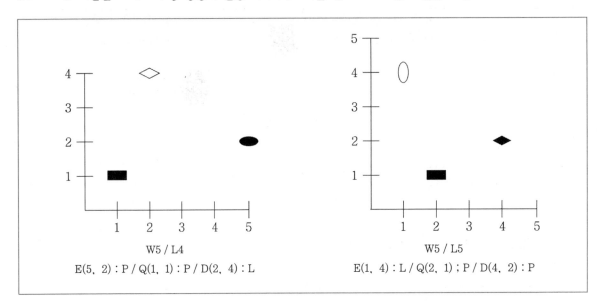

W5 / L4

E(5, 2) : P / Q(1, 1) : P / D(2, 4) : L

W5 / L5

E(1, 4) : L / Q(2, 1) ; P / D(4, 2) : P

22 다음 그래프에 알맞은 명령어는 무엇인가?

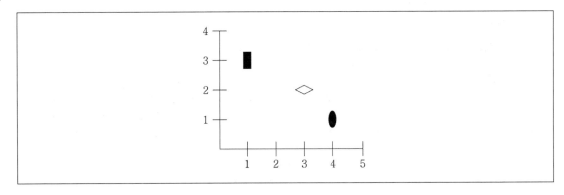

① W4 / L4

  Q(1, 3) : L / E(4, 1) : P / D(3, 2) : P

② W5 / L4

  Q(1, 3) : L / E(4, 1) : P / D(3, 2) : P

③ W4 / L4

  Q(1, 3) : P / E(4, 1) : P / D(3, 2) : L

④ W5 / L4

  Q(1, 3) : P / E(4, 1) : P / D(3, 2) : L

Q : 직사각형, E : 타원형, D : 마름모, P : 색칠된 경우, L : 색칠 안 된 경우
이를 적용하여 좌표를 구하면 된다.

23 W6 / L5 Q(5, 1) : P / E(4, 5) : P / D(2, 3) : L의 그래프를 산출할 때, 오류가 발생하여 다음과 같은 그래프가 산출되었다. 다음 중 오류가 발생한 값은?

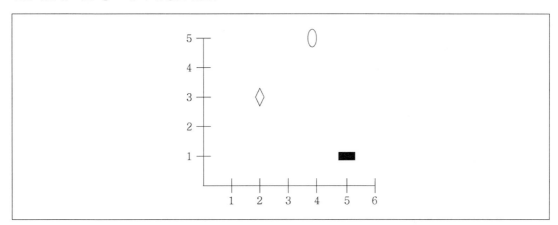

① W6 / L5

② Q(5, 1) : P

③ E(4, 5) : P

④ D(2, 3) : L

W6 / L5
Q(5, 1) : P / E(4, 5) : L / D(2, 3) : L

스위치	기능
♤	1번과 2번 기계를 오른쪽으로 180도 회전시킨다.
♠	1번과 3번 기계를 오른쪽으로 180도 회전시킨다.
♡	2번과 3번 기계를 오른쪽으로 180도 회전시킨다.
♥	3번과 4번 기계를 오른쪽으로 180도 회전시킨다.
♧	1번 기계와 4번 기계의 작동상태를 다른 상태로 바꾼다. (운전→정지, 정지→운전)
♣	2번 기계와 3번 기계의 작동상태를 다른 상태로 바꾼다. (운전→정지, 정지→운전)
◉	모든 기계의 작동상태를 다른 상태로 바꾼다. (운전→정지, 정지→운전)
△=운전, ▲=정지	

24 처음 상태에서 스위치를 세 번 눌렀더니 화살표 모양과 같은 상태로 바뀌었다. 어떤 스위치를 눌렀는가?

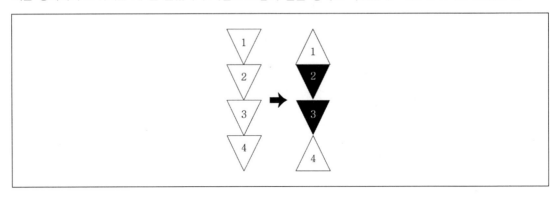

① ♤ ♡ ♧

② ♠ ♥ ♣

③ ♤ ♥ ♧

④ ♠ ♡ ♣

✔ 해설 ㉠ 1번 기계와 3번 기계를 오른쪽으로 180도 회전시킨다.
㉡ 3번 기계와 4번 기계를 오른쪽으로 180도 회전시킨다.
㉢ 2번 기계와 3번 기계의 작동상태를 다른 상태로 바꾼다.(운전→정지, 정지→운전)

25 처음 상태에서 스위치를 세 번 눌렀더니 화살표 모양과 같은 상태로 바뀌었다. 어떤 스위치를 눌렀는가?

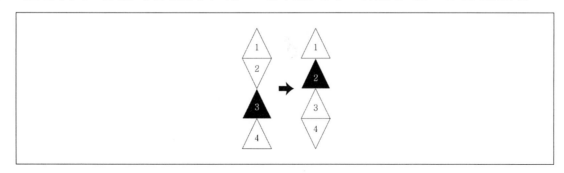

① ♤ ♠ ♣   ② ♡ ♥ ♧

③ ♡ ♥ ♣   ④ ♠ ♥ ♣

> **✔해설**   ㉠ 2번 기계와 3번 기계를 오른쪽 방향으로 180도 회전시킨다.
> ㉡ 3번 기계와 4번 기계를 오른쪽 방향으로 180도 회전시킨다.
> ㉢ 2번 기계와 3번 기계의 작동상태를 다른 상태로 바꾼다.(운전→정지, 정지→운전)

26 처음 상태에서 스위치를 세 번 눌렀더니 화살표 모양과 같은 상태로 바뀌었다. 어떤 스위치를 눌렀는가?

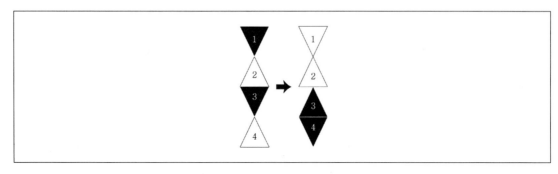

① ◉ ♡ ♤   ② ♡ ♧ ♥

③ ♥ ♧ ♣   ④ ♥ ◉ ♣

> **✔해설**   ㉠ 3번 기계와 4번 기계를 오른쪽으로 180도 회전한다.
> ㉡ 모든 기계의 작동상태를 다른 상태로 바꾼다.(운전 → 정지, 정지 → 운전)
> ㉢ 2번 기계와 3번 기계의 작동상태를 다른 상태로 바꾼다.(운전 → 정지, 정지 → 운전)

27 처음 상태에서 스위치를 세 번 눌렀더니 화살표 모양과 같은 상태로 바뀌었다. 어떤 스위치를 눌렀는가?

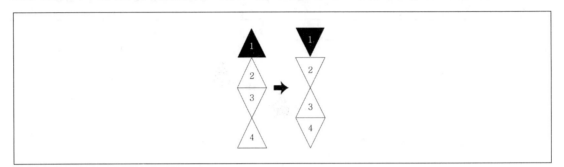

① ♡ ♠ ♧

② ♡ ♥ ♠

③ ♥ ♡ ♧

④ ♥ ♤ ♣

✔ 해설   ㉠ 2번 기계와 3번 기계를 오른쪽으로 180도 회전한다.
㉡ 3번 기계와 4번 기계를 오른쪽으로 180도 회전한다.
㉢ 1번 기계와 3번 기계를 오른쪽으로 180도 회전한다.

28 도형을 변환시키기 위한 기술 명령어 설명 도표를 참고하여 주어진 도형의 변화가 일어나기 위한 명령어를 선택하시오.

<table>
<tr><th colspan="2">〈기술 명령어〉</th></tr>
<tr><th>스위치</th><th>기능</th></tr>
<tr><td>★</td><td>1번, 3번 도형을 시계 방향으로 90도 회전함</td></tr>
<tr><td>☆</td><td>2번, 4번 도형을 시계 방향으로 90도 회전함</td></tr>
<tr><td>▲</td><td>1번, 2번 도형을 시계 반대 방향으로 90도 회전함</td></tr>
<tr><td>△</td><td>3번, 4번 도형을 시계 반대 방향으로 90도 회전함</td></tr>
</table>

※ 위에서부터 아래 도형으로 1, 2, 3, 4번

〈세 번의 스위치를 누른 후의 도형 변화〉

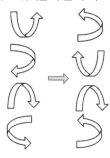

① ▲, ★, △   ② ★, ☆, ★

③ △, ▲, ★   ④ ☆, ▲, ☆

✔️해설 ☆, ▲, ☆을 차례로 눌러서 다음과 같은 순서로 변화하게 된다.

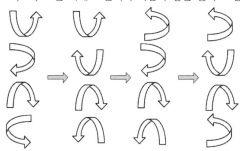

29 다음에서 언급한 기술혁신의 특징으로 적절하지 않은 것은?

> 이 개념은 동일한 생산 요소의 투입량으로 보다 많은 생산물의 산출을 가능하게 하거나, 신종 재화나 서비스를 생산 가능하게 하는 생산 기술의 개량을 말한다. 슘페터(Schumpeter, J. A.)는 "혁신가들은 미래를 보는 눈을 가지며, 변화에 대한 장애를 극복하는 용기와 능력을 지님으로써 혁신을 성취하여 경제 성장의 원동력을 이룬다."고 하여 기술혁신의 중요성을 강조하였다.
> 기술혁신은 기술의 발전뿐만 아니라 새로운 시장의 개척, 상품 공급방식의 변경 등 경제에 충격을 주어 변동을 야기시키고, 이것에 의해 끊임없는 이윤 동기를 낳게 한다. 일반적으로 기술혁신은 설비 투자의 확대를 수반하여 호황을 가져오고, 노동 생산성을 향상시키며, 새로운 제품이 보다 질 좋고 값싸게 생산되어 새로운 산업의 성립과 기존 산업에 변혁을 일으키게 함으로써 수요 구조와 패턴을 변화시킨다. 그러므로 기술혁신은 자본주의 경제 발전의 원동력이라 할 수 있다.

① 기술혁신은 지식 집약적인 활동이다.

② 기술혁신은 조직의 경계를 넘나드는 특성을 갖고 있다.

③ 기술혁신은 그 과정 자체가 매우 불확실해서 단기간의 시간을 필요로 한다.

④ 혁신 과정의 불확실성과 모호함은 기업 내에서 많은 논쟁과 갈등을 유발한다.

✔ **해설** 기술혁신의 특징
• 그 과정 자체가 매우 불확실하고 장기간의 시간을 필요로 한다.
• 지식 집약적인 활동이다.
• 혁신 과정의 불확실성과 모호함은 기업 내에서 많은 논쟁과 갈등을 유발할 수 있다.
• 기술혁신은 조직의 경계를 넘나드는 특성을 갖고 있다.

30 다음에서 설명하고 있는 개념의 특징으로 보기 어려운 것은?

> OJT(On The Job raining)는 직장 내 교육 및 훈련이다. 종업원과 경영자가 직무를 수행함으로써 기업목적달성에 기여하는 동시에, 직무에 대한 훈련을 받도록 하는 제도다.

① 기업의 필요에 합치되는 교육훈련을 할 수 있다.
② 지도자와 피교육자 사이에 친밀감을 조성한다.
③ 업무수행이 중단되는 일이 없다.
④ 교육훈련 내용의 체계화가 간단한다.

✔해설 OJT(On The Job raining)의 특징
- 업무수행이 중단되는 일이 없다.
- 지도자와 피교육자 사이에 친밀감을 조성한다.
- 기업의 필요에 합치되는 교육훈련을 할 수 있다.
- 지도자의 높은 자질이 요구된다.

01 인성검사의 개요

02 실전 인성검사

PART

03

인성검사

01 인성검사의 개요

1 인성(성격)검사의 개념과 목적

인성(성격)이란 개인을 특징짓는 평범하고 일상적인 사회적 이미지, 즉 지속적이고 일관된 공적 성격(Public-personality)이며, 환경에 대응함으로써 선천적·후천적 요소의 상호작용으로 결정화된 심리적·사회적 특성 및 경향을 의미한다.

인성검사는 직무적성검사를 실시하는 대부분의 기업체에서 병행하여 실시하고 있으며, 인성검사만 독자적으로 실시하는 기업도 있다.

기업체에서는 인성검사를 통하여 각 개인이 어떠한 성격 특성이 발달되어 있고, 어떤 특성이 얼마나 부족한지, 그것이 해당 직무의 특성 및 조직문화와 얼마나 맞는지를 알아보고 이에 적합한 인재를 선발하고자 한다. 또한 개인에게 적합한 직무 배분과 부족한 부분을 교육을 통해 보완하도록 할 수 있다.

인성검사의 측정요소는 섬사방법에 따라 차이가 있다. 또한 각 기업체들이 사용하고 있는 인성검사는 기존에 개발된 인성검사방법에 각 기업체의 인재상을 적용하여 자신들에게 적합하게 재개발하여 사용하는 경우가 많다. 그러므로 기업체에서 요구하는 인재상을 파악하여 그에 따른 대비책을 준비하는 것이 바람직하다. 본서에서 제시된 인성검사는 크게 '특성'과 '유형'의 측면에서 측정하게 된다.

2 성격의 특성

(1) 정서적 측면

정서적 측면은 평소 마음의 당연시하는 자세나 정신상태가 얼마나 안정하고 있는지 또는 불안정한지를 측정한다.

정서의 상태는 직무수행이나 대인관계와 관련하여 태도나 행동으로 드러난다. 그러므로, 정서적 측면을 측정하는 것에 의해, 장래 조직 내의 인간관계에 어느 정도 잘 적응할 수 있을까(또는 적응하지 못할까)를 예측하는 것이 가능하다. 그렇기 때문에, 정서적 측면의 결과는 채용시에 상당히 중시된다. 아무리 능력이 좋아도 장기적으로 조직 내의 인간관계에 잘 적응할 수 없다고 판단되는 인재는 기본적으로는 채용되지 않는다.

일반적으로 인성(성격)검사는 채용과는 관계없다고 생각하나 정서적으로 조직에 적응하지 못하는 인재는 채용단계에서 가려내지는 것을 유의하여야 한다.

① **민감성(신경도)** … 꼼꼼함, 섬세함, 성실함 등의 요소를 통해 일반적으로 신경질적인지 또는 자신의 존재를 위협받는다라는 불안을 갖기 쉬운지를 측정한다.

EXAMPLE

질문	그렇다	약간 그렇다	그저 그렇다	별로 그렇지 않다	그렇지 않다
• 배려적이라고 생각한다. • 어지러진 방에 있으면 불안하다. • 실패 후에는 불안하다. • 세세한 것까지 신경쓴다. • 이유 없이 불안할 때가 있다.					

▶ **측정결과**

㉠ '그렇다'가 많은 경우(상처받기 쉬운 유형) : 사소한 일에 신경쓰고 다른 사람의 사소한 한마디 말에 상처를 받기 쉽다.
• 면접관의 심리 : '동료들과 잘 지낼 수 있을까?', '실패할 때마다 위축되지 않을까?'
• 면접대책 : 다소 신경질적이라도 능력을 발휘할 수 있다는 평가를 얻도록 한다. 주변과 충분한 의사소통이 가능하고, 결정한 것을 실행할 수 있다는 것을 보여주어야 한다.
㉡ '그렇지 않다'가 많은 경우(정신적으로 안정적인 유형) : 사소한 일에 신경쓰지 않고 금방 해결하며, 주위 사람의 말에 과민하게 반응하지 않는다.
• 면접관의 심리 : '계약할 때 필요한 유형이고, 사고 발생에도 유연하게 대처할 수 있다.'
• 면접대책 : 일반적으로 '민감성'의 측정치가 낮으면 플러스 평가를 받으므로 더욱 자신감 있는 모습을 보여준다.

② **자책성(과민도)** … 자신을 비난하거나 책망하는 정도를 측정한다.

EXAMPLE

질문	그렇다	약간 그렇다	그저 그렇다	별로 그렇지 않다	그렇지 않다
• 후회하는 일이 많다. • 자신을 하찮은 존재로 생각하는 경우가 있다. • 문제가 발생하면 자기의 탓이라고 생각한다. • 무슨 일이든지 끙끙대며 진행하는 경향이 있다. • 온순한 편이다.					

▶ **측정결과**

㉠ '그렇다'가 많은 경우(자책하는 유형) : 비관적이고 후회하는 유형이다.
• 면접관의 심리 : '끙끙대며 괴로워하고, 일을 진행하지 못할 것 같다.'
• 면접대책 : 기분이 저조해도 항상 의욕을 가지고 생활하는 것과 책임감이 강하다는 것을 보여준다.
㉡ '그렇지 않다'가 많은 경우(낙천적인 유형) : 기분이 항상 밝은 편이다.
• 면접관의 심리 : '안정된 대인관계를 맺을 수 있고, 외부의 압력에도 흔들리지 않는다.'
• 면접대책 : 일반적으로 '자책성'의 측정치가 낮으면 플러스 평가를 받으므로 자신감을 가지고 임한다.

③ **기분성(불안도)** … 기분의 굴곡이나 감정적인 면의 미숙함이 어느 정도인지를 측정하는 것이다.

EXAMPLE

질문	그렇다	약간 그렇다	그저 그렇다	별로 그렇지 않다	그렇지 않다
• 다른 사람의 의견에 자신의 결정이 흔들리는 경우가 많다. • 기분이 쉽게 변한다. • 종종 후회한다. • 다른 사람보다 의지가 약한 편이라고 생각한다. • 금방 싫증을 내는 성격이라는 말을 자주 듣는다.					

▶ **측정결과**
㉠ '그렇다'가 많은 경우(감정의 기복이 많은 유형) : 의지력보다 기분에 따라 행동하기 쉽다.
　• 면접관의 심리 : '감정적인 것에 약하며, 상황에 따라 생산성이 떨어지지 않을까?'
　• 면접대책 : 주변 사람들과 항상 협조한다는 것을 강조하고 한결같은 상태로 일할 수 있다는 평가를 받도록 한다.
㉡ '그렇지 않다'가 많은 경우(감정의 기복이 적은 유형) : 감정의 기복이 없고, 안정적이다.
　• 면접관의 심리 : '안정적으로 업무에 임할 수 있다.'
　• 면접대책 : 기분성의 측정치가 낮으면 플러스 평가를 받으므로 자신감을 가지고 면접에 임한다.

④ **독자성(개인도)** … 주변에 대한 견해나 관심, 자신의 견해나 생각에 어느 정도의 속박감을 가지고 있는지를 측정한다.

EXAMPLE

질문	그렇다	약간 그렇다	그저 그렇다	별로 그렇지 않다	그렇지 않다
• 창의적 사고방식을 가지고 있다. • 융통성이 없는 편이다. • 혼자 있는 편이 많은 사람과 있는 것보다 편하다. • 개성적이라는 말을 듣는다. • 교제는 번거로운 것이라고 생각하는 경우가 많다. • 다른 사람의 의견을 따르는 것이 속편하다. • 자신의 주장을 내세우지 않는 편이다.					

▶ **측정결과**
㉠ '그렇다'가 많은 경우 : 자기의 관점을 중요하게 생각하는 유형으로, 주위의 상황보다 자신의 느낌과 생각을 중시한다.
　• 면접관의 심리 : '제멋대로 행동하지 않을까?'
　• 면접대책 : 주위 사람과 협조하여 일을 진행할 수 있다는 것과 상식에 얽매이지 않는다는 인상을 심어준다.
㉡ '그렇지 않다'가 많은 경우 : 상식적으로 행동하고 주변 사람의 시선에 신경을 쓴다.
　• 면접관의 심리 : '다른 직원들과 협조하여 업무를 진행할 수 있겠다.'
　• 면접대책 : 협조성이 요구되는 기업체에서는 플러스 평가를 받을 수 있다.

⑤ **자신감(자존심도)** … 자기 자신에 대해 얼마나 긍정적으로 평가하는지를 측정한다.

EXAMPLE

질문	그렇다	약간 그렇다	그저 그렇다	별로 그렇지 않다	그렇지 않다
• 다른 사람보다 능력이 뛰어나다고 생각한다. • 다소 반대의견이 있어도 나만의 생각으로 행동할 수 있다. • 나는 다른 사람보다 기가 센 편이다. • 동료가 나를 모욕해도 무시할 수 있다. • 대개의 일을 목적한 대로 헤쳐나갈 수 있다고 생각한다.					

▸**측정결과**

㉠ '그렇다'가 많은 경우 : 자기 능력이나 외모 등에 자신감이 있고, 비판당하는 것을 좋아하지 않는다.
  • 면접관의 심리 : '자만하여 지시에 잘 따를 수 있을까?'
  • 면접대책 : 다른 사람의 조언을 잘 받아들이고, 겸허하게 반성하는 면이 있다는 것을 보여주고, 동료들과 잘 지내며 리더의 자질이 있다는 것을 강조한다.
㉡ '그렇지 않다'가 많은 경우 : 자신감이 없고 다른 사람의 비판에 약하다.
  • 면접관의 심리 : '패기가 부족하지 않을까?', '쉽게 좌절하지 않을까?'
  • 면접대책 : 극도의 자신감 부족으로 평가되지는 않는다. 그러나 마음이 약한 면은 있지만 의욕적으로 일을 하겠다는 마음가짐을 보여준다.

⑥ **고양성(분위기에 들뜨는 정도)** … 자유분방함, 명랑함과 같이 감정(기분)의 높고 낮음의 정도를 측정한다.

EXAMPLE

질문	그렇다	약간 그렇다	그저 그렇다	별로 그렇지 않다	그렇지 않다
• 침착하지 못한 편이다. • 다른 사람보다 쉽게 우쭐해진다. • 모든 사람이 아는 유명인사가 되고 싶다. • 모임이나 집단에서 분위기를 이끄는 편이다. • 취미 등이 오랫동안 지속되지 않는 편이다.					

▸**측정결과**

㉠ '그렇다'가 많은 경우 : 자극이나 변화가 있는 일상을 원하고 기분을 들뜨게 하는 사람과 친밀하게 지내는 경향이 강하다.
  • 면접관의 심리 : '일을 진행하는 데 변덕스럽지 않을까?'
  • 면접대책 : 밝은 태도는 플러스 평가를 받을 수 있지만, 착실한 업무능력이 요구되는 직종에서는 마이너스 평가가 될 수 있다. 따라서 자기조절이 가능하다는 것을 보여준다.
㉡ '그렇지 않다'가 많은 경우 : 감정이 항상 일정하고, 속을 드러내 보이지 않는다.
  • 면접관의 심리 : '안정적인 업무 태도를 기대할 수 있겠다.'
  • 면접대책 : '고양성'의 낮음은 대체로 플러스 평가를 받을 수 있다. 그러나 '무엇을 생각하고 있는지 모르겠다' 등의 평을 듣지 않도록 주의한다.

⑦ **허위성(진위성)** … 필요 이상으로 자기를 좋게 보이려 하거나 기업체가 원하는 '이상형'에 맞춘 대답을 하고 있는지, 없는지를 측정한다.

EXAMPLE

질문	그렇다	약간 그렇다	그저 그렇다	별로 그렇지 않다	그렇지 않다
• 약속을 깨뜨린 적이 한 번도 없다. • 다른 사람을 부럽다고 생각해 본 적이 없다. • 꾸지람을 들은 적이 없다. • 사람을 미워한 적이 없다. • 화를 낸 적이 한 번도 없다.					

▶ **측정결과**

㉠ '그렇다'가 많은 경우 : 실제의 자기와는 다른, 말하자면 원칙으로 해답할 가능성이 있다.

• 면접관의 심리 : '거짓을 말하고 있다.'

• 면접대책 : 조금이라도 좋게 보이려고 하는 '거짓말쟁이'로 평가될 수 있다. '거짓을 말하고 있다.'는 마음 따위가 전혀 없다 해도 결과적으로는 정직하게 답하지 않는다는 것이 되어 버린다. '허위성'의 측정 질문은 구분되지 않고 다른 질문 중에 섞여 있다. 그러므로 모든 질문에 솔직하게 답하여야 한다. 또한 자기 자신과 너무 동떨어진 이미지로 답하면 좋은 결과를 얻지 못한다. 그리고 면접에서 '허위성'을 기본으로 한 질문을 받게 되므로 당황하거나 또다른 모순된 답변을 하게 된다. 겉치레를 하거나 무리한 욕심을 부리지 말고 '이런 사회인이 되고 싶다.'는 현재의 자신보다, 조금 성장한 자신을 표현하는 정도가 적당하다.

㉡ '그렇지 않다'가 많은 경우 : 냉정하고 정직하며, 외부의 압력과 스트레스에 강한 유형이다. '대쪽같음'의 이미지가 굳어지지 않도록 주의한다.

(2) 행동적인 측면

행동적 측면은 인격 중에 특히 행동으로 드러나기 쉬운 측면을 측정한다. 사람의 행동 특징 자체에는 선도 악도 없으나, 일반적으로는 일의 내용에 의해 원하는 행동이 있다. 때문에 행동적 측면은 주로 직종과 깊은 관계가 있는데 자신의 행동 특성을 살려 적합한 직종을 선택한다면 플러스가 될 수 있다.

행동 특성에서 보여지는 특징은 면접장면에서도 드러나기 쉬운데 본서의 모의 TEST의 결과를 참고하여 자신의 태도, 행동이 면접관의 시선에 어떻게 비치는지를 점검하도록 한다.

① **사회적 내향성** ··· 대인관계에서 나타나는 행동경향으로 '낯가림'을 측정한다.

질문	선택
A : 파티에서는 사람을 소개받은 편이다. B : 파티에서는 사람을 소개하는 편이다.	
A : 처음보는 사람과는 즐거운 시간을 보내는 편이다. B : 처음보는 사람과는 어색하게 시간을 보내는 편이다.	
A : 친구가 적은 편이다. B : 친구가 많은 편이다.	
A : 자신의 의견을 말하는 경우가 적다. B : 자신의 의견을 말하는 경우가 많다.	
A : 사교적인 모임에 참석하는 것을 좋아하지 않는다. B : 사교적인 모임에 항상 참석한다.	

▸ **측정결과**

㉠ 'A'가 많은 경우 : 내성적이고 사람들과 접하는 것에 소극적이다. 자신의 의견을 말하지 않고 조심스러운 편이다.
• 면접관의 심리 : '소극적인데 동료와 잘 지낼 수 있을까?'
• 면접대책 : 대인관계를 맺는 것을 싫어하지 않고 의욕적으로 일을 할 수 있다는 것을 보여준다.
㉡ 'B'가 많은 경우 : 사교적이고 자기의 생각을 명확하게 전달할 수 있다.
• 면접관의 심리 : '사교적이고 활동적인 것은 좋지만, 자기 주장이 너무 강하지 않을까?'
• 면접대책 : 협조성을 보여주고, 자기 주장이 너무 강하다는 인상을 주지 않도록 주의한다.

② **내성성(침착도)** ··· 자신의 행동과 일에 대해 침착하게 생각하는 정도를 측정한다.

질문	선택
A : 시간이 걸려도 침착하게 생각하는 경우가 많다. B : 짧은 시간에 결정을 하는 경우가 많다.	
A : 실패의 원인을 찾고 반성하는 편이다. B : 실패를 해도 그다지(별로) 개의치 않는다.	
A : 결론이 도출되어도 몇 번 정도 생각을 바꾼다. B : 결론이 도출되면 신속하게 행동으로 옮긴다.	
A : 여러 가지 생각하는 것이 능숙하다. B : 여러 가지 일을 재빨리 능숙하게 처리하는 데 익숙하다.	
A : 여러 가지 측면에서 사물을 검토한다. B : 행동한 후 생각을 한다.	

▸ **측정결과**

㉠ 'A'가 많은 경우 : 행동하기 보다는 생각하는 것을 좋아하고 신중하게 계획을 세워 실행한다.
• 면접관의 심리 : '행동으로 실천하지 못하고, 대응이 늦은 경향이 있지 않을까?'
• 면접대책 : 발로 뛰는 것을 좋아하고, 일을 더디게 한다는 인상을 주지 않도록 한다.
㉡ 'B'가 많은 경우 : 차분하게 생각하는 것보다 우선 행동하는 유형이다.
• 면접관의 심리 : '생각하는 것을 싫어하고 경솔한 행동을 하지 않을까?'
• 면접대책 : 계획을 세우고 행동할 수 있는 것을 보여주고 '사려깊다'라는 인상을 남기도록 한다.

③ **신체활동성** … 몸을 움직이는 것을 좋아하는가를 측정한다.

EXAMPLE

질문	선택
A : 민첩하게 활동하는 편이다. B : 준비행동이 없는 편이다.	
A : 일을 척척 해치우는 편이다. B : 일을 더디게 처리하는 편이다.	
A : 활발하다는 말을 듣는다. B : 얌전하다는 말을 듣는다.	
A : 몸을 움직이는 것을 좋아한다. B : 가만히 있는 것을 좋아한다.	
A : 스포츠를 하는 것을 즐긴다. B : 스포츠를 보는 것을 좋아한다.	

▸ **측정결과**
㉠ 'A'가 많은 경우 : 활동적이고, 몸을 움직이게 하는 것이 컨디션이 좋다.
  • 면접관의 심리 : '활동적으로 활동력이 좋아 보인다.'
  • 면접대책 : 활동하고 얻은 성과 등과 주어진 상황의 대응능력을 보여준다.
㉡ 'B'가 많은 경우 : 침착한 인상으로, 차분하게 있는 타입이다.
  • 면접관의 심리 : '좀처럼 행동하려 하지 않아 보이고, 일을 빠르게 처리할 수 있을까?'

④ **지속성(노력성)** … 무슨 일이든 포기하지 않고 끈기 있게 하려는 정도를 측정한다.

EXAMPLE

질문	선택
A : 일단 시작한 일은 시간이 걸려도 끝까지 마무리한다. B : 일을 하다 어려움에 부딪히면 단념한다.	
A : 끈질긴 편이다. B : 바로 단념하는 편이다.	
A : 인내가 강하다는 말을 듣는다. B : 금방 싫증을 낸다는 말을 듣는다.	
A : 집념이 깊은 편이다. B : 담백한 편이다.	
A : 한 가지 일에 구애되는 것이 좋다고 생각한다. B : 간단하게 체념하는 것이 좋다고 생각한다.	

▸ **측정결과**
㉠ 'A'가 **많은** 경우 : 시작한 것은 어려움이 있어도 포기하지 않고 인내심이 높다.
  • 면접관의 심리 : '한 가지의 일에 너무 구애되고, 업무의 진행이 원활할까?'
  • 면접대책 : 인내력이 있는 것은 플러스 평가를 받을 수 있지만 집착이 강해 보이기도 한다.
㉡ 'B'가 **많은** 경우 : 뒤끝이 없고 조그만 실패로 일을 포기하기 쉽다.
  • 면접관의 심리 : '질리는 경향이 있고, 일을 정확히 끝낼 수 있을까?'
  • 면접대책 : 지속적인 노력으로 성공했던 사례를 준비하도록 한다.

⑤ 신중성(주의성) … 자신이 처한 주변상황을 즉시 파악하고 자신의 행동이 어떤 영향을 미치는지를 측정한다.

EXAMPLE

질문	선택
A : 여러 가지로 생각하면서 완벽하게 준비하는 편이다. B : 행동할 때부터 임기응변적인 대응을 하는 편이다.	
A : 신중해서 타이밍을 놓치는 편이다. B : 준비 부족으로 실패하는 편이다.	
A : 자신은 어떤 일에도 신중히 대응하는 편이다. B : 순간적인 충동으로 활동하는 편이다.	
A : 시험을 볼 때 끝날 때까지 재검토하는 편이다. B : 시험을 볼 때 한 번에 모든 것을 마치는 편이다.	
A : 일에 대해 계획표를 만들어 실행한다. B : 일에 대한 계획표 없이 진행한다.	

▶ **측정결과**

㉠ 'A'가 많은 경우 : 주변 상황에 민감하고, 예측하여 계획있게 일을 진행한다.
• 면접관의 심리 : '너무 신중해서 적절한 판단을 할 수 있을까?', '앞으로의 상황에 불안을 느끼지 않을까?'
• 면접대책 : 예측을 하고 실행을 하는 것은 플러스 평가가 되지만, 너무 신중하면 일의 진행이 정체될 가능성을 보이므로 추진력이 있다는 강한 의욕을 보여준다.

㉡ 'B'가 많은 경우 : 주변 상황을 살펴 보지 않고 착실한 계획없이 일을 진행시킨다.
• 면접관의 심리 : '사려깊지 않고 않고, 실패하는 일이 많지 않을까?', '판단이 빠르고 유연한 사고를 할 수 있을까?'
• 면접대책 : 사전준비를 중요하게 생각하고 있다는 것 등을 보여주고, 경솔한 인상을 주지 않도록 한다. 또한 판단력이 빠르거나 유연한 사고 덕분에 일 처리를 잘 할 수 있다는 것을 강조한다.

(3) 의욕적인 측면

의욕적인 측면은 의욕의 정도, 활동력의 유무 등을 측정한다. 여기서의 의욕이란 우리들이 보통 말하고 사용하는 '하려는 의지'와는 조금 뉘앙스가 다르다. '하려는 의지'란 그 때의 환경이나 기분에 따라 변화하는 것이지만, 여기에서는 조금 더 변화하기 어려운 특징, 말하자면 정신적 에너지의 양으로 측정하는 것이다.

의욕적 측면은 행동적 측면과는 다르고, 전반적으로 어느 정도 점수가 높은 쪽을 선호한다. 모의검사의 의욕적 측면의 결과가 낮다면, 평소 일에 몰두할 때 조금 의욕 있는 자세를 가지고 서서히 개선하도록 노력해야 한다.

① 달성의욕 … 목적의식을 가지고 높은 이상을 가지고 있는지를 측정한다.

EXAMPLE

질문	선택
A : 경쟁심이 강한 편이다. B : 경쟁심이 약한 편이다.	
A : 어떤 한 분야에서 제1인자가 되고 싶다고 생각한다. B : 어느 분야에서든 성실하게 임무를 진행하고 싶다고 생각한다.	
A : 규모가 큰 일을 해보고 싶다. B : 맡은 일에 충실히 임하고 싶다.	
A : 아무리 노력해도 실패한 것은 아무런 도움이 되지 않는다. B : 가령 실패했을 지라도 나름대로의 노력이 있었으므로 괜찮다.	
A : 높은 목표를 설정하여 수행하는 것이 의욕적이다. B : 실현 가능한 정도의 목표를 설정하는 것이 의욕적이다.	

▶측정결과

㉠ 'A'가 많은 경우 : 큰 목표와 높은 이상을 가지고 승부욕이 강한 편이다.
• 면접관의 심리 : '열심히 일을 해줄 것 같은 유형이다.'
• 면접대책 : 달성의욕이 높다는 것은 어떤 직종이라도 플러스 평가가 된다.
㉡ 'B'가 많은 경우 : 현재의 생활을 소중하게 여기고 비약적인 발전을 위해 기를 쓰지 않는다.
• 면접관의 심리 : '외부의 압력에 약하고, 기획입안 등을 하기 어려울 것이다.'
• 면접대책 : 일을 통하여 하고 싶은 것들을 구체적으로 어필한다.

② **활동의욕** … 자신에게 잠재된 에너지의 크기로, 정신적인 측면의 활동력이라 할 수 있다.

EXAMPLE

질문	선택
A : 하고 싶은 일을 실행으로 옮기는 편이다. B : 하고 싶은 일을 좀처럼 실행할 수 없는 편이다.	
A : 어려운 문제를 해결해 가는 것이 좋다. B : 어려운 문제를 해결하는 것을 잘하지 못한다.	
A : 일반적으로 결단이 빠른 편이다. B : 일반적으로 결단이 느린 편이다.	
A : 곤란한 상황에도 도전하는 편이다. B : 사물의 본질을 깊게 관찰하는 편이다.	
A : 시원시원하다는 말을 잘 듣는다. B : 꼼꼼하다는 말을 잘 듣는다.	

▶ **측정결과**
- ㉠ 'A'가 많은 경우 : 꾸물거리는 것을 싫어하고 재빠르게 결단해서 행동하는 타입이다.
  - 면접관의 심리 : '일을 처리하는 솜씨가 좋고, 일을 척척 진행할 수 있을 것 같다.'
  - 면접대책 : 활동의욕이 높은 것은 플러스 평가가 된다. 사교성이나 활동성이 강하다는 인상을 준다.
- ㉡ 'B'가 많은 경우 : 안전하고 확실한 방법을 모색하고 차분하게 시간을 아껴서 일에 임하는 타입이다.
  - 면접관의 심리 : '재빨리 행동을 못하고, 일의 처리속도가 느린 것이 아닐까?'
  - 면접대책 : 활동성이 있는 것을 좋아하고 움직임이 더디다는 인상을 주지 않도록 한다.

3 성격의 유형

(1) 인성검사유형의 4가지 척도

정서적인 측면, 행동적인 측면, 의욕적인 측면의 요소들은 성격 특성이라는 관점에서 제시된 것들로 각 개인의 장·단점을 파악하는 데 유용하다. 그러나 전체적인 개인의 인성을 이해하는 데는 한계가 있다.

성격의 유형은 개인의 '성격적인 특색'을 가리키는 것으로, 사회인으로서 적합한지, 아닌지를 말하는 관점과는 관계가 없다. 따라서 채용의 합격 여부에는 사용되지 않는 경우가 많으며, 입사 후의 적정 부서 배치의 자료가 되는 편이라 생각하면 된다. 그러나 채용과 관계가 없다고 해서 아무런 준비도 필요없는 것은 아니다. 자신을 아는 것은 면접 대책의 밑거름이 되므로 모의검사 결과를 충분히 활용하도록 하여야 한다.

본서에서는 4개의 척도를 사용하여 기본적으로 16개의 패턴으로 성격의 유형을 분류하고 있다. 각 개인의 성격이 어떤 유형인지 재빨리 파악하기 위해 사용되며, '적성'에 맞는지, 맞지 않는지의 관점에 활용된다.

- 흥미·관심의 방향 : 내향형 ←——————→ 외향형
- 사물에 대한 견해 : 직관형 ←——————→ 감각형
- 판단하는 방법 : 감정형 ←——————→ 사고형
- 환경에 대한 접근방법 : 지각형 ←——————→ 판단형

---

(2) 성격유형

① **흥미·관심의 방향**(내향⇆외향) … 흥미·관심의 방향이 자신의 내면에 있는지, 주위환경 등 외면에 향하는 지를 가리키는 척도이다.

EXAMPLE

질문	선택
A : 내성적인 성격인 편이다. B : 개방적인 성격인 편이다.	
A : 항상 신중하게 생각을 하는 편이다. B : 바로 행동에 착수하는 편이다.	
A : 수수하고 조심스러운 편이다. B : 자기표현력이 강한 편이다.	
A : 다른 사람과 함께 있으면 침착하지 않다. B : 혼자서 있으면 침착하지 않다.	

▶ **측정결과**

㉠ 'A'가 많은 경우(내향) : 관심의 방향이 자기 내면에 있으며, 조용하고 낯을 가리는 유형이다. 행동력은 부족하나 집중력이 뛰어나고 신중하고 꼼꼼하다.

㉡ 'B'가 많은 경우(외향) : 관심의 방향이 외부환경에 있으며, 사교적이고 활동적인 유형이다. 꼼꼼함이 부족하여 대충하는 경향이 있으나 행동력이 있다.

② 일(사물)을 보는 **방법**(직감⇆감각) … 일(사물)을 보는 법이 직감적으로 형식에 얽매이는지, 감각적으로 상식적인지를 가리키는 척도이다.

EXAMPLE

질문	선택
A : 현실주의적인 편이다. B : 상상력이 풍부한 편이다.	
A : 정형적인 방법으로 일을 처리하는 것을 좋아한다. B : 만들어진 방법에 변화가 있는 것을 좋아한다.	
A : 경험에서 가장 적합한 방법으로 선택한다. B : 지금까지 없었던 새로운 방법을 개척하는 것을 좋아한다.	
A : 성실하다는 말을 듣는다. B : 호기심이 강하다는 말을 듣는다.	

▸**측정결과**

㉠ **'A'가 많은 경우(감각)** : 현실적이고 경험주의적이며 보수적인 유형이다.

㉡ **'B'가 많은 경우(직관)** : 새로운 주제를 좋아하며, 독자적인 시각을 가진 유형이다.

③ **판단하는 방법**(감정⇆사고) … 일을 감정적으로 판단하는지, 논리적으로 판단하는지를 가리키는 척도이다.

EXAMPLE

질문	선택
A : 인간관계를 중시하는 편이다. B : 일의 내용을 중시하는 편이다.	
A : 결론을 자기의 신념과 감정에서 이끌어내는 편이다. B : 결론을 논리적 사고에 의거하여 내리는 편이다.	
A : 다른 사람보다 동정적이고 눈물이 많은 편이다. B : 다른 사람보다 이성적이고 냉정하게 대응하는 편이다.	
A : 머리로는 이해해도 심정상 받아들일 수 없을 때가 있다. B : 마음은 알지만 받아들일 수 없을 때가 있다.	

▸**측정결과**

㉠ **'A'가 많은 경우(감정)** : 일을 판단할 때 마음·감정을 중요하게 여기는 유형이다. 감정이 풍부하고 친절하나 엄격함이 부족하고 우유부단하며, 합리성이 부족하다.

㉡ **'B'가 많은 경우(사고)** : 일을 판단할 때 논리성을 중요하게 여기는 유형이다. 이성적이고 합리적이나 타인에 대한 배려가 부족하다.

④ **환경에 대한 접근방법** … 주변상황에 어떻게 접근하는지, 그 판단기준을 어디에 두는지를 측정한다.

<table>
<tr><th colspan="2" style="text-align:center">EXAMPLE</th></tr>
<tr><th style="text-align:center">질문</th><th style="text-align:center">선택</th></tr>
<tr><td>A : 사전에 계획을 세우지 않고 행동한다.
B : 반드시 계획을 세우고 그것에 의거해서 행동한다.</td><td></td></tr>
<tr><td>A : 자유롭게 행동하는 것을 좋아한다.
B : 조직적으로 행동하는 것을 좋아한다.</td><td></td></tr>
<tr><td>A : 조직성이나 관습에 속박당하지 않는다.
B : 조직성이나 관습을 중요하게 여긴다.</td><td></td></tr>
<tr><td>A : 계획 없이 낭비가 심한 편이다.
B : 예산을 세워 물건을 구입하는 편이다.</td><td></td></tr>
</table>

▶ **측정결과**

㉠ **'A'가 많은 경우(지각)** : 일의 변화에 융통성을 가지고 유연하게 대응하는 유형이다. 낙관적이며 질서보다는 자유를 좋아하나 임기응변식의 대응으로 무계획적인 인상을 줄 수 있다.

㉡ **'B'가 많은 경우(판단)** : 일의 진행시 계획을 세워서 실행하는 유형이다. 순차적으로 진행하는 일을 좋아하고 끈기가 있으나 변화에 대해 적절하게 대응하지 못하는 경향이 있다.

(3) 성격유형의 판정

성격유형은 합격 여부의 판정보다는 배치를 위한 자료로써 이용된다. 즉, 기업은 입사시험단계에서 입사 후에도 사용할 수 있는 정보를 입수하고 있다는 것이다. 성격검사에서는 어느 척도가 얼마나 고득점이었는지에 주시하고 각각의 측면에서 반드시 하나씩 고르고 편성한다. 편성은 모두 16가지가 되나 각각의 측면을 더 세분하면 200가지 이상의 유형이 나온다.

여기에서는 16가지 편성을 제시한다. 성격검사에 어떤 정보가 게재되어 있는지를 이해하면서 자기의 성격유형을 파악하기 위한 실마리로 활용하도록 한다.

① **내향 – 직관 – 감정 – 지각(TYPE A)** … 관심이 내면에 향하고 조용하고 소극적이다. 사물에 대한 견해는 새로운 것에 대해 호기심이 강하고, 독창적이다. 감정은 좋아하는 것과 싫어하는 것의 판단이 확실하고, 감정이 풍부하고 따뜻한 느낌이 있는 반면, 합리성이 부족한 경향이 있다. 환경에 접근하는 방법은 순응적이고 상황의 변화에 대해 유연하게 대응하는 것을 잘한다.

② **내향 – 직관 – 감정 – 사고(TYPE B)** … 관심이 내면으로 향하고 조용하고 쑥쓰러움을 잘 타는 편이다. 사물을 보는 관점은 독창적이며, 자기나름대로 궁리하며 생각하는 일이 많다. 좋고 싫음으로 판단하는 경향이 강하고 타인에게는 친절한 반면, 우유부단하기 쉬운 편이다. 환경 변화에 대해 유연하게 대응하는 것을 잘한다.

③ 내향 – 직관 – 사고 – 지각(TYPE C) ··· 관심이 내면으로 향하고 얌전하고 교제범위가 좁다. 사물을 보는 관점은 독창적이며, 현실에서 먼 추상적인 것을 생각하기를 좋아한다. 논리적으로 생각하고 판단하는 경향이 강하고 이성적이지만, 남의 감정에 대해서는 무반응인 경향이 있다. 환경의 변화에 순응적이고 융통성 있게 임기응변으로 대응할 수가 있다.

④ 내향 – 직관 – 사고 – 판단(TYPE D) ··· 관심이 내면으로 향하고 주의깊고 신중하게 행동을 한다. 사물을 보는 관점은 독창적이며 논리를 좋아해서 이치를 따지는 경향이 있다. 논리적으로 생각하고 판단하는 경향이 강하고, 객관적이지만 상대방의 마음에 대한 배려가 부족한 경향이 있다. 환경에 대해서는 순응하는 것보다 대응하며, 한 번 정한 것은 끈질기게 행동하려 한다.

⑤ 내향 – 감각 – 감정 – 지각(TYPE E) ··· 관심이 내면으로 향하고 조용하며 소극적이다. 사물을 보는 관점은 상식적이고 그대로의 것을 좋아하는 경향이 있다. 좋음과 싫음으로 판단하는 경향이 강하고 타인에 대해서 동정심이 많은 반면, 엄격한 면이 부족한 경향이 있다. 환경에 대해서는 순응적이고, 예측할 수 없다해도 태연하게 행동하는 경향이 있다.

⑥ 내향 – 감각 – 감정 – 판단(TYPE F) ··· 관심이 내면으로 향하고 얌전하며 쑥쓰러움을 많이 탄다. 사물을 보는 관점은 상식적이고 논리적으로 생각하는 것보다도 경험을 중요시하는 경향이 있다. 좋고 싫음으로 판단하는 경향이 강하고 사람이 좋은 반면, 개인적 취향이나 소원에 영향을 받는 일이 많은 경향이 있다. 환경에 대해서는 영향을 받지 않고, 자기 페이스 대로 꾸준히 성취하는 일을 잘한다.

⑦ 내향 – 감각 – 사고 – 지각(TYPE G) ··· 관심이 내면으로 향하고 얌전하고 교제범위가 좁다. 사물을 보는 관점은 상식적인 동시에 실천적이며, 틀에 박힌 형식을 좋아한다. 논리적으로 판단하는 경향이 강하고 침착하지만 사람에 대해서는 엄격하여 차가운 인상을 주는 일이 많다. 환경에 대해서 순응적이고, 계획적으로 행동하지 않으며 자유로운 행동을 좋아하는 경향이 있다.

⑧ 내향 – 감각 – 사고 – 판단(TYPE H) ··· 관심이 내면으로 향하고 주의 깊고 신중하게 행동을 한다. 사물을 보는 관점이 상식적이고 새롭고 경험하지 못한 일에 대응을 잘 하지 못한다. 논리적으로 생각하고 판단하는 경향이 강하고, 공평하지만 상대방의 감정에 대해 배려가 부족할 때가 있다. 환경에 대해서는 작용하는 편이고, 질서 있게 행동하는 것을 좋아한다.

⑨ 외향 – 직관 – 감정 – 지각(TYPE I) ··· 관심이 외향으로 향하고 밝고 활동적이며 교제범위가 넓다. 사물을 보는 관점은 독창적이고 호기심이 강하며 새로운 것을 생각하는 것을 좋아한다. 좋음 싫음으로 판단하는 경향이 강하다. 사람은 좋은 반면 개인적 취향이나 소원에 영향을 받는 일이 많은 편이다.

⑩ **외향 – 직관 – 감정 – 판단(TYPE J)** ··· 관심이 외향으로 향하고 개방적이며 누구와도 쉽게 친해질 수 있다. 사물을 보는 관점은 독창적이고 자기 나름대로 궁리하고 생각하는 면이 많다. 좋음과 싫음으로 판단하는 경향이 강하고, 타인에 대해 동정적이기 쉽고 엄격함이 부족한 경향이 있다. 환경에 대해서는 작용하는 편이고 질서 있는 행동을 하는 것을 좋아한다.

⑪ **외향 – 직관 – 사고 – 지각(TYPE K)** ··· 관심이 외향으로 향하고 태도가 분명하며 활동적이다. 사물을 보는 관점은 독창적이고 현실과 거리가 있는 추상적인 것을 생각하는 것을 좋아한다. 논리적으로 생각하고 판단하는 경향이 강하고, 공평하지만 상대에 대한 배려가 부족할 때가 있다.

⑫ **외향 – 직관 – 사고 – 판단(TYPE L)** ··· 관심이 외향으로 향하고 밝고 명랑한 성격이며 사교적인 것을 좋아한다. 사물을 보는 관점은 독창적이고 논리적인 것을 좋아하기 때문에 이치를 따지는 경향이 있다. 논리적으로 생각하고 판단하는 경향이 강하고 침착성이 뛰어나지만 사람에 대해서 엄격하고 차가운 인상을 주는 경우가 많다. 환경에 대해 작용하는 편이고 계획을 세우고 착실하게 실행하는 것을 좋아한다.

⑬ **외향 – 감각 – 감정 – 지각(TYPE M)** ··· 관심이 외향으로 향하고 밝고 활동적이고 교제범위가 넓다. 사물을 보는 관점은 상식적이고 종래대로 있는 것을 좋아한다. 보수적인 경향이 있고 좋아함과 싫어함으로 판단하는 경향이 강하며 타인에게는 친절한 반면, 우유부단한 경우가 많다. 환경에 대해 순응적이고, 융통성이 있고 임기응변으로 대응할 가능성이 높다.

⑭ **외향 – 감각 – 감정 – 판단(TYPE N)** ··· 관심이 외향으로 향하고 개방적이며 누구와도 쉽게 대면할 수 있다. 사물을 보는 관점은 상식적이고 논리적으로 생각하기보다는 경험을 중시하는 편이다. 좋아함과 싫어함으로 판단하는 경향이 강하고 감정이 풍부하며 따뜻한 느낌이 있는 반면에 합리성이 부족한 경우가 많다. 환경에 대해서 작용하는 편이고, 한 번 결정한 것은 끈질기게 실행하려고 한다.

⑮ **외향 – 감각 – 사고 – 지각(TYPE O)** ··· 관심이 외향으로 향하고 시원한 태도이며 활동적이다. 사물을 보는 관점이 상식적이며 동시에 실천적이고 명백한 형식을 좋아하는 경향이 있다. 논리적으로 생각하고 판단하는 경향이 강하고, 객관적이지만 상대 마음에 대해 배려가 부족한 경향이 있다.

⑯ **외향 – 감각 – 사고 – 판단(TYPE P)** ··· 관심이 외향으로 향하고 밝고 명랑하며 사교적인 것을 좋아한다. 사물을 보는 관점은 상식적이고 경험하지 못한 새로운 것에 대응을 잘 하지 못한다. 논리적으로 생각하고 판단하는 경향이 강하고 이성적이지만 사람의 감정에 무심한 경향이 있다. 환경에 대해서는 작용하는 편이고, 자기 페이스대로 꾸준히 성취하는 것을 잘한다.

4 인성검사의 대책

(1) 미리 알아두어야 할 점

① **출제문항수** … 인성검사의 출제문항수는 특별히 정해진 것이 아니며 농협은 각 지역농협별로 달라질 수 있다. 보통 160문항 이상에서 350문항까지 출제된다고 예상하면 된다.

② 출제형식

　㉠ '예' 아니면 '아니오'의 형식

EXAMPLE

예제 다음 문항을 읽고 자신이 해당될 경우 '예', 해당되지 않을 경우 '아니오'에 ○표를 하시오.

질문	예	아니오
1. 자신의 생각이나 의견은 좀처럼 변하지 않는다.	○	
2. 구입한 후 끝까지 읽지 않은 책이 많다.		○

예제 다음 문항에 대해서 평소에 자신이 생각하고 있는 것이나 행동하고 있는 것에 ○표를 하시오.

질문	그렇다	약간 그렇다	그저 그렇다	별로 그렇지 않다	그렇지 않다
1. 시간에 쫓기는 것이 싫다.		○			
2. 여행가기 전에 계획을 세운다.			○		

▶ **측정결과**

㉠ 'A'가 많은 경우(감정) : 일을 판단할 때 마음감정을 중요하게 여기는 유형이다. 감정이 풍부하고 친절하나 엄격함이 부족하고 우유부단하며, 합리성이 부족하다.

㉡ 'B'가 많은 경우(사고) : 일을 판단할 때 논리성을 중요하게 여기는 유형이다. 이성적이고 합리적이나 타인에 대한 배려가 부족하다.

　㉡ A와 B의 선택형식

EXAMPLE

예제 A와 B에 주어진 문장을 읽고 자신에게 해당되는 것을 고르시오.

질문	선택
A : 걱정거리가 있어서 잠을 못 잘 때가 있다.	(○)
B : 걱정거리가 있어도 잠을 잘 잔다.	( )

---

(2) 임하는 자세

① **솔직하게 있는 그대로 표현한다** … 인성검사는 평범한 일상생활 내용들을 다룬 짧은 문장과 어떤 대상이나 일에 대한 선로를 선택하는 문장으로 구성되었으므로 평소에 자신이 생각한 바를 너무 골똘히 생각하지 말고 문제를 보는 순간 떠오른 것을 표현한다.

② **모든 문제를 신속하게 대답한다** … 인성검사는 시간 제한이 없는 것이 원칙이지만 기업체들은 일정한 시간 제한을 두고 있다. 인성검사는 개인의 성격과 자질을 알아보기 위한 검사이기 때문에 정답이 없다. 다만, 기업체에서 바람직하게 생각하거나 기대되는 결과가 있을 뿐이다. 따라서 시간에 쫓겨서 대충 대답을 하는 것은 바람직하지 못하다.

③ **일관성 있게 대답한다** … 간혹 반복되는 문제들이 출제되기 때문에 일관성 있게 답하지 않으면 감점될 수 있으므로 유의한다. 실제로 공기업 인사부 직원의 인터뷰에 따르면 일관성이 없게 대답한 응시자들이 감점을 받아 탈락했다고 한다. 거짓된 응답을 하다보면 일관성 없는 결과가 나타날 수 있으므로, 위에서 언급한 대로 신속하고 솔직하게 답해 일관성 있는 응답을 하는 것이 중요하다.

④ **마지막까지 집중해서 검사에 임한다** … 장시간 진행되는 검사에 지치지 않고 마지막까지 집중해서 정확히 답할 수 있도록 해야 한다.

02 실전 인성검사

1 복합 유형

▍1~50 ▍ 다음 질문에 대해서 평소 자신이 생각하고 있는 것이나 행동하고 있는 것에 대해 박스에 주어진 응답요령에 따라 답하시오.

응답요령

• 응답 Ⅰ : 제시된 문항들을 읽은 다음 각각의 문항에 대해 자신이 동의하는 정도를 ①(전혀 그렇지 않다)~⑤(매우 그렇다)으로 표시하면 된다.

• 응답 Ⅱ : 제시된 문항들을 비교하여 상대적으로 자신의 성격과 가장 가까운 문항(Most) 하나와 가장 거리가 먼 문항(Least) 하나를 선택하여야 한다(응답 Ⅱ의 응답은 Most 1개, Least 1개, 무응답 2개이어야 한다).

1

문항예시	응답 Ⅰ					응답 Ⅱ	
	①	②	③	④	⑤	Most	Least
A. 모임에서 리더에 어울리지 않는다고 생각한다.							
B. 착실한 노력으로 성공한 이야기를 좋아한다.							
C. 어떠한 일에도 의욕적으로 임하는 편이다.							
D. 학급에서는 존재가 두드러졌다.							

2

문항예시	응답 Ⅰ					응답 Ⅱ	
	①	②	③	④	⑤	Most	Least
A. 아무것도 생각하지 않을 때가 많다.							
B. 스포츠는 하는 것보다는 보는 것이 좋다.							
C. 게으른 편이라고 생각한다.							
D. 비가 오지 않으면 우산을 가지고 가지 않는다.							

3

문항예시	응답 I					응답 II	
	①	②	③	④	⑤	Most	Least
A. 1인자보다는 조력자의 역할을 좋아한다.							
B. 의리를 지키는 타입이다.							
C. 리드를 하는 편이다.							
D. 신중함이 부족해서 후회한 적이 많다.							

4

문항예시	응답 I					응답 II	
	①	②	③	④	⑤	Most	Least
A. 모든 일을 여유 있게 대비하는 타입이다.							
B. 업무가 진행 중이라도 야근은 하지 않는다.							
C. 타인에게 방문하는 경우 상대방이 부재중인 때가 많다.							
D. 노력하는 과정이 중요하고 결과는 중요하지 않다.							

5

문항예시	응답 I					응답 II	
	①	②	③	④	⑤	Most	Least
A. 무리해서 행동하지 않는다.							
B. 유행에 민감한 편이다.							
C. 정해진 대로 움직이는 것이 안심이 된다.							
D. 현실을 직시하는 편이다.							

6

문항예시	응답 I					응답 II	
	①	②	③	④	⑤	Most	Least
A. 자유보다는 질서를 중요시 한다.							
B. 잡담하는 것을 좋아한다.							
C. 경험에 비추어 판단하는 편이다.							
D. 영화나 드라마는 각본의 완성도나 화면구성에 주목한다.							

7

문항예시	응답 I					응답 II	
	①	②	③	④	⑤	Most	Least
A. 타인의 일에는 별로 관심이 없다.							
B. 다른 사람의 소문에 관심이 많다.							
C. 실용적인 일을 할 때가 많다.							
D. 정이 많은 편이다.							

8

문항예시	응답 I					응답 II	
	①	②	③	④	⑤	Most	Least
A. 협동은 중요하다고 생각한다.							
B. 친구의 휴대폰 번호는 모두 외운다.							
C. 정해진 틀은 깨라고 있는 것이다.							
D. 이성적인 사람이고 싶다.							

9

문항예시	응답 I					응답 II	
	①	②	③	④	⑤	Most	Least
A. 환경은 변하지 않는 것이 좋다고 생각한다.							
B. 성격이 밝다.							
C. 반성하는 편이 아니다.							
D. 활동범위가 좁은 편이다.							

10

문항예시	응답 I					응답 II	
	①	②	③	④	⑤	Most	Least
A. 시원시원한 성격을 가진 사람이다.							
B. 좋다고 생각하면 바로 행동한다.							
C. 좋은 사람으로 기억되고 싶다.							
D. 한 번에 많은 일을 떠맡는 것은 골칫거리이다.							

11

문항예시	응답 I					응답 II	
	①	②	③	④	⑤	Most	Least
A. 사람과 만날 약속은 늘 즐겁다.							
B. 질문을 받으면 그때의 느낌으로 대답한다.							
C. 땀을 흘리는 것보다 머리를 쓰는 일이 좋다.							
D. 이미 결정된 것이라면 다시 생각하지 않는다.							

12

문항예시	응답 I					응답 II	
	①	②	③	④	⑤	Most	Least
A. 외출 시 문을 잠갔는지 몇 번씩 확인한다.							
B. 지위가 사람을 만든다고 생각한다.							
C. 안전책을 고르는 타입이다.							
D. 사교적인 사람이다.							

13

문항예시	응답 I					응답 II	
	①	②	③	④	⑤	Most	Least
A. 사람은 도리를 지키는 것이 당연하다고 생각한다.							
B. 착하다는 소릴 자주 듣는다.							
C. 단념을 하는 것도 중요하다고 생각한다.							
D. 누구도 예상치 못한 일을 하고 싶다.							

14

문항예시	응답 I					응답 II	
	①	②	③	④	⑤	Most	Least
A. 평범하고 평온하게 행복한 인생을 살고 싶다.							
B. 움직이는 일을 좋아하지 않는다.							
C. 소극적인 사람이라고 생각한다.							
D. 이것저것 평가하는 것이 싫다.							

15

문항예시	응답 I					응답 II	
	①	②	③	④	⑤	Most	Least
A. 성격이 급하다.							
B. 꾸준히 노력하는 것을 잘 못한다.							
C. 내일의 계획은 미리 세운다.							
D. 혼자 일을 하는 것이 편하다.							

16

문항예시	응답 I					응답 II	
	①	②	③	④	⑤	Most	Least
A. 열정적인 사람이라고 생각하지 않는다.							
B. 다른 사람 앞에서 이야기를 잘한다.							
C. 행동력이 강한 사람이다.							
D. 엉덩이가 무거운 편이다.							

17

문항예시	응답 I					응답 II	
	①	②	③	④	⑤	Most	Least
A. 특별히 구애받는 것이 없다.							
B. 돌다리는 두들겨 보고 건너는 편이다.							
C. 나에게는 권력욕이 없는 것 같다.							
D. 업무를 할당받으면 부담스럽다.							

18

문항예시	응답 I					응답 II	
	①	②	③	④	⑤	Most	Least
A. 보수적인 편이다.							
B. 계산적인 사람이다.							
C. 규칙을 잘 지키는 타입이다.							
D. 무기력함을 많이 느낀다.							

19

문항예시	응답 I					응답 II	
	①	②	③	④	⑤	Most	Least
A. 사람을 사귀는 범위가 넓다.							
B. 상식적인 판단을 할 수 있는 편이라고 생각한다.							
C. 너무 객관적이어서 실패한 적이 많다.							
D. 보수보다는 진보라고 생각한다.							

20

문항예시	응답 I					응답 II	
	①	②	③	④	⑤	Most	Least
A. 내가 좋아하는 사람은 주변사람들이 모두 안다.							
B. 가능성보다 현실을 중요시한다.							
C. 상대에게 꼭 필요한 선물을 잘 알고 있다.							
D. 여행은 계획을 세워서 추진하는 편이다.							

21

문항예시	응답 I					응답 II	
	①	②	③	④	⑤	Most	Least
A. 무슨 일이든 구체적으로 파고드는 편이다.							
B. 일을 할 때는 착실한 편이다.							
C. 괴로워하는 사람을 보면 우선 이유부터 묻는다.							
D. 가치 기준이 확고하다.							

22

문항예시	응답 I					응답 II	
	①	②	③	④	⑤	Most	Least
A. 밝고 개방적인 편이다.							
B. 현실직시를 잘 하는 편이다.							
C. 공평하고 공정한 상사를 만나고 싶다.							
D. 시시해도 계획적인 인생이 좋다.							

23

문항예시	응답 I					응답 II	
	①	②	③	④	⑤	Most	Least
A. 분석력이 뛰어나다.							
B. 논리적인 편이다.							
C. 사물에 대해 가볍게 생각하는 경향이 강하다.							
D. 계획을 세워도 지키지 못한 경우가 많다.							

24

문항예시	응답 I					응답 II	
	①	②	③	④	⑤	Most	Least
A. 생각했다고 해서 반드시 행동으로 옮기지 않는다.							
B. 목표 달성에 별로 구애받지 않는다.							
C. 경쟁하는 것을 즐기는 편이다.							
D. 정해진 친구만 만나는 편이다.							

25

문항예시	응답 I					응답 II	
	①	②	③	④	⑤	Most	Least
A. 활발한 성격이라는 소릴 자주 듣는다.							
B. 기회를 놓치는 경우가 많다.							
C. 학창시절 체육수업을 싫어했다.							
D. 과정보다 결과를 중요시한다.							

26

문항예시	응답 I					응답 II	
	①	②	③	④	⑤	Most	Least
A. 내 능력 밖의 일은 하고 싶지 않다.							
B. 새로운 사람을 만나는 것은 두렵다.							
C. 차분하고 사려가 깊은 편이다.							
D. 주변의 일에 나서는 편이다.							

27

문항예시	응답 I					응답 II	
	①	②	③	④	⑤	Most	Least
A. 글을 쓸 때에는 미리 구상을 하고 나서 쓴다.							
B. 여러 가지 일을 경험하고 싶다.							
C. 스트레스를 해소하기 위해 집에서 조용히 지낸다.							
D. 기한 내에 일을 마무리 짓지 못한 적이 많다.							

28

문항예시	응답 I					응답 II	
	①	②	③	④	⑤	Most	Least
A. 무리한 도전은 할 필요가 없다고 생각한다.							
B. 남의 앞에 나서는 것을 좋아하지 않는다.							
C. 납득이 안 되면 행동이 안 된다.							
D. 약속시간에 여유 있게 도착하는 편이다.							

29

문항예시	응답 I					응답 II	
	①	②	③	④	⑤	Most	Least
A. 매사 유연하게 대처하는 편이다.							
B. 휴일에는 집에 있는 것이 좋다.							
C. 위험을 무릅쓰고 까지 성공하고 싶지는 않다.							
D. 누군가가 도와주기를 하며 기다린 적이 많다.							

30

문항예시	응답 I					응답 II	
	①	②	③	④	⑤	Most	Least
A. 친구가 적은 편이다.							
B. 결론이 나도 여러 번 다시 생각하는 편이다.							
C. 미래가 걱정이 되어 잠을 설친 적이 있다.							
D. 같은 일을 반복하는 것은 지겹다.							

31

문항예시	응답 I					응답 II	
	①	②	③	④	⑤	Most	Least
A. 움직이지 않고 생각만 하는 것이 좋다.							
B. 하루종일 잠만 잘 수 있다.							
C. 오늘 하지 않아도 되는 일은 하지 않는다.							
D. 목숨을 걸 수 있는 친구가 있다.							

32

문항예시	응답 I					응답 II	
	①	②	③	④	⑤	Most	Least
A. 체험을 중요하게 생각한다.							
B. 도리를 지키는 사람이 좋다.							
C. 갑작스런 상황에 부딪혀도 유연하게 대처한다.							
D. 쉬는 날은 반드시 외출해야 한다.							

33

문항예시	응답 I					응답 II	
	①	②	③	④	⑤	Most	Least
A. 쇼핑을 좋아하는 편이다.							
B. 불필요한 물건을 마구 사드리는 편이다.							
C. 이성적인 사람을 보면 동경의 대상이 된다.							
D. 초면인 사람과는 대화를 잘 하지 못한다.							

34

문항예시	응답 I					응답 II	
	①	②	③	④	⑤	Most	Least
A. 재미있는 일을 추구하는 편이다.							
B. 어려움에 처한 사람을 보면 도와주어야 한다.							
C. 돈이 없으면 외출을 하지 않는다.							
D. 한 가지 일에 몰두하는 타입이다.							

35

문항예시	응답 I					응답 II	
	①	②	③	④	⑤	Most	Least
A. 손재주가 뛰어난 편이다.							
B. 규칙을 벗어나는 일은 하고 싶지 않다.							
C. 위험을 무릅쓰고 도전하고 싶은 일이 있다.							
D. 남의 주목을 받는 것을 즐긴다.							

36

문항예시	응답 I					응답 II	
	①	②	③	④	⑤	Most	Least
A. 조금이라도 나쁜 소식을 들으면 절망에 빠진다.							
B. 다수결의 의견에 따르는 편이다.							
C. 혼자 식당에서 밥을 먹는 일은 어렵지 않다.							
D. 하루하루 걱정이 늘어가는 타입이다.							

37

문항예시	응답 I					응답 II	
	①	②	③	④	⑤	Most	Least
A. 승부근성이 매우 강하다.							
B. 흥분을 자주하며 흥분하면 목소리가 커진다.							
C. 지금까지 한 번도 타인에게 폐를 끼친 적이 없다.							
D. 남의 험담을 해 본 적이 없다.							

38

문항예시	응답 I					응답 II	
	①	②	③	④	⑤	Most	Least
A. 남들이 내 험담을 할까봐 걱정된다.							
B. 내 자신을 책망하는 경우가 많다.							
C. 변덕스런 사람이라는 소릴 자주 듣는다.							
D. 자존심이 강한 편이다.							

39

문항예시	응답 I					응답 II	
	①	②	③	④	⑤	Most	Least
A. 고독을 즐기는 편이다.							
B. 착한 거짓말은 필요하다고 생각한다.							
C. 신경질적인 날이 많다.							
D. 고민이 생기면 혼자서 끙끙 앓는 편이다.							

40

문항예시	응답 I					응답 II	
	①	②	③	④	⑤	Most	Least
A. 나를 싫어하는 사람은 없다.							
B. 과감하게 행동하는 편이다.							
C. 쓸데없이 고생을 사서 할 필요는 없다.							
D. 기계를 잘 다루는 편이다.							

41

문항예시	응답 I					응답 II	
	①	②	③	④	⑤	Most	Least
A. 문제점을 해결하기 위해 많은 사람과 상의하는 편이다.							
B. 내 방식대로 일을 처리하는 편이다.							
C. 영화를 보면서 눈물을 흘린 적이 많다.							
D. 타인에게 화를 낸 적이 없다.							

42

문항예시	응답 I					응답 II	
	①	②	③	④	⑤	Most	Least
A. 타인의 사소한 충고에도 걱정을 많이 한다.							
B. 타인에게 도움이 안 되는 사람이라고 생각한다.							
C. 싫증을 잘 내는 편이다.							
D. 개성이 강하는 소릴 자주 듣는다.							

43

문항예시	응답 I					응답 II	
	①	②	③	④	⑤	Most	Least
A. 주장이 강한 편이다.							
B. 고집이 센 사람을 보면 짜증이 난다.							
C. 예의 없는 사람하고는 말을 섞지 않는다.							
D. 학창시절 결석을 한 적이 한 번도 없다.							

44

문항예시	응답 I					응답 II	
	①	②	③	④	⑤	Most	Least
A. 잘 안 되는 일도 될 때까지 계속 추진하는 편이다.							
B. 남에 대한 배려심이 강하다.							
C. 끈기가 약하다.							
D. 인생의 목표는 클수록 좋다고 생각한다.							

45

문항예시	응답 I					응답 II	
	①	②	③	④	⑤	Most	Least
A. 무슨 일이든 바로 시작하는 타입이다.							
B. 복잡한 문제가 발생하면 포기하는 편이다.							
C. 생각하고 행동하는 편이다.							
D. 야망이 있는 사람이라고 생각한다.							

46

문항예시	응답 I					응답 II	
	①	②	③	④	⑤	Most	Least
A. 비판적인 성향이 강하다.							
B. 감수성이 풍부한 편이다.							
C. 남을 비판할 때는 무섭게 비판한다.							
D. 하나의 취미에 열중하는 편이다.							

47

문항예시	응답 I					응답 II	
	①	②	③	④	⑤	Most	Least
A. 성격이 매우 급하다.							
B. 입신출세의 이야기를 좋아한다.							
C. 잘하는 스포츠가 하나 이상은 있다.							
D. 다룰 수 있는 악기가 하나 이상은 있다.							

48

문항예시	응답 I					응답 II	
	①	②	③	④	⑤	Most	Least
A. 흐린 날은 반드시 우산을 챙긴다.							
B. 즉흥적으로 결정하는 경우가 많다.							
C. 공격적인 타입이다.							
D. 남에게 리드를 받으면 기분이 상한다.							

49

문항예시	응답 I					응답 II	
	①	②	③	④	⑤	Most	Least
A. 누군가를 방문할 때는 사전에 반드시 확인을 한다.							
B. 노력해도 결과가 따르지 않으면 의미가 없다.							
C. 유행에 크게 신경을 쓰지 않는다.							
D. 질서보다는 자유를 중요시 한다.							

50

문항예시	응답 I					응답 II	
	①	②	③	④	⑤	Most	Least
A. 영화나 드라마를 보면 주인공의 감정에 이입된다.							
B. 가십거리를 좋아한다.							
C. 창조적인 일을 하고 싶다.							
D. 눈물이 많은 편이다.							

┃1~375┃ 다음 ( ) 안에 진술이 자신에게 적합하면 YES, 그렇지 않다면 NO를 선택하시오.

(인성검사는 응시자의 인성을 파악하기 위한 시험이므로 정답이 존재하지 않습니다).

	YES	NO
1. 조금이라도 나쁜 소식은 절망의 시작이라고 생각해버린다.	( )	( )
2. 언제나 실패가 걱정이 되어 어쩔 줄 모른다.	( )	( )
3. 다수결의 의견에 따르는 편이다.	( )	( )
4. 혼자서 커피숍에 들어가는 것은 전혀 두려운 일이 아니다.	( )	( )
5. 승부근성이 강하다.	( )	( )
6. 자주 흥분해서 침착하지 못하다.	( )	( )
7. 지금까지 살면서 타인에게 폐를 끼친 적이 없다.	( )	( )
8. 소곤소곤 이야기하는 것을 보면 자기에 대해 험담하고 있는 것으로 생각된다.	( )	( )
9. 무엇이든지 자기가 나쁘다고 생각하는 편이다.	( )	( )
10. 자신을 변덕스러운 사람이라고 생각한다.	( )	( )
11. 고독을 즐기는 편이다.	( )	( )
12. 자존심이 강하다고 생각한다.	( )	( )
13. 금방 흥분하는 성격이다.	( )	( )
14. 거짓말을 한 적이 없다.	( )	( )
15. 신경질적인 편이다.	( )	( )
16. 끙끙대며 고민하는 타입이다.	( )	( )
17. 감정적인 사람이라고 생각한다.	( )	( )
18. 자신만의 신념을 가지고 있다.	( )	( )
19. 다른 사람을 바보 같다고 생각한 적이 있다.	( )	( )
20. 금방 말해버리는 편이다.	( )	( )
21. 싫어하는 사람이 없다.	( )	( )
22. 대재앙이 오지 않을까 항상 걱정을 한다.	( )	( )
23. 쓸데없는 고생을 하는 일이 많다.	( )	( )
24. 자주 생각이 바뀌는 편이다.	( )	( )
25. 문제점을 해결하기 위해 여러 사람과 상의한다.	( )	( )

YES NO

26. 내 방식대로 일을 한다. ·· (　)(　)
27. 영화를 보고 운 적이 많다. ·· (　)(　)
28. 어떤 것에 대해서도 화낸 적이 없다. ··· (　)(　)
29. 사소한 충고에도 걱정을 한다. ··· (　)(　)
30. 자신은 도움이 안 되는 사람이라고 생각한다. ······································· (　)(　)
31. 금방 싫증을 내는 편이다. ·· (　)(　)
32. 개성적인 사람이라고 생각한다. ·· (　)(　)
33. 자기주장이 강한 편이다. ·· (　)(　)
34. 뒤숭숭하다는 말을 들은 적이 있다. ··· (　)(　)
35. 학교를 쉬고 싶다고 생각한 적이 한 번도 없다. ····································· (　)(　)
36. 사람들과 관계 맺는 것을 잘하지 못한다. ·· (　)(　)
37. 사려 깊은 편이다. ·· (　)(　)
38. 몸을 움직이는 것을 좋아한다. ··· (　)(　)
39. 끈기가 있는 편이다. ··· (　)(　)
40. 신중한 편이라고 생각한다. ·· (　)(　)
41. 인생의 목표는 큰 것이 좋다. ··· (　)(　)
42. 어떤 일이라도 바로 시작하는 타입이다. ··· (　)(　)
43. 낯가림을 하는 편이다. ··· (　)(　)
44. 생각하고 나서 행동하는 편이다. ··· (　)(　)
45. 쉬는 날은 밖으로 나가는 경우가 많다. ··· (　)(　)
46. 시작한 일은 반드시 완성시킨다. ··· (　)(　)
47. 면밀한 계획을 세운 여행을 좋아한다. ··· (　)(　)
48. 야망이 있는 편이라고 생각한다. ··· (　)(　)
49. 활동력이 있는 편이다. ··· (　)(　)
50. 많은 사람들과 왁자지껄하게 식사하는 것을 좋아하지 않는다. ·············· (　)(　)
51. 돈을 허비한 적이 없다. ·· (　)(　)
52. 어릴적에 운동회를 아주 좋아하고 기대했다. ··· (　)(　)
53. 하나의 취미에 열중하는 타입이다. ··· (　)(　)

54. 모임에서 리더에 어울린다고 생각한다. .... (   )(   )

55. 입신출세의 성공이야기를 좋아한다. .... (   )(   )

56. 어떠한 일도 의욕을 가지고 임하는 편이다. .... (   )(   )

57. 학급에서는 존재가 희미했다. .... (   )(   )

58. 항상 무언가를 생각하고 있다. .... (   )(   )

59. 스포츠는 보는 것보다 하는 게 좋다. .... (   )(   )

60. '참 잘했네요.'라는 말을 자주 듣는다. .... (   )(   )

61. 흐린 날은 반드시 우산을 가지고 간다. .... (   )(   )

62. 주연상을 받을 수 있는 배우를 좋아한다. .... (   )(   )

63. 공격하는 타입이라고 생각한다. .... (   )(   )

64. 리드를 받는 편이다. .... (   )(   )

65. 너무 신중해서 기회를 놓친 적이 있다. .... (   )(   )

66. 시원시원하게 움직이는 타입이다. .... (   )(   )

67. 야근을 해서라도 업무를 끝낸다. .... (   )(   )

68. 누군가를 방문할 때는 반드시 사전에 확인한다. .... (   )(   )

69. 노력해도 결과가 따르지 않으면 의미가 없다. .... (   )(   )

70. 무조건 행동해야 한다. .... (   )(   )

71. 유행에 둔감하다고 생각한다. .... (   )(   )

72. 정해진 대로 움직이는 것은 시시하다. .... (   )(   )

73. 꿈을 계속 가지고 있고 싶다. .... (   )(   )

74. 질서보다 자유를 중요시하는 편이다. .... (   )(   )

75. 혼자서 취미에 몰두하는 것을 좋아한다. .... (   )(   )

76. 직관적으로 판단하는 편이다. .... (   )(   )

77. 영화나 드라마를 보면 등장인물의 감정에 이입된다. .... (   )(   )

78. 시대의 흐름에 역행해서라도 자신을 관철하고 싶다. .... (   )(   )

79. 다른 사람의 소문에 관심이 없다. .... (   )(   )

80. 창조적인 편이다. .... (   )(   )

81. 비교적 눈물이 많은 편이다. .... (   )(   )

82. 융통성이 있다고 생각한다. .... (   )(   )

83. 친구의 휴대전화 번호를 잘 모른다. ·· (   )(   )

84. 스스로 고안하는 것을 좋아한다. ··· (   )(   )

85. 정이 두터운 사람으로 남고 싶다. ·· (   )(   )

86. 조직의 일원으로 별로 안 어울린다. ·· (   )(   )

87. 세상의 일에 별로 관심이 없다. ··· (   )(   )

88. 변화를 추구하는 편이다. ··· (   )(   )

89. 업무는 인간관계로 선택한다. ··· (   )(   )

90. 환경이 변하는 것에 구애되지 않는다. ·· (   )(   )

91. 불안감이 강한 편이다. ··· (   )(   )

92. 인생은 살 가치가 없다고 생각한다. ··· (   )(   )

93. 의지가 약한 편이다. ·· (   )(   )

94. 다른 사람이 하는 일에 별로 관심이 없다. ·· (   )(   )

95. 사람을 설득시키는 것은 어렵지 않다. ·· (   )(   )

96. 심심한 것을 못 참는다. ··· (   )(   )

97. 다른 사람을 욕한 적이 한 번도 없다. ·· (   )(   )

98. 다른 사람에게 어떻게 보일지 신경을 쓴다. ·· (   )(   )

99. 금방 낙심하는 편이다. ··· (   )(   )

100. 다른 사람에게 의존하는 경향이 있다. ·· (   )(   )

101. 그다지 융통성이 있는 편이 아니다. ·· (   )(   )

102. 다른 사람이 내 의견에 간섭하는 것이 싫다. ·· (   )(   )

103. 낙천적인 편이다. ··· (   )(   )

104. 숙제를 잊어버린 적이 한 번도 없다. ·· (   )(   )

105. 밤길에는 발소리가 들리기만 해도 불안하다. ·· (   )(   )

106. 상냥하다는 말을 들은 적이 있다. ·· (   )(   )

107. 자신은 유치한 사람이다. ··· (   )(   )

108. 잡담을 하는 것보다 책을 읽는 것이 낫다. ··· (   )(   )

109. 나는 영업에 적합한 타입이라고 생각한다. ··· (   )(   )

110. 술자리에서 술을 마시지 않아도 흥을 돋울 수 있다. ····································· (   )(   )

111. 한 번도 병원에 간 적이 없다. ··· (   )(   )

112. 나쁜 일은 걱정이 되어서 어쩔 줄을 모른다. ·· (   )(   )

113. 금세 무기력해지는 편이다. ··· (   )(   )

114. 비교적 고분고분한 편이라고 생각한다. ··· (   )(   )

115. 독자적으로 행동하는 편이다. ·· (   )(   )

116. 적극적으로 행동하는 편이다. ·· (   )(   )

117. 금방 감격하는 편이다. ··· (   )(   )

118. 어떤 것에 대해서는 불만을 가진 적이 없다. ·· (   )(   )

119. 밤에 못 잘 때가 많다. ··· (   )(   )

120. 자주 후회하는 편이다. ··· (   )(   )

121. 뜨거워지기 쉽고 식기 쉽다. ·· (   )(   )

122. 자신만의 세계를 가지고 있다. ·· (   )(   )

123. 많은 사람 앞에서도 긴장하는 일은 없다. ··· (   )(   )

124. 말하는 것을 아주 좋아한다. ·· (   )(   )

125. 인생을 포기하는 마음을 가진 적이 한 번도 없다. ·································· (   )(   )

126. 어두운 성격이다. ·· (   )(   )

127. 금방 반성한다. ·· (   )(   )

128. 활동범위가 넓은 편이다. ·· (   )(   )

129. 자신을 끈기 있는 사람이라고 생각한다. ·· (   )(   )

130. 좋다고 생각하더라도 좀 더 검토하고 나서 실행한다. ······························· (   )(   )

131. 위대한 인물이 되고 싶다. ··· (   )(   )

132. 한 번에 많은 일을 떠맡아도 힘들지 않다. ·· (   )(   )

133. 사람과 만날 약속은 부담스럽다. ··· (   )(   )

134. 질문을 받으면 충분히 생각하고 나서 대답하는 편이다. ····························· (   )(   )

135. 머리를 쓰는 것보다 땀을 흘리는 일이 좋다. ·· (   )(   )

136. 결정한 것에는 철저히 구속받는다. ··· (   )(   )

137. 외출 시 문을 잠갔는지 몇 번을 확인한다. ·· (   )(   )

138. 이왕 할 거라면 일등이 되고 싶다. ··· (   )(   )

139. 과감하게 도전하는 타입이다. ··· (   )(   )

140. 자신은 사교적이 아니라고 생각한다. ··· (   )(   )

141. 무심코 도리에 대해서 말하고 싶어진다. ┈┈┈┈┈┈┈┈┈┈┈┈┈┈┈┈ ( )( )
142. '항상 건강하네요.'라는 말을 듣는다. ┈┈┈┈┈┈┈┈┈┈┈┈┈┈┈┈ ( )( )
143. 단념하면 끝이라고 생각한다. ┈┈┈┈┈┈┈┈┈┈┈┈┈┈┈┈┈┈┈┈ ( )( )
144. 예상하지 못한 일은 하고 싶지 않다. ┈┈┈┈┈┈┈┈┈┈┈┈┈┈┈ ( )( )
145. 파란만장하더라도 성공하는 인생을 걷고 싶다. ┈┈┈┈┈┈┈┈ ( )( )
146. 활기찬 편이라고 생각한다. ┈┈┈┈┈┈┈┈┈┈┈┈┈┈┈┈┈┈┈┈┈┈ ( )( )
147. 소극적인 편이라고 생각한다. ┈┈┈┈┈┈┈┈┈┈┈┈┈┈┈┈┈┈┈┈ ( )( )
148. 무심코 평론가가 되어 버린다. ┈┈┈┈┈┈┈┈┈┈┈┈┈┈┈┈┈┈┈ ( )( )
149. 자신은 성급하다고 생각한다. ┈┈┈┈┈┈┈┈┈┈┈┈┈┈┈┈┈┈┈ ( )( )
150. 꾸준히 노력하는 타입이라고 생각한다. ┈┈┈┈┈┈┈┈┈┈┈┈ ( )( )
151. 내일의 계획이라도 메모한다. ┈┈┈┈┈┈┈┈┈┈┈┈┈┈┈┈┈┈┈ ( )( )
152. 리더십이 있는 사람이 되고 싶다. ┈┈┈┈┈┈┈┈┈┈┈┈┈┈┈ ( )( )
153. 열정적인 사람이라고 생각한다. ┈┈┈┈┈┈┈┈┈┈┈┈┈┈┈┈┈ ( )( )
154. 다른 사람 앞에서 이야기를 잘 하지 못한다. ┈┈┈┈┈┈┈┈┈ ( )( )
155. 통찰력이 있는 편이다. ┈┈┈┈┈┈┈┈┈┈┈┈┈┈┈┈┈┈┈┈┈┈┈┈ ( )( )
156. 엉덩이가 가벼운 편이다. ┈┈┈┈┈┈┈┈┈┈┈┈┈┈┈┈┈┈┈┈┈┈ ( )( )
157. 여러 가지로 구애됨이 있다. ┈┈┈┈┈┈┈┈┈┈┈┈┈┈┈┈┈┈┈┈ ( )( )
158. 돌다리도 두들겨 보고 건너는 쪽이 좋다. ┈┈┈┈┈┈┈┈┈┈┈ ( )( )
159. 자신에게는 권력욕이 있다. ┈┈┈┈┈┈┈┈┈┈┈┈┈┈┈┈┈┈┈┈ ( )( )
160. 업무를 할당받으면 기쁘다. ┈┈┈┈┈┈┈┈┈┈┈┈┈┈┈┈┈┈┈┈ ( )( )
161. 사색적인 사람이라고 생각한다. ┈┈┈┈┈┈┈┈┈┈┈┈┈┈┈┈┈ ( )( )
162. 비교적 개혁적이다. ┈┈┈┈┈┈┈┈┈┈┈┈┈┈┈┈┈┈┈┈┈┈┈┈┈ ( )( )
163. 좋고 싫음으로 정할 때가 많다. ┈┈┈┈┈┈┈┈┈┈┈┈┈┈┈┈┈ ( )( )
164. 전통에 구애되는 것은 버리는 것이 적절하다. ┈┈┈┈┈┈┈┈ ( )( )
165. 교제 범위가 좁은 편이다. ┈┈┈┈┈┈┈┈┈┈┈┈┈┈┈┈┈┈┈┈┈ ( )( )
166. 발상의 전환을 할 수 있는 타입이라고 생각한다. ┈┈┈┈┈ ( )( )
167. 너무 주관적이어서 실패한다. ┈┈┈┈┈┈┈┈┈┈┈┈┈┈┈┈┈┈┈ ( )( )
168. 현실적이고 실용적인 면을 추구한다. ┈┈┈┈┈┈┈┈┈┈┈┈┈ ( )( )
169. 내가 어떤 배우의 팬인지 아무도 모른다. ┈┈┈┈┈┈┈┈┈┈┈ ( )( )

170. 현실보다 가능성이다. ……………………………………………… ( )( )

171. 마음이 담겨 있으면 선물은 아무 것이나 좋다. ……………………… ( )( )

172. 여행은 마음대로 하는 것이 좋다. ……………………………………… ( )( )

173. 추상적인 일에 관심이 있는 편이다. …………………………………… ( )( )

174. 일은 대담히 하는 편이다. ……………………………………………… ( )( )

175. 괴로워하는 사람을 보면 우선 동정한다. ……………………………… ( )( )

176. 가치기준은 자신의 안에 있다고 생각한다. …………………………… ( )( )

177. 조용하고 조심스러운 편이다. ………………………………………… ( )( )

178. 상상력이 풍부한 편이라고 생각한다. ………………………………… ( )( )

179. 의리, 인정이 두터운 상사를 만나고 싶다. …………………………… ( )( )

180. 인생의 앞날을 알 수 없어 재미있다. ………………………………… ( )( )

181. 밝은 성격이다. …………………………………………………………… ( )( )

182. 별로 반성하지 않는다. ………………………………………………… ( )( )

183. 활동범위가 좁은 편이다. ……………………………………………… ( )( )

184. 자신을 시원시원한 사람이라고 생각한다. …………………………… ( )( )

185. 좋다고 생각하면 바로 행동한다. ……………………………………… ( )( )

186. 좋은 사람이 되고 싶다. ………………………………………………… ( )( )

187. 한 번에 많은 일을 떠맡는 것은 골칫거리라고 생각한다. ………… ( )( )

188. 사람과 만날 약속은 즐겁다. …………………………………………… ( )( )

189. 질문을 받으면 그때의 느낌으로 대답하는 편이다. ………………… ( )( )

190. 땀을 흘리는 것보다 머리를 쓰는 일이 좋다. ……………………… ( )( )

191. 결정한 것이라도 그다지 구속받지 않는다. ………………………… ( )( )

192. 외출 시 문을 잠갔는지 별로 확인하지 않는다. …………………… ( )( )

193. 지위에 어울리면 된다. ………………………………………………… ( )( )

194. 안전책을 고르는 타입이다. …………………………………………… ( )( )

195. 자신은 사교적이라고 생각한다. ……………………………………… ( )( )

196. 도리는 상관없다. ………………………………………………………… ( )( )

197. '침착하시네요.'라는 말을 자주 듣는다. ……………………………… ( )( )

198. 단념이 중요하다고 생각한다. ………………………………………… ( )( )

199. 예상하지 못한 일도 해보고 싶다. ··· (   )(   )

200. 평범하고 평온하게 행복한 인생을 살고 싶다. ··· (   )(   )

201. 모임에서 늘 리더의 역할만을 해왔다. ··· (   )(   )

202. 착실한 노력으로 성공한 이야기를 좋아한다. ··· (   )(   )

203. 어떠한 일에도 의욕적으로 임하는 편이다. ··· (   )(   )

204. 학급에서는 존재가 두드러졌다. ··· (   )(   )

205. 피곤한 날에는 무엇이든지 귀찮아 하는 편이다. ······································ (   )(   )

206. 나는 소극적인 사람이 아니다. ··· (   )(   )

207. 이것저것 남들의 이야기를 평가하는 것이 싫다. ······································ (   )(   )

208. 나는 성급한 편이다. ··· (   )(   )

209. 꾸준히 노력하는 스타일이다. ··· (   )(   )

210. 내일의 계획은 늘 머릿속에 존재한다. ··· (   )(   )

211. 협동심이 강한 사람이 되고 싶다. ··· (   )(   )

212. 나는 열정적인 사람이 아니다. ··· (   )(   )

213. 다른 사람들 앞에서 이야기를 잘한다. ··· (   )(   )

214. 말보다 행동력이 강한 타입이다. ··· (   )(   )

215. 엉덩이가 무겁다는 소릴 자주 듣는다. ··· (   )(   )

216. 특별히 가리는 음식이 없다. ··· (   )(   )

217. 돌다리도 두들겨 보고 건너는 타입이 아니다. ·· (   )(   )

218. 나에게는 권력에 대한 욕구는 없는 것 같다. ·· (   )(   )

219. 업무를 할당받으면 늘 먼저 불안감이 앞선다. ·· (   )(   )

220. 나는 진보보다는 보수이다. ··· (   )(   )

221. 나는 매우 활동적인 사람이다. ··· (   )(   )

222. 무슨 일이든 손해인지 이득인지를 먼저 생각하고 결정한다. ···················· (   )(   )

223. 전통을 고수하는 것은 어리석은 짓이다. ··· (   )(   )

224. 나는 교제의 범위가 넓은 편이다. ··· (   )(   )

225. 나는 상식적인 판단을 할 수 있는 사람이다. ·· (   )(   )

226. 객관적인 판단을 거부하는 편이다. ·· (   )(   )

227. 나는 연예인을 매우 좋아한다. ··· (   )(   )

	YES	NO

228. 가능성보는 현실을 직시하는 편이다. ……………………………… ( )( )

229. 나는 상대방에게 무엇이 필요한지 알 수 있다. ……………………… ( )( )

230. 여행을 할 때는 마음이 가는 대로 행동한다. …………………………… ( )( )

231. 구체적인 일에 관심이 없다. ……………………………………………… ( )( )

232. 모든 일을 착실하게 하는 편이다. ……………………………………… ( )( )

233. 괴로워하는 사람을 보면 그냥 모른 척 한다. …………………………… ( )( )

234. 매사 나를 기준으로 일을 처리한다. …………………………………… ( )( )

235. 나의 성격을 밝고 개방적이다. …………………………………………… ( )( )

236. 나는 이성적으로 판단을 잘한다. ……………………………………… ( )( )

237. 공평하고 정직한 상사를 만나고 싶다. ………………………………… ( )( )

238. 일 잘하고 능력이 강한 상사를 만나고 싶다. …………………………… ( )( )

239. 사람들과 적극적으로 유대관계를 유지한다. …………………………… ( )( )

240. 몸을 움직이는 일을 별로 즐기지 않는다. ……………………………… ( )( )

241. 모든 일에 쉽게 질리는 편이다. ………………………………………… ( )( )

242. 경솔하게 판단하여 후회를 하는 경우가 많다. ………………………… ( )( )

243. 인생의 목표를 크게 잡는 편이다. ……………………………………… ( )( )

244. 무슨 일도 좀처럼 시작하지 못한다. …………………………………… ( )( )

245. 초면인 사람과도 바로 친해질 수 있다. ………………………………… ( )( )

246. 행동을 하고 나서 생각을 하는 편이다. ………………………………… ( )( )

247. 쉬는 날에는 늘 집에 있는 편이다. …………………………………… ( )( )

248. 일을 마무리 짓기 전에 포기하는 경우가 많다. ………………………… ( )( )

249. 나는 욕심이 없다. ………………………………………………………… ( )( )

250. 많은 사람들과 왁자지껄하게 있는 것이 싫다. ………………………… ( )( )

251. 아무 이유 없이 불안할 때가 많다. …………………………………… ( )( )

252. 주변 사람들의 의견을 무시하는 경우가 많다. ………………………… ( )( )

253. 자존심이 매우 강하다. ………………………………………………… ( )( )

254. 내가 지금 잘하고 있는지 생각할 때가 많다. ………………………… ( )( )

255. 생각없이 함부로 말하는 경우가 많다. ………………………………… ( )( )

256. 정리가 되지 않은 방 안에 있어도 불안하지 않다. …………………… ( )( )

257. 태어나서 지금까지 거짓말을 한 적이 없다. ·································· ( )( )

258. 슬픈 영화나 드라마를 보면서 눈물을 흘린 적이 있다. ·················· ( )( )

259. 나는 나 자신을 충분히 신뢰할 수 있다고 생각한다. ···················· ( )( )

260. 노래를 흥얼거리는 것을 좋아한다. ·· ( )( )

261. 나만이 할 수 있는 일을 찾고 싶다. ······································ ( )( )

262. 나는 내 자신을 과소평가하는 버릇이 있다. ······························ ( )( )

263. 나의 책상이나 서랍은 늘 잘 정리가 되어 있다. ·························· ( )( )

264. 건성으로 대답을 할 때가 많다. ·· ( )( )

265. 남의 험담을 해 본적이 없다. ·· ( )( )

266. 쉽게 화를 내는 편이다. ··· ( )( )

267. 초조하면 손을 떨고 심장박동이 빨라지는 편이다. ························ ( )( )

268. 다른 사람과 말싸움으로 져 본 적이 없다. ······························ ( )( )

269. 다른 사람의 아부에 쉽게 넘어가는 편이다. ······························ ( )( )

270. 주변 사람이 나의 험담을 하고 다닌다고 생각이 든다. ···················· ( )( )

271. 남들보다 못하다는 생각이 자주 든다. ···································· ( )( )

272. 이론만 내세우는 사람을 보면 짜증이 난다. ······························ ( )( )

273. 다른 사람과 대화를 하다가도 금방 싸움이 되는 경우가 많다. ············ ( )( )

274. 내 맘대로 안 되면 소리를 지르는 경우가 많다. ·························· ( )( )

275. 상처를 주는 일도 받는 일도 싫다. ······································ ( )( )

276. 매일 매일 하루를 반성하는 편이다. ······································ ( )( )

277. 매사 메모를 잘 하는 편이다. ·· ( )( )

278. 사람들이 나 때문에 즐거워하는 것을 즐긴다. ···························· ( )( )

279. 아무것도 하지 않고 하루 종일을 보낼 수 있다. ·························· ( )( )

280. 지각을 하느니 차라리 결석을 하는 것이 낫다고 생각한다. ················ ( )( )

281. 이 세상에 보이지 않는 세계가 존재한다고 믿는다. ······················ ( )( )

282. 하기 싫은 일은 죽어도 하기 싫다. ······································ ( )( )

283. 남에게 안좋게 보일까봐 일부러 열심히 하는 척 행동한 적이 있다. ········ ( )( )

284. 쉽게 뜨거워지고 쉽게 식는 편이다. ······································ ( )( )

285. 세상에는 못 해낼 일이 없다고 생각한다. ································ ( )( )

286. 착한 사람이라는 소릴 자주 듣는다. ··· (   )(   )

287. 나는 다른 사람들보다 뛰어난 사람이다. ·· (   )(   )

288. 나는 개성적인 스타일을 추구한다. ··· (   )(   )

289. 동호회 활동을 한다. ··· (   )(   )

290. 나는 갖고 싶은 물건이 생기면 반드시 손에 넣어야 한다. ······························· (   )(   )

291. 세상의 모든 사람들이 다 나를 좋아한다. ·· (   )(   )

292. 스트레스를 해소하는 나만의 방법을 가지고 있다. ·· (   )(   )

293. 모든 일에 계획을 세워 생활한다. ··· (   )(   )

294. 나의 계획에 맞게 진행되지 않으면 화가 난다. ·· (   )(   )

295. 남의 일에 잘 나서는 편이다. ··· (   )(   )

296. 이성적인 사람이 되고 싶다. ··· (   )(   )

297. 생각했던 일이 뜻대로 되지 않으면 불안해진다. ·· (   )(   )

298. 생각한 일을 반드시 행동으로 옮기지는 않는다. ·· (   )(   )

299. 친구가 적으나 깊게 사귀는 편이다. ·· (   )(   )

300. 남과의 경쟁에서는 절대 지는 꼴을 못 본다. ··· (   )(   )

301. 내일해도 되는 일도 오늘 끝내는 편이다. ·· (   )(   )

302. 머릿속의 모든 생각을 글로 표현할 수 있다. ·· (   )(   )

303. 말보다는 글로 나의 의견을 전달하는 것이 편하다. ·· (   )(   )

304. 배려가 깊다는 소릴 자주 듣는다. ··· (   )(   )

305. 게으른 사람이라는 소릴 들어본 적이 있다. ·· (   )(   )

306. 나에게 주어진 기회는 반드시 얻는다. ··· (   )(   )

307. 외출을 할 때 옷차림에 신경을 쓰는 편이다. ··· (   )(   )

308. 약속시간이 다가와도 머리나 옷이 맘에 안 들면 늦더라도 반드시 고쳐야 한다. ······· (   )(   )

309. 모임이나 동호회에서 바로 친구를 사귈 수 있다. ··· (   )(   )

310. 쉽게 단념을 하는 편이다. ·· (   )(   )

311. 위험을 무릅쓰고 성공을 해야 한다고 생각한다. ·· (   )(   )

312. 학창시절 체육시간이 가장 즐거웠다. ·· (   )(   )

313. 휴일에는 어디든 나가야 직성이 풀린다. ·· (   )(   )

314. 작은 일에도 쉽게 몸이 지친다. ·· (   )(   )

315. 매사 유연하게 대처하는 편이다. ……………………………………………… (   )(   )

316. 나의 능력이 어느 정도인지 확인해 보고 싶을 때가 많다. ………………… (   )(   )

317. 나는 나의 능력이 어느 정도 인지 확실하게 알고 있다. …………………… (   )(   )

318. 새로운 사람을 만날 때는 늘 가슴이 두근거린다. ………………………… (   )(   )

319. 어려운 상황에 처하면 늘 누군가가 도와 줄거란 희망을 가지고 있다. … (   )(   )

320. 내가 저지른 일을 나 혼자 해결하지 못한 경우가 많다. ………………… (   )(   )

321. 친구가 거의 없다. …………………………………………………………… (   )(   )

322. 건강하고 활발한 사람을 보면 부럽다. …………………………………… (   )(   )

323. 세상의 모든 일을 경험해 보고 싶다. ……………………………………… (   )(   )

324. 스트레스를 해소하기 위해 운동을 하는 편이다. ………………………… (   )(   )

325. 기한이 정해진 일은 반드시 기한 내에 끝낸다. …………………………… (   )(   )

326. 결론이 나더라도 계속을 생각을 하는 편이다. …………………………… (   )(   )

327. 내가 하고 싶은 대로 이루어지지 않으면 화가 난다. …………………… (   )(   )

328. 말과 행동이 일치하지 않을 때가 많다. …………………………………… (   )(   )

329. 항상 내 기분대로 행동을 한다. …………………………………………… (   )(   )

330. 무슨 일이든 도전하는 것을 좋아한다. …………………………………… (   )(   )

321. 쉬는 날은 어디에도 나가고 싶지 않다. …………………………………… (   )(   )

322. 남의 앞에 나서서 무언가를 하는 것이 쑥스럽다. ……………………… (   )(   )

323. 모르는 것은 모른다고 말한다. …………………………………………… (   )(   )

324. 나 스스로 이해가 되지 않는 일을 하지 않는다. ………………………… (   )(   )

325. 이상적이지 못하고 현실적이다. …………………………………………… (   )(   )

326. 운동을 하는 것보다 보는 것이 더 좋다. …………………………………… (   )(   )

329. 내가 안 해도 누군가는 할 것이라는 생각을 한다. ……………………… (   )(   )

330. 한 가지 일에 전념하여 그 분야의 최고가 되고 싶다. …………………… (   )(   )

331. 세상을 알기 위해 여행을 필수라고 생각한다. …………………………… (   )(   )

332. 자동차에 대해 관심이 많다. ……………………………………………… (   )(   )

333. 월 초가 되면 늘 달력을 놓고 이번 달의 스케줄을 체크한다. …………… (   )(   )

334. 사물에 대해 가볍게 생각하는 편이다. …………………………………… (   )(   )

335. 나는 사교성이 거의 없다. ………………………………………………… (   )(   )

336. 등산을 하려면 먼저 완벽한 장비를 갖추어야 한다. ·· (   )(   )

337. 잘 모르는 분야도 아는 척을 하는 편이다. ··· (   )(   )

338. 한 번 시작한 일은 절대 도중에 포기하지 않는다. ··· (   )(   )

339. 나만의 특별한 취미를 하나 정도는 가지고 있다. ··· (   )(   )

340. 잘 다룰 수 있는 악기가 하나 정도는 있다. ··· (   )(   )

341. 학창시절 짝꿍과 떠들다가 혼난 적이 있다. ··· (   )(   )

342. 좋고 싫음이 얼굴에 표정으로 나타난다. ·· (   )(   )

343. 나보다 못한 사람이 있을 때는 무시하는 편이다. ··· (   )(   )

344. 음주가무에 능하다. ·· (   )(   )

345. 술 마시는 사람을 이해할 수 없다. ·· (   )(   )

346. 태어나서 한 번도 담배를 펴 본적 없다. ·· (   )(   )

347. 나는 나의 건강에 신경을 많이 쓰는 편이다. ·· (   )(   )

348. 현실적이고 실용적인 면을 추구한다. ·· (   )(   )

349. 선물은 가격보다는 주는 사람의 정성만 담겨 있으면 된다. ································· (   )(   )

350. 의리를 중요시한다. ·· (   )(   )

351. 사람을 평가할 때 그 사람의 성격을 본다. ··· (   )(   )

352. 사람을 평가할 때 그 사람의 경제력을 먼저 본다. ·· (   )(   )

353. 사람을 만나는 일은 항상 즐겁다. ·· (   )(   )

354. 나는 육체적인 일을 하는 것이 편하다. ·· (   )(   )

355. 나는 머리를 쓰는 일을 하는 것이 편하다. ··· (   )(   )

356. 한 번 결정한 일을 절대 번복하지 않는다. ··· (   )(   )

357. 사람의 성향은 절대 바뀌지 않는다고 생각한다. ·· (   )(   )

358. 사람의 성격은 그 사람의 부모를 보면 알 수 있다고 생각한다. ···························· (   )(   )

359. 상사는 지위에 어울리는 행동을 해야 한다고 생각한다. ···································· (   )(   )

360. 사람은 아무리 배우지 못했어도 할 도리를 하면 된다고 생각한다. ······················· (   )(   )

361. 무식한 사람은 꼭 무식한 티를 낸다고 생각한다. ··· (   )(   )

362. 예상하지 못한 일이 생겨도 절대 당황한 적이 없다. ·· (   )(   )

363. 남들의 주목을 끄는 것이 싫다. ··· (   )(   )

364. 잠을 자도 개운하다는 생각이 든 적이 한 번도 없다. ·· (   )(   )

365. 악몽을 꾸는 경우가 많다. ·· ( )( )

366. 저축을 잘 하는 편이다. ·· ( )( )

367. 경제력 보다는 체력이 우선이라고 생각한다. ················ ( )( )

368. 성격이 어두운 편이라고 생각한다. ···························· ( )( )

369. 한 번에 많은 일을 떠맡아도 힘들다고 생각하지 않는다. ···· ( )( )

370. 태어나서 지금까지 병원에 가 본 적이 없다. ·············· ( )( )

371. 술을 마시기 시작하면 끝을 봐야 한다. ···················· ( )( )

372. 몸이 쉽게 무기력해 지는 편이다. ···························· ( )( )

373. 나는 상대방의 의견에 고분고분한 편이다. ················ ( )( )

374. 작은 일에도 쉽게 감격을 하는 편이다. ···················· ( )( )

375. 나만의 세계에 살고 있다는 말을 들어 본 적이 있다. ······ ( )( )

3 부합도 평가 유형

|1~104| 다음 상황을 읽고 제시된 질문에 답하시오. (인성검사는 응시자의 인성을 파악하기 위한 자료이므로 정답이 존재하지 않습니다.)

① 전혀 그렇지 않다   ② 그렇지 않다   ③ 그렇다   ④ 매우 그렇다

1. 움직이는 것을 몹시 귀찮아하는 편이라고 생각한다. ······① ② ③ ④
2. 특별히 소극적이라고 생각하지 않는다. ······① ② ③ ④
3. 이것저것 평하는 것이 싫다. ······① ② ③ ④
4. 자신은 성급하지 않다고 생각한다. ······① ② ③ ④
5. 꾸준히 노력하는 것을 잘 하지 못한다. ······① ② ③ ④
6. 내일의 계획은 머릿속에 기억한다. ······① ② ③ ④
7. 협동성이 있는 사람이 되고 싶다. ······① ② ③ ④
8. 열정적인 사람이라고 생각하지 않는다. ······① ② ③ ④
9. 다른 사람 앞에서 이야기를 잘한다. ······① ② ③ ④
10. 행동력이 있는 편이다. ······① ② ③ ④
11. 엉덩이가 무거운 편이다. ······① ② ③ ④
12. 특별히 구애받는 것이 없다. ······① ② ③ ④
13. 돌다리는 두들겨 보지 않고 건너도 된다. ······① ② ③ ④
14. 자신에게는 권력욕이 없다. ······① ② ③ ④
15. 업무를 할당받으면 부담스럽다. ······① ② ③ ④
16. 활동적인 사람이라고 생각한다. ······① ② ③ ④
17. 비교적 보수적이다. ······① ② ③ ④
18. 어떤 일을 결정할 때 나에게 손해인지 이익인지로 정할 때가 많다. ······① ② ③ ④
19. 전통을 견실히 지키는 것이 적절하다. ······① ② ③ ④
20. 교제 범위가 넓은 편이다. ······① ② ③ ④
21. 상식적인 판단을 할 수 있는 타입이라고 생각한다. ······① ② ③ ④
22. 너무 객관적이어서 실패한다. ······① ② ③ ④
23. 보수적인 면을 추구한다. ······① ② ③ ④
24. 내가 누구의 팬인지 주변의 사람들이 안다. ······① ② ③ ④

25. 가능성보다 현실이다. ┄┄┄┄┄┄┄┄┄┄┄┄┄┄┄┄┄┄┄┄┄┄┄┄┄┄┄┄ ① ② ③ ④

26. 그 사람이 필요한 것을 선물하고 싶다. ┄┄┄┄┄┄┄┄┄┄┄┄┄┄┄┄ ① ② ③ ④

27. 여행은 계획적으로 하는 것이 좋다. ┄┄┄┄┄┄┄┄┄┄┄┄┄┄┄┄┄ ① ② ③ ④

28. 구체적인 일에 관심이 있는 편이다. ┄┄┄┄┄┄┄┄┄┄┄┄┄┄┄┄┄ ① ② ③ ④

29. 일은 착실히 하는 편이다. ┄┄┄┄┄┄┄┄┄┄┄┄┄┄┄┄┄┄┄┄┄┄┄┄┄ ① ② ③ ④

30. 괴로워하는 사람을 보면 우선 이유를 생각한다. ┄┄┄┄┄┄┄ ① ② ③ ④

31. 가치기준은 자신의 밖에 있다고 생각한다. ┄┄┄┄┄┄┄┄┄┄┄ ① ② ③ ④

32. 밝고 개방적인 편이다. ┄┄┄┄┄┄┄┄┄┄┄┄┄┄┄┄┄┄┄┄┄┄┄┄┄┄┄ ① ② ③ ④

33. 현실 인식을 잘하는 편이라고 생각한다. ┄┄┄┄┄┄┄┄┄┄┄┄┄ ① ② ③ ④

34. 공평하고 공적인 상사를 만나고 싶다. ┄┄┄┄┄┄┄┄┄┄┄┄┄┄ ① ② ③ ④

35. 시시해도 계획적인 인생이 좋다. ┄┄┄┄┄┄┄┄┄┄┄┄┄┄┄┄┄┄┄ ① ② ③ ④

36. 적극적으로 사람들과 관계를 맺는 편이다. ┄┄┄┄┄┄┄┄┄┄┄ ① ② ③ ④

37. 활동적인 편이다. ┄┄┄┄┄┄┄┄┄┄┄┄┄┄┄┄┄┄┄┄┄┄┄┄┄┄┄┄┄┄ ① ② ③ ④

38. 몸을 움직이는 것을 좋아하지 않는다. ┄┄┄┄┄┄┄┄┄┄┄┄┄┄ ① ② ③ ④

39. 쉽게 질리는 편이다. ┄┄┄┄┄┄┄┄┄┄┄┄┄┄┄┄┄┄┄┄┄┄┄┄┄┄┄┄ ① ② ③ ④

40. 경솔한 편이라고 생각한다. ┄┄┄┄┄┄┄┄┄┄┄┄┄┄┄┄┄┄┄┄┄┄┄ ① ② ③ ④

41. 인생의 목표는 손이 닿을 정도면 된다. ┄┄┄┄┄┄┄┄┄┄┄┄┄ ① ② ③ ④

42. 무슨 일도 좀처럼 바로 시작하지 못한다. ┄┄┄┄┄┄┄┄┄┄┄ ① ② ③ ④

43. 초면인 사람과도 바로 친해질 수 있다. ┄┄┄┄┄┄┄┄┄┄┄┄┄ ① ② ③ ④

44. 행동하고 나서 생각하는 편이다. ┄┄┄┄┄┄┄┄┄┄┄┄┄┄┄┄┄┄┄ ① ② ③ ④

45. 쉬는 날은 집에 있는 경우가 많다. ┄┄┄┄┄┄┄┄┄┄┄┄┄┄┄┄┄ ① ② ③ ④

46. 완성되기 전에 포기하는 경우가 많다. ┄┄┄┄┄┄┄┄┄┄┄┄┄┄ ① ② ③ ④

47. 계획 없는 여행을 좋아한다. ┄┄┄┄┄┄┄┄┄┄┄┄┄┄┄┄┄┄┄┄┄┄ ① ② ③ ④

48. 욕심이 없는 편이라고 생각한다. ┄┄┄┄┄┄┄┄┄┄┄┄┄┄┄┄┄┄┄ ① ② ③ ④

49. 활동력이 별로 없다. ┄┄┄┄┄┄┄┄┄┄┄┄┄┄┄┄┄┄┄┄┄┄┄┄┄┄┄┄ ① ② ③ ④

50. 많은 사람들과 어울릴 수 있는 모임에 가는 것을 좋아한다. ┄┄┄ ① ② ③ ④

51. 많은 친구랑 사귀는 편이다. ┄┄┄┄┄┄┄┄┄┄┄┄┄┄┄┄┄┄┄┄┄┄ ① ② ③ ④

52. 목표 달성에 별로 구애받지 않는다. ┄┄┄┄┄┄┄┄┄┄┄┄┄┄┄┄ ① ② ③ ④

53. 평소에 걱정이 많은 편이다. ┄┄┄┄┄┄┄┄┄┄┄┄┄┄┄┄┄┄┄┄┄┄ ① ② ③ ④

54. 체험을 중요하게 여기는 편이다. ·· ① ② ③ ④

55. 정이 두터운 사람을 좋아한다. ·· ① ② ③ ④

56. 도덕적인 사람을 좋아한다. ·· ① ② ③ ④

57. 성격이 규칙적이고 꼼꼼한 편이다. ·· ① ② ③ ④

58. 결과보다 과정이 중요하다. ·· ① ② ③ ④

59. 쉬는 날은 집에서 보내고 싶다. ·· ① ② ③ ④

60. 무리한 도전을 할 필요는 없다고 생각한다. ································· ① ② ③ ④

61. 공상적인 편이다. ··· ① ② ③ ④

62. 계획을 정확하게 세워서 행동하는 것을 못한다. ··························· ① ② ③ ④

63. 감성이 풍부한 사람이 되고 싶다고 생각한다. ······························ ① ② ③ ④

64. 주변의 일을 여유 있게 해결한다. ·· ① ② ③ ④

65. 물건은 계획적으로 산다. ·· ① ② ③ ④

66. 돈이 없으면 걱정이 된다. ·· ① ② ③ ④

67. 하루 종일 책상 앞에 앉아 있는 일은 잘 하지 못한다. ·················· ① ② ③ ④

68. 너무 진중해서 자주 기회를 놓치는 편이다. ································ ① ② ③ ④

69. 실용적인 것을 추구하는 경향이 있다. ······································· ① ② ③ ④

70. 거래처 접대에 자신 있다. ·· ① ② ③ ④

71. 어려움에 처해 있는 사람을 보면 동정한다. ································ ① ② ③ ④

72. 같은 일을 계속해서 잘 하지 못한다. ·· ① ② ③ ④

73. 돈이 없어도 어떻게든 되겠지 생각한다. ···································· ① ② ③ ④

74. 생각날 때 물건을 산다. ·· ① ② ③ ④

75. 신문사설을 주의 깊게 읽는다. ··· ① ② ③ ④

76. 한 가지 일에 매달리는 편이다. ·· ① ② ③ ④

77. 연구는 실용적인 결실을 만들어 내는데 의미가 있다. ···················· ① ② ③ ④

78. 남의 주목을 받고 싶어 하는 편이다. ·· ① ② ③ ④

79. 사람을 돕는 일이라면 규칙을 벗어나도 어쩔 수 없다. ·················· ① ② ③ ④

80. 연극 같은 문화생활을 즐기는 것을 좋아한다. ······························ ① ② ③ ④

81. 모험이야말로 인생이라고 생각한다. ·· ① ② ③ ④

82. 일부러 위험에 접근하는 것은 어리석다고 생각한다. ···················· ① ② ③ ④

83. 남의 눈에 잘 띄지 않은 편이다. ··· ① ② ③ ④

84. 연구는 이론체계를 만들어 내는데 의의가 있다. ····································· ① ② ③ ④

85. 결과가 과정보다 중요하다. ·· ① ② ③ ④

86. 이론만 내세우는 일을 싫어한다. ·· ① ② ③ ④

87. 타인의 감정을 존중한다. ·· ① ② ③ ④

88. 사람 사귀는 일에 자신 있다. ·· ① ② ③ ④

89. 식사시간이 정해져 있지 않다. ··· ① ② ③ ④

90. 좋아하는 문학 작가가 많다. ·· ① ② ③ ④

91. 평소 자연과학에 관심 있다. ·· ① ② ③ ④

92. 인라인 스케이트 타는 것을 좋아한다. ·· ① ② ③ ④

93. 재미있는 것을 추구하는 경향이 있다. ·· ① ② ③ ④

94. 잘 웃는 편이다. ··· ① ② ③ ④

95. 소외된 이웃들에 항상 관심을 갖고 있다. ··· ① ② ③ ④

96. 자동차 구조에 흥미를 갖고 있다. ··· ① ② ③ ④

97. 좋아하는 스포츠팀을 응원하는 것을 즐긴다. ··· ① ② ③ ④

98. 줄기배아세포 연구에 관심 있다. ·· ① ② ③ ④

99. 일을 처리함에 있어 계획표를 작성하는 것을 좋아한다. ····························· ① ② ③ ④

100. 고장 난 라디오를 수리한 적이 있다. ·· ① ② ③ ④

101. 유행에 둔감하다고 생각한다. ··· ① ② ③ ④

102. 정해진 대로 움직이는 것은 시시하다. ··· ① ② ③ ④

103. 꿈을 계속 가지고 있고 싶다. ·· ① ② ③ ④

104. 질서보다 자유를 중요시하는 편이다. ·· ① ② ③ ④

01 면접의 기본

02 면접기출

PART

04

면접

CHAPTER 01

면접의 기본

1 면접준비

(1) 면접의 기본 원칙

① **면접의 의미** … 면접이란 다양한 면접기법을 활용하여 지원한 직무에 필요한 능력을 지원자가 보유하고 있는지를 확인하는 절차라고 할 수 있다. 즉, 지원자의 입장에서는 채용 직무수행에 필요한 요건들과 관련하여 자신의 환경, 경험, 관심사, 성취 등에 대해 기업에 직접 어필할 수 있는 기회를 제공받는 것이며, 기업의 입장에서는 서류전형만으로 알 수 없는 지원자에 대한 정보를 직접적으로 수집하고 평가하는 것이다.

② **면접의 특징** … 면접은 기업의 입장에서 서류전형이나 필기전형에서 드러나지 않는 지원자의 능력이나 성향을 볼 수 있는 기회로, 면대면으로 이루어지며 즉흥적인 질문들이 포함될 수 있기 때문에 지원자가 완벽하게 준비하기 어려운 부분이 있다. 하지만 지원자 입장에서도 서류전형이나 필기전형에서 모두 보여주지 못한 자신의 능력 등을 기업의 인사담당자에게 어필할 수 있는 추가적인 기회가 될 수도 있다.

[서류 · 필기전형과 차별화되는 면접의 특징]

- 직무수행과 관련된 다양한 지원자 행동에 대한 관찰이 가능하다.
- 면접관이 알고자 하는 정보를 심층적으로 파악할 수 있다.
- 서류상의 미비한 사항과 의심스러운 부분을 확인할 수 있다.
- 커뮤니케이션 능력, 대인관계 능력 등 행동 · 언어적 정보도 얻을 수 있다.

③ **면접의 유형**

　㉠ **구조화 면접** : 구조화 면접은 사전에 계획을 세워 질문의 내용과 방법, 지원자의 답변 유형에 따른 추가 질문과 그에 대한 평가 역량이 정해져 있는 면접 방식으로 표준화 면접이라고도 한다.

　　• 표준화된 질문이나 평가요소가 면접 전 확정되며, 지원자는 편성된 조나 면접관에 영향을 받지 않고 동일한 질문과 시간을 부여받을 수 있다.

- 조직 또는 직무별로 주요하게 도출된 역량을 기반으로 평가요소가 구성되어, 조직 또는 직무에서 필요한 역량을 가진 지원자를 선발할 수 있다.
- 표준화된 형식을 사용하는 특성 때문에 비구조화 면접에 비해 신뢰성과 타당성, 객관성이 높다.
- ⓒ 비구조화 면접 : 비구조화 면접은 면접 계획을 세울 때 면접 목적만을 명시하고 내용이나 방법은 면접관에게 전적으로 일임하는 방식으로 비표준화 면접이라고도 한다.
  - 표준화된 질문이나 평가요소 없이 면접이 진행되며, 편성된 조나 면접관에 따라 지원자에게 주어지는 질문이나 시간이 다르다.
  - 면접관의 주관적인 판단에 따라 평가가 이루어져 평가 오류가 빈번히 일어난다.
  - 상황 대처나 언변이 뛰어난 지원자에게 유리한 면접이 될 수 있다.

④ 경쟁력 있는 면접 요령
  - ㉠ 면접 전에 준비하고 유념할 사항
    - 예상 질문과 답변을 미리 작성한다.
    - 작성한 내용을 문장으로 외우지 않고 키워드로 기억한다.
    - 지원한 회사의 최근 기사를 검색하여 기억한다.
    - 지원한 회사가 속한 산업군의 최근 기사를 검색하여 기억한다.
    - 면접 전 1주일간 이슈가 되는 뉴스를 기억하고 자신의 생각을 반영하여 정리한다.
    - 찬반토론에 대비한 주제를 목록으로 정리하여 자신의 논리를 내세운 예상답변을 작성한다.
  - ㉡ 면접장에서 유념할 사항
    - 질문의 의도 파악 : 답변을 할 때에는 질문 의도를 파악하고 그에 충실한 답변이 될 수 있도록 질문사항을 유념해야 한다. 많은 지원자가 하는 실수 중 하나로 답변을 하는 도중 자기 말에 심취되어 질문의 의도와 다른 답변을 하거나 자신이 알고 있는 지식만을 나열하는 경우가 있는데, 이럴 경우 의사소통능력이 부족한 사람으로 인식될 수 있으므로 주의하도록 한다.
    - 답변은 두괄식 : 답변을 할 때에는 두괄식으로 결론을 먼저 말하고 그 이유를 설명하는 것이 좋다. 미괄식으로 답변을 할 경우 용두사미의 답변이 될 가능성이 높으며, 결론을 이끌어 내는 과정에서 논리성이 결여될 우려가 있다. 또한 면접관이 결론을 듣기 전에 말을 끊고 다른 질문을 추가하는 예상치 못한 상황이 발생될 수 있으므로 답변은 자신이 전달하고자 하는 바를 먼저 밝히고 그에 대한 설명을 하는 것이 좋다.

- 지원한 회사의 기업정신과 인재상을 기억 : 답변을 할 때에는 회사가 원하는 인재라는 인상을 심어주기 위해 지원한 회사의 기업정신과 인재상 등을 염두에 두고 답변을 하는 것이 좋다. 모든 회사에 해당되는 두루뭉술한 답변보다는 지원한 회사에 맞는 맞춤형 답변을 하는 것이 좋다.
- 나보다는 회사와 사회적 관점에서 답변 : 답변을 할 때에는 자기중심적인 관점을 피하고 좀 더 넓은 시각으로 회사와 국가, 사회적 입장까지 고려하는 인재임을 어필하는 것이 좋다. 자기중심적 시각을 바탕으로 자신의 출세만을 위해 회사에 입사하려는 인상을 심어줄 경우 면접에서 불이익을 받을 가능성이 높다.
- 난처한 질문은 정직한 답변 : 난처한 질문에 답변을 해야 할 때에는 피하기보다는 정면 돌파로 정직하고 솔직하게 답변하는 것이 좋다. 난처한 부분을 감추고 드러내지 않으려 회피하려는 지원자의 모습은 인사담당자에게 입사 후에도 비슷한 상황에 처했을 때 회피할 수도 있다는 우려를 심어줄 수 있다. 따라서 직장생활에 있어 중요한 덕목 중 하나인 정직을 바탕으로 솔직하게 답변을 하도록 한다.

(2) 면접의 종류 및 준비 전략

① 인성면접

㉠ 면접 방식 및 판단기준

- 면접 방식 : 인성면접은 면접관이 가지고 있는 개인적 면접 노하우나 관심사에 의해 질문을 실시한다. 주로 입사지원서나 자기소개서의 내용을 토대로 지원동기, 과거의 경험, 미래 포부 등을 이야기하도록 하는 방식이다.
- 판단기준 : 면접관의 개인적 가치관과 경험, 해당 역량의 수준, 경험의 구체성·진실성 등

㉡ 특징 : 인성면접은 그 방식으로 인해 역량과 무관한 질문들이 많고 지원자에게 주어지는 면접질문, 시간 등이 다를 수 있다. 또한 입사지원서나 자기소개서의 내용을 토대로 하기 때문에 지원자별 질문이 달라질 수 있다.

ⓒ 예시 문항 및 준비전략

• 예시 문항

> • 3분 동안 자기소개를 해 보십시오.
> • 자신의 장점과 단점을 말해 보십시오.
> • 학점이 좋지 않은데 그 이유가 무엇입니까?
> • 최근에 인상 깊게 읽은 책은 무엇입니까?
> • 회사를 선택할 때 중요시하는 것은 무엇입니까?
> • 일과 개인생활 중 어느 쪽을 중시합니까?
> • 10년 후 자신은 어떤 모습일 것이라고 생각합니까?
> • 휴학 기간 동안에는 무엇을 했습니까?

• 준비전략 : 인성면접은 입사지원서나 자기소개서의 내용을 바탕으로 하는 경우가 많으므로 자신이 작성한 입사지원서와 자기소개서의 내용을 충분히 숙지하도록 한다. 또한 최근 사회적으로 이슈가 되고 있는 뉴스에 대한 견해를 묻거나 시사상식 등에 대한 질문을 받을 수 있으므로 이에 대한 대비도 필요하다. 자칫 부담스러워 보이지 않는 질문으로 가볍게 대답하지 않도록 주의하고 모든 질문에 입사 의지를 담아 성실하게 답변하는 것이 중요하다.

② 발표면접

㉠ 면접 방식 및 판단기준

• 면접 방식 : 지원자가 특정 주제와 관련된 자료를 검토하고 그에 대한 자신의 생각을 면접관 앞에서 주어진 시간 동안 발표하고 추가 질의를 받는 방식으로 진행된다.

• 판단기준 : 지원자의 사고력, 논리력, 문제해결력 등

㉡ 특징 : 발표면접은 지원자에게 과제를 부여한 후, 과제를 수행하는 과정과 결과를 관찰·평가한다. 따라서 과제수행 결과뿐 아니라 수행과정에서의 행동을 모두 평가할 수 있다.

ⓒ 예시 문항 및 준비전략

• 예시 문항

[신입사원 조기 이직 문제]

※ 지원자는 아래에 제시된 자료를 검토한 뒤, 신입사원 조기 이직의 원인을 크게 3가지로 정리하고 이에 대한 구체적인 개선안을 도출하여 발표해 주시기 바랍니다.

※ 본 과제에 정해진 정답은 없으나 논리적 근거를 들어 개선안을 작성해 주십시오.

• A기업은 동종업계 유사기업들과 비교해 볼 때, 비교적 높은 재무안정성을 유지하고 있으며 업무강도가 그리 높지 않은 것으로 외부에 알려져 있음.

• 최근 조사결과, 동종업계 유사기업들과 연봉을 비교해 보았을 때 연봉 수준도 그리 나쁘지 않은 편이라는 것이 확인되었음.

• 그러나 지난 3년간 1~2년차 직원들의 이직률이 계속해서 증가하고 있는 추세이며, 경영진 회의에서 최우선 해결과제 중 하나로 거론되었음.

• 이에 따라 인사팀에서 현재 1~2년차 사원들을 대상으로 개선되어야 하는 A기업의 조직문화에 대한 설문조사를 실시한 결과, '상명하복식의 의사소통'이 36.7%로 1위를 차지했음.

• 이러한 설문조사와 함께, 신입사원 조기 이직에 대한 원인을 분석한 결과 파랑새 증후군, 셀프홀릭 증후군, 피터팬 증후군 등 3가지로 분류할 수 있었음.

〈동종업계 유사기업들과의 연봉 비교〉 　　　　〈우리 회사 조직문화 중 개선되었으면 하는 것〉

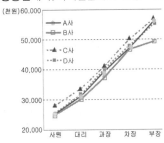

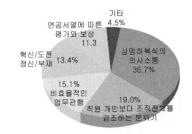

〈신입사원 조기 이직의 원인〉

• 파랑새 증후군
- 현재의 직장보다 더 좋은 직장이 있을 것이라는 막연한 기대감으로 끊임없이 새로운 직장을 탐색함.
- 학력 수준과 맞지 않는 '하향지원', 전공과 적성을 고려하지 않고 일단 취업하고 보자는 '묻지마 지원'이 파랑새 증후군을 초래함.

• 셀프홀릭 증후군
- 본인의 역량에 비해 가치가 낮은 일을 주로 하면서 갈등을 느낌.

• 피터팬 증후군
- 기성세대의 문화를 무조건 수용하기보다는 자유로움과 변화를 추구함.
- 상명하복, 엄격한 규율 등 기성세대가 당연시하는 관행에 거부감을 가지며 직장에 답답함을 느낌.

- 준비전략 : 발표면접의 시작은 과제 안내문과 과제 상황, 과제 자료 등을 정확하게 이해하는 것에서 출발한다. 과제 안내문을 침착하게 읽고 제시된 주제 및 문제와 관련된 상황의 맥락을 파악한 후 과제를 검토한다. 제시된 기사나 그래프 등을 충분히 활용하여 주어진 문제를 해결할 수 있는 해결책이나 대안을 제시하며, 발표를 할 때에는 명확하고 자신 있는 태도로 전달할 수 있도록 한다.

③ 토론면접

　㉠ 면접 방식 및 판단기준

- 면접 방식 : 상호갈등적 요소를 가진 과제 또는 공통의 과제를 해결하는 내용의 토론 과제를 제시하고, 그 과정에서 개인 간의 상호작용 행동을 관찰하는 방식으로 면접이 진행된다.
- 판단기준 : 팀워크, 적극성, 갈등 조정, 의사소통능력, 문제해결능력 등

　㉡ 특징 : 토론을 통해 도출해 낸 최종안의 타당성도 중요하지만, 결론을 도출해 내는 과정에서의 의사소통능력이나 갈등상황에서 의견을 조정하는 능력 등이 중요하게 평가되는 특징이 있다.

　㉢ 예시 문항 및 준비전략

- 예시 문항

> - 군 가산점제 부활에 대한 찬반토론
> - 담뱃값 인상에 대한 찬반토론
> - 비정규직 철폐에 대한 찬반토론
> - 대학의 영어 강의 확대 찬반토론
> - 워크숍 장소 선정을 위한 토론

- 준비전략 : 토론면접은 무엇보다 팀워크와 적극성이 강조된다. 따라서 토론과정에 적극적으로 참여하며 자신의 의사를 분명하게 전달하며, 갈등상황에서 자신의 의견만 내세울 것이 아니라 다른 지원자의 의견을 경청하고 배려하는 모습도 중요하다. 갈등상황을 일목요연하게 정리하여 조정하는 등의 의사소통능력을 발휘하는 것도 좋은 전략이 될 수 있다.

④ 상황면접

　㉠ 면접 방식 및 판단기준

- 면접 방식 : 상황면접은 직무 수행 시 접할 수 있는 상황들을 제시하고, 그러한 상황에서 어떻게 행동할 것인지를 이야기하는 방식으로 진행된다.
- 판단기준 : 해당 상황에 적절한 역량의 구현과 구체적 행동지표

ⓛ 특징 : 실제 직무 수행 시 접할 수 있는 상황들을 제시하므로 입사 이후 지원자의 업무수행능력을 평가하는 데 적절한 면접 방식이다. 또한 지원자의 가치관, 태도, 사고방식 등의 요소를 통합적으로 평가하는 데 용이하다.

ⓒ 예시 문항 및 준비전략

• 예시 문항

> 당신은 생산관리팀의 팀원으로, 생산팀이 기한에 맞춰 효율적으로 제품을 생산할 수 있도록 관리하는 역할을 맡고 있습니다. 3개월 뒤에 제품A를 정상적으로 출시하기 위해 생산팀의 생산 계획을 수립한 상황입니다. 그러나 원가가 곧 실적으로 이어지는 구매팀에서는 최대한 원가를 줄여 전반적 단가를 낮추려고 원가절감을 위한 제안을 하였으나, 연구개발팀에서는 구매팀이 제안한 방식으로 제품을 생산할 경우 대부분이 구매팀의 실적으로 산정될 것이므로 제대로 확인도 해보지 않은 채 적합하지 않은 방식이라고 판단하고 있습니다. 당신은 어떻게 하겠습니까?

• 준비전략 : 상황면접은 먼저 주어진 상황에서 핵심이 되는 문제가 무엇인지를 파악하는 것에서 시작한다. 주질문과 세부질문을 통하여 질문의 의도를 파악하였다면, 그에 대한 구체적인 행동이나 생각 등에 대해 응답할수록 높은 점수를 얻을 수 있다.

⑤ 역할면접

㉠ 면접 방식 및 판단기준

• 면접 방식 : 역할면접 또는 역할연기 면접은 기업 내 발생 가능한 상황에서 부딪히게 되는 문제와 역할을 가상적으로 설정하여 특정 역할을 맡은 사람과 상호작용하고 문제를 해결해 나가도록 하는 방식으로 진행된다. 역할연기 면접에서는 면접관이 직접 역할연기를 하면서 지원자를 관찰하기도 하지만, 역할연기 수행만 전문적으로 하는 사람을 투입할 수도 있다.

• 판단기준 : 대처능력, 대인관계능력, 의사소통능력 등

ⓛ 특징 : 역할면접은 실제 상황과 유사한 가상 상황에서의 행동을 관찰함으로서 지원자의 성격이나 대처 행동 등을 관찰할 수 있다.

ⓒ 예시 문항 및 준비전략

• 예시 문항

> [금융권 역할면접의 예]
> 당신은 ○○은행의 신입 텔러이다. 사람이 많은 월말 오전 한 할아버지(면접관 또는 역할담당자)께서 ○○은행을 사칭한 보이스피싱으로 500만 원을 피해 보았다며 소란을 일으키고 있다. 실제 업무상황이라고 생각하고 상황에 대처해 보시오.

- 준비전략 : 역할연기 면접에서 측정하는 역량은 주로 갈등의 원인이 되는 문제를 해결 하고 제시된 해결방안을 상대방에게 설득하는 것이다. 따라서 갈등해결, 문제해결, 조정·통합, 설득력과 같은 역량이 중요시된다. 또한 갈등을 해결하기 위해서 상대방에 대한 이해도 필수적인 요소이므로 고객지향을 염두에 두고 상황에 맞게 대처해야 한다.

  역할면접에서는 변별력을 높이기 위해 면접관이 압박적인 분위기를 조성하는 경우가 많기 때문에 스트레스 상황에서 불안해하지 않고 유연하게 대처할 수 있도록 시간과 노력을 들여 충분히 연습하는 것이 좋다.

2 면접 이미지 메이킹

(1) 성공적인 이미지 메이킹 포인트

① 복장 및 스타일

⊙ 남성

- 양복 : 양복은 단색으로 하며 넥타이나 셔츠로 포인트를 주는 것이 효과적이다. 짙은 회색이나 감청색이 가장 단정하고 품위 있는 인상을 준다.
- 셔츠 : 흰색이 가장 선호되나 자신의 피부색에 맞추는 것이 좋다. 푸른색이나 베이지색은 산뜻한 느낌을 줄 수 있다. 양복과의 배색도 고려하도록 한다.
- 넥타이 : 의상에 포인트를 줄 수 있는 아이템이지만 너무 화려한 것은 피한다. 지원자의 피부색은 물론, 정장과 셔츠의 색을 고려하며, 체격에 따라 넥타이 폭을 조절하는 것이 좋다.
- 구두 & 양말 : 구두는 검정색이나 짙은 갈색이 어느 양복에나 무난하게 어울리며 깔끔하게 닦아 준비한다. 양말은 정장과 동일한 색상이나 검정색을 착용한다.
- 헤어스타일 : 머리스타일은 단정한 느낌을 주는 짧은 헤어스타일이 좋으며 앞머리가 있다면 이마나 눈썹을 가리지 않는 선에서 정리하는 것이 좋다.

ⓛ 여성

- 의상 : 단정한 스커트 투피스 정장이나 슬랙스 슈트가 무난하다. 블랙이나 그레이, 네이비, 브라운 등 차분해 보이는 색상을 선택하는 것이 좋다.
- 소품 : 구두, 핸드백 등은 같은 계열로 코디하는 것이 좋으며 구두는 너무 화려한 디자인이나 굽이 높은 것을 피한다. 스타킹은 의상과 구두에 맞춰 단정한 것으로 선택한다.
- 액세서리 : 액세서리는 너무 크거나 화려한 것은 좋지 않으며 과하게 많이 하는 것도 좋은 인상을 주지 못한다. 착용하지 않거나 작고 깔끔한 디자인으로 포인트를 주는 정도가 적당하다.
- 메이크업 : 화장은 자연스럽고 밝은 이미지를 표현하는 것이 좋으며 진한 색조는 인상이 강해 보일 수 있으므로 피한다.
- 헤어스타일 : 커트나 단발처럼 짧은 머리는 활동적이면서도 단정한 이미지를 줄 수 있도록 정리한다. 긴 머리의 경우 하나로 묶거나 단정한 머리망으로 정리하는 것이 좋으며, 짙은 염색이나 화려한 웨이브는 피한다.

② 인사

ⓐ 인사의 의미 : 인사는 예의범절의 기본이며 상대방의 마음을 여는 기본적인 행동이라고 할 수 있다. 인사는 처음 만나는 면접관에게 호감을 살 수 있는 가장 쉬운 방법이 될 수 있기도 하지만 제대로 예의를 지키지 않으면 지원자의 인성 전반에 대한 평가로 이어질 수 있으므로 각별히 주의해야 한다.

ⓛ 인사의 핵심 포인트

- 인사말 : 인사말을 할 때에는 밝고 친근감 있는 목소리로 하며, 자신의 이름과 수험번호 등을 간략하게 소개한다.
- 시선 : 인사는 상대방의 눈을 보며 하는 것이 중요하며 너무 빤히 쳐다본다는 느낌이 들지 않도록 주의한다.
- 표정 : 인사는 마음에서 우러나오는 존경이나 반가움을 표현하고 예의를 차리는 것이므로 살짝 미소를 지으며 하는 것이 좋다.
- 자세 : 인사를 할 때에는 가볍게 목만 숙인다거나 흐트러진 상태에서 인사를 하지 않도록 주의하며 절도 있고 확실하게 하는 것이 좋다.

③ 시선처리와 표정, 목소리

　㉠ 시선처리와 표정 : 표정은 면접에서 지원자의 첫인상을 결정하는 중요한 요소이다. 얼굴표정은 사람의 감정을 가장 잘 표현할 수 있는 의사소통 도구로 표정 하나로 상대방에게 호감을 주거나, 비호감을 사기도 한다. 호감이 가는 인상의 특징은 부드러운 눈썹, 자연스러운 미간, 적당히 볼록한 광대, 올라간 입 꼬리 등으로 가볍게 미소를 지을 때의 표정과 일치한다. 따라서 면접 중에는 밝은 표정으로 미소를 지어 호감을 형성할 수 있도록 한다. 시선은 면접관과 고르게 맞추되 생기 있는 눈빛을 띄도록 하며, 너무 빤히 쳐다본다는 인상을 주지 않도록 한다.

　㉡ 목소리 : 면접은 주로 면접관과 지원자의 대화로 이루어지므로 목소리가 미치는 영향이 상당하다. 답변을 할 때에는 부드러우면서도 활기차고 생동감 있는 목소리로 하는 것이 면접관에게 호감을 줄 수 있으며 적당한 제스처가 더해진다면 상승효과를 얻을 수 있다. 그러나 적절한 답변을 하였음에도 불구하고 콧소리나 날카로운 목소리, 자신감 없는 작은 목소리는 답변의 신뢰성을 떨어뜨릴 수 있으므로 주의하도록 한다.

④ 자세

　㉠ 걷는 자세

　• 면접장에 입실할 때에는 상체를 곧게 유지하고 발끝은 평행이 되게 하며 무릎을 스치듯 11자로 걷는다.

　• 시선은 정면을 향하고 턱은 가볍게 당기며 어깨나 엉덩이가 흔들리지 않도록 주의한다.

　• 발바닥 전체가 닿는 느낌으로 안정감 있게 걸으며 발소리가 나지 않도록 주의한다.

　• 보폭은 어깨넓이만큼이 적당하지만, 스커트를 착용했을 경우 보폭을 줄인다.

　• 걸을 때도 미소를 유지한다.

　㉡ 서있는 자세

　• 몸 전체를 곧게 펴고 가슴을 자연스럽게 내민 후 등과 어깨에 힘을 주지 않는다.

　• 정면을 바라본 상태에서 턱을 약간 당기고 아랫배에 힘을 주어 당기며 바르게 선다.

　• 양 무릎과 발뒤꿈치는 붙이고 발끝은 11자 또는 V형을 취한다.

　• 남성의 경우 팔을 자연스럽게 내리고 양손을 가볍게 쥐어 바지 옆선에 붙이고, 여성의 경우 공수자세를 유지한다.

ⓒ 앉은 자세

• 남성

> • 의자 깊숙이 앉고 등받이와 등 사이에 주먹 1개 정도의 간격을 두며 기대듯 앉지 않도록 주의한다. (남녀 공통 사항)
> • 무릎 사이에 주먹 2개 정도의 간격을 유지하고 발끝은 11자를 취한다.
> • 시선은 정면을 바라보며 턱은 가볍게 당기고 미소를 짓는다. (남녀 공통 사항)
> • 양손은 가볍게 주먹을 쥐고 무릎 위에 올려놓는다.
> • 앉고 일어날 때에는 자세가 흐트러지지 않도록 주의한다. (남녀 공통 사항)

• 여성

> • 스커트를 입었을 경우 왼손으로 뒤쪽 스커트 자락을 누르고 오른손으로 앞쪽 자락을 누르며 의자에 앉는다.
> • 무릎은 붙이고 발끝을 가지런히 한다.
> • 양손을 모아 무릎 위에 모아 놓으며 스커트를 입었을 경우 스커트 위를 가볍게 누르듯이 올려놓는다.

(2) 면접 예절

① 행동 관련 예절

　ⓐ 지각은 절대금물 : 시간을 지키는 것은 예절의 기본이다. 지각을 할 경우 면접에 응시할 수 없거나, 면접 기회가 주어지더라도 불이익을 받을 가능성이 높아진다. 따라서 면접장소가 결정되면 교통편과 소요시간을 확인하고 가능하다면 사전에 미리 방문해 보는 것도 좋다. 면접 당일에는 서둘러 출발하여 면접 시간 20~30분 전에 도착하여 회사를 둘러보고 환경에 익숙해지는 것도 성공적인 면접을 위한 요령이 될 수 있다.

　ⓑ 면접 대기 시간 : 지원자들은 대부분 면접장에서의 행동과 답변 등으로만 평가를 받는다고 생각하지만 그렇지 않다. 면접관이 아닌 면접진행자 역시 대부분 인사실무자이며 면접관이 면접 후 지원자에 대한 평가에 있어 확신을 위해 면접진행자의 의견을 구한다면 면접진행자의 의견이 당락에 영향을 줄 수 있다. 따라서 면접 대기 시간에도 행동과 말을 조심해야 하며, 면접을 마치고 돌아가는 순간까지도 긴장을 늦춰서는 안 된다. 면접 중 압박적인 질문에 답변을 잘 했지만, 면접장을 나와 흐트러진 모습을 보이거나 욕설을 한다면 면접 탈락의 요인이 될 수 있으므로 주의해야 한다.

© **입실 후 태도** : 본인의 차례가 되어 호명되면 또렷하게 대답하고 들어간다. 만약 면접장 문이 닫혀 있다면 상대에게 소리가 들릴 수 있을 정도로 노크를 두세 번 한 후 대답을 듣고 나서 들어가야 한다. 문을 여닫을 때에는 소리가 나지 않게 조용히 하며 공손한 자세로 인사한 후 성명과 수험번호를 말하고 면접관의 지시에 따라 자리에 앉는다. 이 경우 착석하라는 말이 없는데 먼저 의자에 앉으면 무례한 사람으로 보일 수 있으므로 주의한다. 의자에 앉을 때에는 끝에 앉지 말고 무릎 위에 양손을 가지런히 얹는 것이 예절이라고 할 수 있다.

② **옷매무새를 자주 고치지 마라.** : 일부 지원자의 경우 옷매무새 또는 헤어스타일을 자주 고치거나 확인하기도 하는데 이러한 모습은 과도하게 긴장한 것 같아 보이거나 면접에 집중하지 못하는 것으로 보일 수 있다. 남성 지원자의 경우 넥타이를 자꾸 고쳐 맨다거나 정장 상의 끝을 너무 자주 만지작거리지 않는다. 여성 지원자는 머리를 계속 쓸어 올리지 않고, 특히 짧은 치마를 입고서 신경이 쓰여 치마를 끌어 내리는 행동은 좋지 않다.

⑩ **다리를 떨거나 산만한 시선은 면접 탈락의 지름길** : 자신도 모르게 다리를 떨거나 손가락을 만지는 등의 행동을 하는 지원자가 있는데, 이는 면접관의 주의를 끌 뿐만 아니라 불안하고 산만한 사람이라는 느낌을 주게 된다. 따라서 가능한 한 바른 자세로 앉아 있는 것이 좋다. 또한 면접관과 시선을 맞추지 못하고 여기저기 둘러보는 듯한 산만한 시선은 지원자가 거짓말을 하고 있다고 여겨지거나 신뢰할 수 없는 사람이라고 생각될 수 있다.

② 답변 관련 예절

㉠ **면접관이나 다른 지원자와 가치 논쟁을 하지 않는다.** : 질문을 받고 답변하는 과정에서 면접관 또는 다른 지원자의 의견과 다른 의견이 있을 수 있다. 특히 평소 지원자가 관심이 많은 문제이거나 잘 알고 있는 문제인 경우 자신과 다른 의견에 대해 이의가 있을 수 있다. 하지만 주의할 것은 면접에서 면접관이나 다른 지원자와 가치 논쟁을 할 필요는 없다는 것이며 오히려 불이익을 당할 수도 있다. 정답이 정해져 있지 않은 경우에는 가치관이나 성장배경에 따라 문제를 받아들이는 태도에서 답변까지 충분히 차이가 있을 수 있으므로 굳이 면접관이나 다른 지원자의 가치관을 지적하고 고치려 드는 것은 좋지 않다.

㉡ **답변은 항상 정직해야 한다.** : 면접이라는 것이 아무리 지원자의 장점을 부각시키고 단점을 축소시키는 것이라고 해도 절대로 거짓말을 해서는 안 된다. 거짓말을 하게 되면 지원자는 불안하거나 꺼림칙한 마음이 들게 되어 면접에 집중을 하지 못하게 되고 수많은 지원자를 상대하는 면접관은 그것을 놓치지 않는다. 거짓말은 그 지원자에 대한 신뢰성을 떨어뜨리며 이로 인해 다른 스펙이 아무리 훌륭하다고 해도 채용에서 탈락하게 될 수 있음을 명심하도록 한다.

ⓒ 경력직을 경우 전 직장에 대해 험담하지 않는다. : 지원자가 전 직장에서 무슨 업무를 담당했고 어떤 성과를 올렸는지는 면접관이 관심을 둘 사항일 수 있지만, 이전 직장의 기업문화나 상사들이 어땠는지는 그다지 궁금해 하는 사항이 아니다. 전 직장에 대해 험담을 늘어놓는다든가, 동료와 상사에 대한 악담을 하게 된다면 오히려 지원자에 대한 부정적인 이미지만 심어줄 수 있다. 만약 전 직장에 대한 말을 해야 할 경우가 생긴다면 가능한 한 객관적으로 이야기하는 것이 좋다.

ⓔ 자기 자신이나 배경에 대해 자랑하지 않는다. : 자신의 성취나 부모 형제 등 집안사람들이 사회·경제적으로 어떠한 위치에 있는지에 대한 자랑은 면접관으로 하여금 지원자에 대해 오만한 사람이거나 배경에 의존하려는 나약한 사람이라는 이미지를 갖게 할 수 있다. 따라서 자기 자신이나 배경에 대해 자랑하지 않도록 하고, 자신이 한 일에 대해서 너무 자세하게 얘기하지 않도록 주의해야 한다.

3 면접 질문 및 답변 포인트

(1) 가족 및 대인관계에 관한 질문

① 당신의 가정은 어떤 가정입니까?

면접관들은 지원자의 가정환경과 성장과정을 통해 지원자의 성향을 알고 싶어 이와 같은 질문을 한다. 비록 가정 일과 사회의 일이 완전히 일치하는 것은 아니지만 '가화만사성'이라는 말이 있듯이 가정이 화목해야 사회에서도 화목하게 지낼 수 있기 때문이다. 그러므로 답변 시에는 가족사항을 정확하게 설명하고 집안의 분위기와 특징에 대해 이야기하는 것이 좋다.

② 친구 관계에 대해 말해 보십시오.

지원자의 인간성을 판단하는 질문으로 교우관계를 통해 답변자의 성격과 대인관계능력을 파악할 수 있다. 새로운 환경에 적응을 잘하여 새로운 친구들이 많은 것도 좋지만, 깊고 오래 지속되어온 인간관계를 말하는 것이 더욱 바람직하다.

⑵ 성격 및 가치관에 관한 질문

① 당신의 PR포인트를 말해 주십시오.

PR포인트를 말할 때에는 지나치게 겸손한 태도는 좋지 않으며 적극적으로 자기를 주장하는 것이 좋다. 앞으로 입사 후 하게 될 업무와 관련된 자기의 특성을 구체적인 일화를 더하여 이야기하도록 한다.

② 당신의 장·단점을 말해 보십시오.

지원자의 구체적인 장·단점을 알고자 하기 보다는 지원자가 자기 자신에 대해 얼마나 알고 있으며 어느 정도의 객관적인 분석을 하고 있나, 그리고 개선의 노력 등을 시도하는지를 파악하고자 하는 것이다. 따라서 장점을 말할 때는 업무와 관련된 장점을 뒷받침할 수 있는 근거와 함께 제시하며, 단점을 이야기할 때에는 극복을 위한 노력을 반드시 포함해야 한다.

③ 가장 존경하는 사람은 누구입니까?

존경하는 사람을 말하기 위해서는 우선 그 인물에 대해 알아야 한다. 잘 모르는 인물에 대해 존경한다고 말하는 것은 면접관에게 바로 지적당할 수 있으므로, 추상적이라도 좋으니 평소에 존경스럽다고 생각했던 사람에 대해 그 사람의 어떤 점이 좋고 존경스러운지 대답하도록 한다. 또한 자신에게 어떤 영향을 미쳤는지도 언급하면 좋다.

⑶ 학교생활에 관한 질문

① 지금까지의 학교생활 중 가장 기억에 남는 일은 무엇입니까?

가급적 직장생활에 도움이 되는 경험을 이야기하는 것이 좋다. 또한 경험만을 간단하게 말하지 말고 그 경험을 통해서 얻을 수 있었던 교훈 등을 예시와 함께 이야기하는 것이 좋으나 너무 상투적인 답변이 되지 않도록 주의해야 한다.

② 성적은 좋은 편이었습니까?

면접관은 이미 서류심사를 통해 지원자의 성적을 알고 있다. 그럼에도 불구하고 이 질문을 하는 것은 지원자가 성적에 대해서 어떻게 인식하느냐를 알고자 하는 것이다. 성적이 나빴던 이유에 대해서 변명하려 하지 말고 담백하게 받아드리고 그것에 대한 개선노력을 했음을 밝히는 것이 적절하다.

③ 학창시절에 시위나 집회 등에 참여한 경험이 있습니까?

기업에서는 노사분규를 기업의 사활이 걸린 중대한 문제로 인식하고 거시적인 차원에서 접근한다. 이러한 기업문화를 제대로 인식하지 못하여 학창시절의 시위나 집회 참여 경험을 자랑스럽게 답변할 경우 감점요인이 되거나 심지어는 탈락할 수 있다는 사실에 주의한다. 시위나 집회에 참가한 경험을 말할 때에는 타당성과 정도에 유의하여 답변해야 한다.

(4) 지원동기 및 직업의식에 관한 질문

① 왜 우리 회사를 지원했습니까?

이 질문은 어느 회사나 가장 먼저 물어보고 싶은 것으로 지원자들은 기업의 이념, 대표의 경영능력, 재무구조, 복리후생 등 외적인 부분을 설명하는 경우가 많다. 이러한 답변도 적절하지만 지원 회사의 주력 상품에 관한 소비자의 인지도, 경쟁사 제품과의 시장점유율을 비교하면서 입사동기를 설명한다면 상당히 주목 받을 수 있을 것이다.

② 만약 이번 채용에 불합격하면 어떻게 하겠습니까?

불합격할 것을 가정하고 회사에 응시하는 지원자는 거의 없을 것이다. 이는 지원자를 궁지로 몰아넣고 어떻게 대응하는지를 살펴보며 입사 의지를 알아보려고 하는 것이다. 이 질문은 너무 깊이 들어가지 말고 침착하게 답변하는 것이 좋다.

③ 당신이 생각하는 바람직한 사원상은 무엇입니까?

직장인으로서 또는 조직의 일원으로서의 자세를 묻는 질문으로 지원하는 회사에서 어떤 인재상을 요구하는 가를 알아두는 것이 좋으며, 평소에 자신의 생각을 미리 정리해 두어 당황하지 않도록 한다.

④ 직무상의 적성과 보수의 많음 중 어느 것을 택하겠습니까?

이런 질문에서 회사 측에서 원하는 답변은 당연히 직무상의 적성에 비중을 둔다는 것이다. 그러나 적성만을 너무 강조하다 보면 오히려 솔직하지 못하다는 인상을 줄 수 있으므로 어느 한 쪽을 너무 강조하거나 경시하는 태도는 바람직하지 못하다.

⑤ 상사와 의견이 다를 때 어떻게 하겠습니까?

과거와 다르게 최근에는 상사의 명령에 무조건 따르겠다는 수동적인 자세는 바람직하지 않다. 회사에서는 때에 따라 자신이 판단하고 행동할 수 있는 직원을 원하기 때문이다. 그러나 지나치게 자신의 의견만을 고집한다면 이는 팀원 간의 불화를 야기할 수 있으며 팀 체제에 악영향을 미칠 수 있으므로 선호하지 않는다는 것에 유념하여 답해야 한다.

⑥ 근무지가 지방인데 근무가 가능합니까?

근무지가 지방 중에서도 특정 지역은 되고 다른 지역은 안 된다는 답변은 바람직하지 않다. 직장에서는 순환 근무라는 것이 있으므로 처음에 지방에서 근무를 시작했다고 해서 계속 지방에만 있는 것은 아님을 유의하고 답변하도록 한다.

(5) 여가 활용에 관한 질문 - 취미가 무엇입니까?

기초적인 질문이지만 특별한 취미가 없는 지원자의 경우 대답이 애매할 수밖에 없다. 그래서 가장 많이 대답하게 되는 것이 독서, 영화감상, 혹은 음악감상 등과 같은 흔한 취미를 말하게 되는데 이런 취미는 면접관의 주의를 끌기 어려우며 설사 정말 위와 같은 취미를 가지고 있다하더라도 제대로 답변하기는 힘든 것이 사실이다. 가능하면 독특한 취미를 말하는 것이 좋으며 이제 막 시작한 것이라도 열의를 가지고 있음을 설명할 수 있으면 그것을 취미로 답변하는 것도 좋다.

(6) 지원자를 당황하게 하는 질문

① 성적이 좋지 않은데 이 정도의 성적으로 우리 회사에 입사할 수 있다고 생각합니까?

비록 자신의 성적이 좋지 않더라도 이미 서류심사에 통과하여 면접에 참여하였다면 기업에서는 지원자의 성적보다 성적 이외의 요소, 즉 성격·열정 등을 높이 평가했다는 것이라고 할 수 있다. 그러나 이런 질문을 받게 되면 지원자는 당황할 수 있으나 주눅 들지 말고 침착하게 대처하는 면모를 보인다면 더 좋은 인상을 남길 수 있다.

② 우리 회사 회장님 함자를 알고 있습니까?

회장이나 사장의 이름을 조사하는 것은 면접일을 통고받았을 때 이미 사전 조사되었어야 하는 사항이다. 단답형으로 이름만 말하기보다는 그 기업에 입사를 희망하는 지원자의 입장에서 답변하는 것이 좋다.

③ 당신은 이 회사에 적합하지 않은 것 같군요.

이 질문은 지원자의 입장에서 상당히 곤혹스러울 수밖에 없다. 질문을 듣는 순간 그렇다면 면접은 왜 참가시킨 것인가 하는 생각이 들 수도 있다. 하지만 당황하거나 흥분하지 말고 침착하게 자신의 어떤 면이 회사에 적당하지 않는지 겸손하게 물어보고 지적당한 부분에 대해서 고치겠다는 의지를 보인다면 오히려 자신의 능력을 어필할 수 있는 기회로 사용할 수도 있다.

④ 다시 공부할 계획이 있습니까?

이 질문은 지원자가 합격하여 직장을 다니다가 공부를 더 하기 위해 회사를 그만 두거나 학습에 더 관심을 두어 일에 대한 능률이 저하될 것을 우려하여 묻는 것이다. 이때에는 당연히 학습보다는 일을 강조해야 하며, 업무 수행에 필요한 학습이라면 업무에 지장이 없는 범위에서 야간학교를 다니거나 회사에서 제공하는 연수 프로그램 등을 활용하겠다고 답변하는 것이 적당하다.

⑤ 지원한 분야가 전공한 분야와 다른데 여기 일을 할 수 있겠습니까?

수험생의 입장에서 본다면 지원한 분야와 전공이 다르지만 서류전형과 필기전형에 합격하여 면접을 보게 된 경우라고 할 수 있다. 이는 결국 해당 회사의 채용 방침상 전공에 크게 영향을 받지 않는다는 것이므로 무엇보다 자신이 전공하지는 않았지만 어떤 업무도 적극적으로 임할 수 있다는 자신감과 능동적인 자세를 보여주도록 노력하는 것이 좋다.

면접기출

1　한국조폐공사 면접기출

• 자기소개를 해보시오.

• 대학생시절에 어려운 경험을 극복했던 적이 있는가?

• 대학생시절에 리더십을 발휘했던 적이 있는가?

• 회사의 이익창출도 중요하지만 비용절감도 중요한데, 이에 대한 자신의 견해를 말해보시오.

• 공기업의 임금절감을 위해 공기업이 나아가야 할 방향에 대해 말해보시오.

• 나노기술이 무엇인지 설명해 보시오.

• 요즘 젊은이에 대한 자신의 생각을 말해보시오.

• 우리 말의 '다르다'와 '틀리다'의 차이를 말해보시오.

• 주식투자를 해보려고 하는데, 유망주라고 생각하는 것과 그 이유를 말해보시오.

• 지원자가 한국조폐공사에 어떤 도움을 줄 수 있으며, 어떤 역할을 하겠는가?

• 한달 용돈은 어느 정도 쓰는가?

• 오늘 아침에 식사는 하고 왔는가?, 매일 아침을 챙겨먹는 편인가?

• 회사에 일찍 출근하려면 아침 챙겨 먹기가 쉽지 않을 텐데 어떻게 할 것인가?

• 조폐공사에 지원한 이유는 무엇인가?

• (이직경험이 있는 자에게) 퇴사 이유는 무엇인가?

• 노조에 대해 어떻게 생각하는가?

• 일본어는 어떻게 공부했는가? 어느정도 구사 할 줄 아는가?

• 기업 입장에서는 '인재'가 중요한데 이에 대해 어떻게 생각하는가?

- 정부에서 여성인력채용 장려를 하고 있고, 실제로도 공기업에서 여성이 많이 근무하고 있다. 하지만 여성 입장에서 업무상 회식도 있을 수도 있고 퇴근 후에 거래처 사람들을 상대해야 하는 경우도 많은데, 여성으로서 괜찮은가? 잘할 수 있는가?

- 본인의 지난 연구들과 조폐공사에서 앞으로 할 업무와의 상관관계를 말해보시오.

- 논문 검색시 자주 사용하는 사이트가 있는가?

- 조폐공사 특성상 보안기술이 중요한데 자신의 전공을 보안기술에 어떻게 활용할 것인가?

- (영어면접) 가장 좋지 않은 선택을 했던 일을 말해보시오.

- (영어면접) 취미가 무엇인가?

- (토론면접) 10만원권 고액화폐 발행에 대한 찬반토론

2 공기업 면접기출

- 상사가 부정한 일로 자신의 이득을 취하고 있다. 이를 인지하게 되었을 때 자신이라면 어떻게 행동할 것인가?

- 본인이 했던 일 중 가장 창의적이었다고 생각하는 경험에 대해 말해보시오.

- 직장 생활 중 적성에 맞지 않는다고 느낀다면 다른 일을 찾을 것인가? 아니면 참고 견뎌 내겠는가?

- 자신만의 특별한 취미가 있는가? 그것을 업무에서 활용할 수 있다고 생각하는가?

- 면접을 보러 가는 길인데 신호등이 빨간불이다. 시간이 매우 촉박한 상황인데, 무단횡단을 할 것인가?

- 원하는 직무에 배치 받지 못할 경우 어떻게 행동할 것인가?

- 상사와 종교 · 정치에 대한 대화를 하던 중 본인의 생각과 크게 다른 경우 어떻게 하겠는가?

- 타인과 차별화 될 수 있는 자신만의 장점 및 역량은 무엇인가?

- 자격증을 한 번에 몰아서 취득했는데 힘들지 않았는가?

- 오늘 경제신문 첫 면의 기사에 대해 브리핑 해보시오.

- 무상급식 전국실시에 대한 본인의 의견을 말하시오.

- 타인과 차별화 될 수 있는 자신만의 장점 및 역량은 무엇인가?

- 외국인 노동자와 비정규직에 대한 자신의 의견을 말해보시오.

- 장래에 자녀를 낳는다면 주말 계획은 자녀와 자신 중 어느 쪽에 맞춰서 할 것인가?

- 공사 진행과 관련하여 민원인과의 마찰이 생기면 어떻게 대응하겠는가?

- 직장 상사가 나보다 다섯 살 이상 어리면 어떤 기분이 들겠는가?

- 현재 심각한 취업난인 반면 중소기업은 인력이 부족하다는데 어떻게 생각하는가?

- 영어 자기소개, 영어 입사동기

- 지방이나 오지 근무에 대해서 어떻게 생각하는가?

- 상사에게 부당한 지시를 받으면 어떻게 행동하겠는가?

- 최근 주의 깊게 본 시사 이슈는 무엇인가?

- 자신만의 스트레스 해소법이 있다면 말해보시오.

상식 용어사전 시리즈

합격GO!

1 빈출 일반상식

공기업/공공기관 채용시험 일반상식에서 자주 나오는 빈출문항을 정리하여 수록한 교재! 한 권으로 일반상식 시험 준비 마무리 하자!

2 중요한 용어만 한눈에 보는 시사용어사전 1130

매일 접하는 각종 기사와 정보 속에서 현대인이 놓치기 쉬운, 그러나 꼭 알아야 할 최신 시사상식을 쏙쏙 뽑아 이해하기 쉽도록 정리했다!

3 중요한 용어만 한눈에 보는 경제용어사전 961

주요 경제용어는 거의 다 실었다! 경제가 쉬워지는 책, 경제용어사전!

4 중요한 용어만 한눈에 보는 부동산용어사전 1273

부동산에 대한 이해를 높이고 부동산의 개발과 활용, 투자 및 부동산 용어 학습에도 적극적으로 이용할 수 있는 부동산용어사전!

자격증 기출문제 총집합!

자격증 별로 정리된
기출문제로 깔끔하게 합격하자!

기출문제로 자격증 시험 준비하자!

스포츠지도사, 손해사정사, 손해평가사, 농산물품질관리사, 수산물품질관리사, 관광통역안내사,
국내여행안내사, 보세사, 건축기사, 토목기사